W0181074

Sabine Appel

König Heinz und Junker Jörg

# Auff des
königs zu En-
gelland lester
schrifft
titel
Mart. Luthers.
Antwort.

M. D. XXVII.

Sabine Appel

# König Heinz
und
# Junker Jörg

Heinrich VIII.
gegen Luther
gegen Rom

Die Deutsche Nationalbibliothek verzeichnet diese Publikation
in der Deutschen Nationalbibliografie;
detaillierte bibliografische Daten sind im Internet über
http://dnb.d-nb.de abrufbar.

Der Theiss Verlag ist ein Imprint der WBG
© 2016 by WBG (Wissenschaftliche Buchgesellschaft), Darmstadt
Lektorat: Kristine Althöhn, Mainz
Satz: Janß GmbH, Pfungstadt
Umschlaggestaltung: Harald Braun, Berlin
Umschlagbild: König Heinrich VIII. (© bridgeman) und
Martin Luther (© bpk Berlin)
Die Herausgabe des Werkes wurde durch die Vereinsmitglieder
der WBG ermöglicht.
Gedruckt auf säurefreiem und alterungsbeständigem Papier
Printed in Germany

Besuchen Sie uns im Internet: www.wbg-wissenverbindet.de

ISBN 978-3-8062-3370-4


Elektronisch sind folgende Ausgaben erhältlich:
eBook (PDF): 978-3-8062-3425-1
eBook (epub): 978-3-8062-3426-8

# Inhalt

# Luthers letzte Reise

## Januar/Februar 1546

Es war tiefer Winter, als Martin Luther zu seiner letzten Reise aufbrach. Mit ihr schloss sich der Kreis seines Lebens, denn Eisleben, die Geburtsstadt des Reformators, sollte zugleich seine Sterbestadt werden.

Der Zweiundsechzigjährige litt an einer ganzen Reihe körperlicher Gebrechen, als er sich in der letzten Januarwoche 1546 zum dritten Mal innerhalb weniger Monate von Wittenberg aus ins Mansfeldische aufmachte, weil er von den Mansfelder Grafen gebeten worden war, als Schiedsrichter in einem gräflichen Familienstreit zu fungieren, Erbstreitigkeiten, bei denen es letztlich auch um öffentliche Angelegenheiten ging, um Fragen des Schulwesens, um Kirchenfragen, um die Mansfelder Hüttenbetriebe, um das Montangewerbe insgesamt und folglich um die Wirtschaftsbedingungen in der Region. Da auch Verwandte Luthers davon betroffen waren, kam er der Bitte nach. Er hätte es so oder so getan, diesen Dienst an seinen weltlichen Fürsten, auch wenn die Mansfelder die Seinigen eigentlich gar nicht mehr waren. Aber sie waren die Landesherrn seiner Kindheit und Jugend, und er fühlte sich ihnen zeitlebens verpflichtet. Vielleicht fühlte er sich am Ende seines Lebens auch diesem Ursprungsort wieder nahe.

In Begleitung seiner drei Söhne Hans, Martin und Paul begann Luther am 23. Januar seine Reiseroute von Wittenberg über Bitterfeld und Halle nach Eisleben. Neben Herzproblemen, Folgen von Übergewicht, Nieren- und Blasenleiden, einer Schädigung des linken Auges, chronischen Kopfschmerzen und den immer virulenten Verdauungsstörungen war es gegenwärtig auch noch eine

Wunde am Schenkel, die ihn beeinträchtigte. Unbequem war die
Fahrt so oder so bei stürmischem Winterwetter in einem mehr
oder weniger offenen Planwagen, in dem ihm der eisige Wind so
in den Rücken fuhr, dass er sich auf der letzten Etappe der Wegstrecke schließlich noch eine Erkältung zuzog. In Halle verzögerte
sich vorerst die Weiterreise wegen des Saale-Hochwassers, welches
das Übersetzen mit der Fähre gefährdete, sodass die Reisegruppe
schließlich drei Tage lang in der Saalestadt festsaß. Seiner Frau
Käthe gegenüber kommentierte Luther diesen Umstand sarkas-
tisch in einem Brief, „die große Wiedertäuferin" bedrohe ihn und
die Reisegruppe mit Wasserwogen und großen Eisschollen. Mit
den Wiedertäufern und anderen Abweichlern, die seiner eigenen
reformatorischen Denkrichtung Konkurrenz machten, hatte er
zeitweise größere Probleme als mit den Altgläubigen, weil sie sich
als die konsequenteren Erneuerer sahen, weil sie erhebliches sub-
versives Potenzial hatten und weil ihr Treiben in letzter Konsequenz zur Auflösung der Volkskirche führen musste. Da war nach
Luthers Meinung ebenso der Teufel im Spiel wie bei der Papstkirche und bei den Papisten. Im westfälischen Münster waren die
Wiedertäufer, die Anabaptisten, 1534/35 in einer besonders radikalen Form in Erscheinung getreten. Da errichteten Täufer ein
‚neues Zion', plünderten Kirchen und Klöster und führten ein von
den eigenen Idealen getragenes neues ‚Königtum' ein, nachdem sie
die eingesessenen Machthaber in der Bischofsstadt kurzerhand in
die Wüste geschickt hatten. Erst nach sechzehnmonatiger Belagerung wurde Münster zurückerobert und die Führer der Täufer
öffentlich hingerichtet. So etwas war ein Albtraum für Luther, der
Recht und Ordnung verteidigte und der seine Reformation im
Bund mit den Herrschenden realisierte. Dass die Wiedertäufer die
Kindertaufe ablehnten, da bei dem Säugling der Glaube noch nicht
vorhanden sein könne, bewies Luther nur einmal mehr, wie falsch
viele Menschen, und so auch diese Gruppe von Pseudo-Reforma-
toren, die göttliche Lehre verstanden. Wenn man den Glauben zur
Voraussetzung machte, um taufen zu können, dann verwies das
seiner Auffassung nach nur wieder auf eine latente Werkgläubig-
keit, und er meinte doch, mit dieser sehr gründlich aufgeräumt zu

haben in unzähligen Schriften. Für ihn war ganz klar: Die Gnade Gottes ist voraussetzungslos, sie kann nicht durch Werke erworben werden, und somit trägt die Taufe den Glauben, aber nicht der Glaube die Taufe. Der Glaube ist anfechtbar, wandelbar. Immer wieder fällt der Mensch im Laufe seines Lebens aus dem Glauben heraus, wie fromm er auch sein mag, das wusste Luther aus eigener Erfahrung auch nur zu gut. Aber die göttliche Gnade bleibt, und so bleibt auch die Taufe. Den Wiedertäufern rief Luther zu, sie sollten doch trefflicher einen „Wiederglauben" als eine „Wiedertaufe" ins Werk setzen. Er bedachte sie auch noch mit zahlreichen Grobheiten in seinen Schriften und Briefen. Der Grobianismus, das ungeschlachte Polemisieren war in der Spätphase des Reformators kaum noch zu überbieten. Aber bevor er ging, musste er einfach noch mit seinen zahlreichen Feinden abrechnen. Seine eigenen Anfänge waren indessen zugleich die Anfänge eines Epochenwandels gewesen, und in seinen inneren Kämpfen spiegelten sich in gewissem Sinne die Divergenzen der Zeit.

Die Reformationszeit fällt ins Zeitalter der Entdeckungen, eine Epoche, in der die Welt in Bewegung war, alte Sicherheiten obsolet, alte Weltbilder durch neue abgelöst wurden. Johannes Gutenberg hatte den Buchdruck mit beweglichen Lettern erfunden, Kolumbus erreichte Amerika, Leonardo da Vinci entwickelte erste Flugmaschinen, Kopernikus entwarf das heliozentrische Weltbild, der Portugiese Magellhan vollbrachte die erste Weltumsegelung.

Diese Aufbruchstimmung, die freilich das Privileg einiger weniger blieb, war untermalt von einem tiefen Krisenbewusstsein im noch mittelalterlichen Frömmigkeitsempfinden der Menschen. Der Tod war allgegenwärtig, und entsprechend waren die Sorgen der Menschen ums ewige Seelenheil. Anderthalb Jahrtausende nach Christi Geburt stellte sich wieder einmal die Frage nach Christi Wiederkehr beziehungsweise nach dem Endschicksal der sündigen Menschheit. Allein schon die (halb-)runde Jahreszahl, in Millenniumsschritten gemessen, verwies auf ein mögliches tausendjähriges Reich, das seit dem Frühchristentum in regelmäßiger Wiederkehr prospektive Gestalt annahm, auch wenn die Dogmatik seit Augustinus ein solches verwarf. Um 1500 war ein allgemeines Empfinden verbreitet, in einer Spät- und Endzeit zu leben.

Die Reformation fiel nicht vom Himmel, sondern auf fruchtbaren Boden. Sie ereignete sich vor dem Hintergrund einer Entwicklung, durch die die Gesellschaften reif waren für eine Kirchen- und Glaubenserneuerung, welche sie schließlich in eine Zukunft unter zwar noch weitgehend undefinierten, aber ganz sicher neu ausgerichteten Vorzeichen trug. Sie war ein europäisches Ereignis, und zwar ebenso im Hinblick auf ihre Vorgeschichte(n), ihre unterschiedlichen regionalen und nationalen Ausprägungen wie auch in Bezug auf die Folgen, die für Europa enorm waren. Ohne die Reformationen und ihre Debatten (inklusive der vermeintlichen und tatsächlichen Gegenbewegungen) wäre keine europäische Aufklärung möglich gewesen, welche die Grundlage bildet für unser heutiges europäisches Selbstverständnis bis hin zu den Staatsverfassungen und politischen Institutionen. Ob die Initiatoren der reformatorischen Bewegungen diese Entwicklungen am Ende gewollt hätten, ist eine andere Frage. Im Falle Luthers wäre die Antwort wahrscheinlich ein ganz klares Nein. Die Familie hieß ursprünglich ‚Luder'. Erst ab etwa 1512 schrieb der Augustinermönch seinen Namen in der heutigen Form – abgeleitet von dem griechischen Wort *eleutherios* („der Befreite"); befreit durch Christus. Aber der Freiheitsbegriff war für Luther ein gänzlich anderer als für uns Heutige oder auch für die meisten Generationen nach ihm und vor uns.

In Halle wohnte Luther bei Justus Jonas, der ihn die ganze Reise hindurch bis nach Eisleben begleitete. Der Mitstreiter hatte in Halle die Reformation eingeführt, nachdem Luthers Erzfeind, Erzbischof Albrecht von Brandenburg, aus seiner Residenzstadt verjagt worden war. „Wider den Abgott zu Halle" hatte Luther einst erbittert gekämpft, und gemeint war mit dieser Anrede die umfangreiche Reliquiensammlung des Erzbischofs, gegen die Luther jetzt auch während seines verlängerten Aufenthaltes wegen des Saale-Hochwassers in der Hallensischen Marktkirche wetterte, im Zusammenhang mit einer Predigt über die Bekehrung des Paulus. Dass der Erzbischof im Vorjahr gestorben war, machte ihn nicht weniger zum Feind der reinen evangelischen Lehre, wie sie Luther verteidigte. Schlimm genug, dass sich in solchen Repräsentanten der Papstkirche wie Albrecht von Brandenburg die geistlichen und weltlichen Machträume auf eine unheilvolle Weise vermischten. Aber er musste sich eigentlich aktuell gar nicht so aufregen, denn die Reliquiensammlung, Sinnbild der Abgötterei, war längst außer Reichweite – überführt in die Aschaffenburger Residenz des Mainzer Erzbischofs.

Luthers letzte große Schrift war ebenfalls im Vorjahr erschienen, „Wider das Papsttum zu Rom, vom Teufel gestiftet", und das war eine letzte große Abrechnung mit dem sogenannten Heiligen Stuhl, in der Martin Luther nicht nur theologisch, sondern auch dezidiert historisch argumentierte, um zu belegen, dass der Primat des Papstes keinerlei biblische Grundlage habe und auf einer im Grunde willkürlichen Setzung beruhe. Auch die Sache mit der Schlüsselgewalt des Petrus-Nachfolgers war nach seinem Dafürhalten ein bewusstes Missverständnis einer Stelle in der Heiligen Schrift, die einschlägig interpretiert worden war. „Sehr leicht ists zu beweisen", so fängt er an, „daß der Papst nicht der Oberste und das Haupt der Christenheit sei, oder Herr der Welt, über Kaiser, Konzile und alles, wie er in seinen Drecketalen (!) lügt, lästert, flucht und tobt, so wie ihn der höllische Satan treibt. Denn er selbst weiß wohl, und es ist so klar wie die liebe Sonne – aus allen Dekreten der alten Konzile, aus allen Historien und Schriften der heiligen Väter, des Hieronymus, Augustin, Cyprian und aller Christenheit, die vor dem ersten Papst, genannt Bonifatius III., gewesen ist –, daß der römische Bischof nicht mehr als ein Bischof gewesen ist und noch sein sollte." Luther weist darauf hin, dass es die Päpste in Rom erst seit den Zeiten des Kaisermörders Phokas gibt; vorher gab es keine Päpste, sondern nur Bischöfe von Rom. Dass ein weltlicher Herrscher den Bischof von Rom zum Papst erhöhte, spricht in seinen Augen schon für den unrechtmäßigen Tatbestand selbst, war dies doch ein durchaus kontingentes Ereignis, das mit göttlicher Erwählung absolut nichts zu tun hatte, und als solches war es auch jederzeit in einem säkularen Sinne zu widerrufen. Es handelte sich bei dem Besteller aber auch nicht um irgendeinen weltlichen Herrscher in einer Ahnenreihe, sondern der Überlieferung nach, wie auch Luther sie kannte, war Phokas, Kaiser des Oströmischen beziehungsweise Byzantinischen Reichs, eine Ausgeburt von

Despotismus und Grausamkeit, nebenbei auch der erste erfolgreiche
Usurpator der byzantinischen Geschichte. Fakt war: Die Päpste waren die Kreaturen eines kaiserlichen Despoten, und als solche traten
sie im Laufe der Jahrhunderte, wie Luther auch beispielhaft vorführt,
ein einschlägiges und beachtliches Erbe an. Diesen Machtanspruch
der römischen Bischöfe aber gebe es nicht. Luther führt den Kirchenvater Hieronymus als Zeugen an, der von der Gleichheit aller Bischöfe
sprach. Die biblische Schlüsselmetapher, auf die sich die Petrus-Nachfolge der römischen Kirche berufe, sei rein spirituell zu verstehen, als
Schlüssel zum Glauben, zur Seligkeit, zur Vergebung der Sünden. Mit
dem Bauen seiner Kirche auf den Felsen meine Christus nichts anderes als „den allgemeinen christlichen Glauben". Luther legt dar, wie
diese Schlüssel zum Himmelreich, die „Macht, Sünde zu binden und
zu lösen, nicht den Aposteln und Heiligen zur Herrschaft über die
Kirche gegeben sind, sondern allein den Sündern zum Guten und
Nutzen." „Deshalb handelt es sich hier nicht um eine weltliche Gewalt, durch welche die Bischöfe sich über die Kirche brüsten und
herrschen können, sondern eine geistliche Gewalt, den Sündern zum
Guten und Heil gegeben, daß sie dieselbe bei den Bischöfen und bei
der Kirche suchen und finden können, so oft es ihnen not tut,
wodurch die Sünder selig und nicht die Bischöfe Herrn und Junker
werden sollen."

Es kam aber nun leider anders in der Geschichte, und nachdem
die Päpste die Macht über die Kirche gewonnen hatten, mussten
sie, so Luther, eine nachträgliche Legitimierung dafür erbringen,
nicht vom Kaiser noch von Konzilien, sondern von Gott selbst zu
dieser Oberhoheit berufen zu sein. Entsprechend interpretierte
man die Stellen in Matth. 16,18 f. von den Schlüsseln zum Himmelreich* beziehungsweise Joh. 21,15–17: „Weide meine Schafe".
Auf diese Weise habe man also den Teufel fürchten und ehren,

---

\* Matth. 16,18 f.: „Und ich sage dir auch: Du bist Petrus, und auf diesen Felsen will ich meine Gemeinde bauen, und die Pforten der Hölle sollen sie
  nicht überwältigen. / Ich will dir die Schlüssel des Himmelreichs geben:
  Alles, was du auf Erden binden wirst, soll auch im Himmel gebunden sein,
  und alles, was du auf Erden lösen wirst, soll auch im Himmel gelöst sein."

anbeten und ihm sogar dienen gelernt, und zwar unter Gottes
Namen, denn der Teufel selbst habe das Papsttum gestiftet, mit all
seinen lasterhaften Begleiterscheinungen, und das alles trage noch
das Etikett: römische Kirche, was eine Blasphemie sei, habe doch
der erste römische Papst, Gregor I., ein frommer, gottesfürchtiger
Mann, der sich aber nur als Bischof von Rom verstand, die Bezeichnung eines *episkopus universalis* für sich dezidiert abgelehnt.
Was sich dann weitervererbt habe, sei das römische Sodom, nichts
weiter. Rom sei kein Ehrenname mehr. „Sondern als päpstisch,
spitzbübisch und teuflisch mußt du es verstehen, daß der Papst
den Namen der heiligen römischen Kirche aufs schändlichste und
lästerlichste braucht und damit seine Bubenschule, Huren- und
Hermaphroditenkirche meint, des Teufels Grundsuppe." Abgesehen davon wisse man gar nicht genau, ob Petrus tatsächlich in
Rom war oder ob er in Rom begraben liege. Er selbst habe vergeblich versucht, das in Rom auf seiner Pilgerreise in Erfahrung zu
bringen. Auch habe Rom im Vergleich zu anderen Orten gar nicht
über die Maßen viele Märtyrer gehabt, und ganz sicher habe Rom
keine große Schule und keine herausragende Zahl großer Gelehrter
hervorgebracht wie etwa Antiochia oder auch Alexandria, das
zwar von keinem Apostel gegründet wurde, aber eine weit bedeu-
tendere Kirche besessen habe als Rom, vor allem aber eben eine
bedeutende Schule, aus der große Gelehrte hervorgingen. Oder das
nordafrikanische Hippo, „eine Stadt, vielleicht so groß wie Wittenberg", die habe einen großen Bischof gehabt, nämlich den Kirchenvater Augustin, und der habe mit seiner Gelehrsamkeit weit über
den Erdkreis gewirkt, mehr als alle römischen Päpste und Bischöfe
auf einem Haufen. Also in summa: Nicht Frömmigkeit oder Gelehrsamkeit habe den Ausschlag gegeben bei der Gründung einer,
biblisch durch nichts gerechtfertigten, römischen Universalkirche
mit den bekannten Rechtsbefugnissen über alle anderen Kirchen,
sondern eine rein machtpolitische Willkür, und somit verkörpere
sie ein der christlichen Botschaft nachgerade gegenläufiges Werte-
system. Im Papsttum und in allen Dekretalen gehe es im Wesentlichen darum, dass der Papst allein der Größte, Oberste, Mächtigste
sei, „dem niemand gleich sei, den niemand urteilen noch richten

solle." Dabei habe Christus gesagt (Matth. 20,25 ff.): „Wer groß sein
will unter euch, der sei der Geringste, und wer der Vornehmste
sein will, sei euer Diener, gleichwie ich gekommen bin, nicht daß
man mir dienen solle, sondern ich unter euch bin als ein Diener."
Papst und Papsttum seien ein „Teufelsgespenst", „aus Lügen, Got-
teslästerungen, wie dem Teufel aus dem Hintern geboren." „Darum
ist auch aus dem Papsttum nichts Gutes gekommen, sondern Zerstörung des Glaubens, Lügenden, lästerliche Abgötterei, unser eigenes Werk, auch Zerrüttung weltlichen Standes, Mord und aller
Jammer, dazu so schändliche Unzucht, wie sie jetzt zu Rom öffentlich vor Augen ist; wofür Bistümer und alle Güter der Christenheit,
schier auch der Könige dazu, geraubt wurden. Was hätte nun der
Papst wohl verdient, der aus diesem seligen und tröstlichen Spruch
vom Glauben Christi einen solchen Greuel und Wust aller Lügen
und Abgötterei gemacht hat? Er gehört in jenes Gericht, alle Pein
auf Erden wären viel zu gering." Das einzige Haupt der Christenheit, so Luther, sei der Sohn Gottes, Jesus Christus, und der habe
Brief und Siegel, dass er nicht irren könne. Er brauche keine Dekretalen und keine Bischofssitze, und er sei weder an Rom gebunden noch an irgendeinen weltlichen Ort.

Damals Hippo, und jetzt Wittenberg. So dürfen wir den Reformator verstehen. Es gibt also doch noch Hoffnung für die auf teuflische Pfade geführte Menschheit in der verderbten Papstkirche.
Doch Luther weiß, dass er sein Ziel nicht erreicht hat und dass seine
Kraft vielleicht nicht mehr hinreichen wird, um seine Dinge in diesem Leben zu Ende zu führen. Immer noch gibt es den Papst. Immer noch muss er kämpfen – gegen Teufelswerke und Abgötterei,
gegen Gottlosigkeit, falsche Lehrmeinungen, falsche Mächte und
falsche Priester, also in summa: gegen den Fürsten der Welt. Im
letzten Absatz der Schrift vermerkt der Autor: „Ich muß aufhören,
ich mag nicht mehr in dem lästerlichen, höllischen Teufelssdreck
und Gestank wühlen." Und: „Wer Gott reden hören will, der lese die
heilige Schrift, wer den Teufel reden hören will, der lese des Papstes
Dekrete und Bullen." Ausnahmsweise setzt Luther auch nicht
‚Amen' ans Ende seiner Schrift, sondern: „Weh dir, Papst!" Sein letztes Wort an den Antichristen.

Letzte Worte richtete Luther auch noch einmal an die anderen beiden Feinde des Evangeliums, also der ganzen Christenheit, an die Türken und an die Juden. Das hat er in seinen letzten Schriften getan, und das tat er in Äußerungen in seinen letzten Tagen und Wochen. Als er auf seiner letzten Reise durch das Dorf Rissdorf kurz vor Eisleben kam, in dem viele Juden lebten, da hatte er im Nachhinein die Idee, am Zielort angekommen, dass diese ihn „hart angeblasen" hätten, als sein Wagen das Dorf passierte. An Käthe schrieb er: „Es ging mir ein solcher kalter Wind hinten zum Wagen hinein auf meinem Kopf durchs Barett, als wollt's mir das Hirn zu Eis machen." Und: „Wenn Du wärest da gewesen, so hättest Du gesagt, es wäre der Juden oder ihres Gottes Schuld gewesen." Das bezog sich freilich auf die mutmaßliche Sicht seiner Frau, mit der er sich hier offensichtlich nicht völlig identifizierte. Luther selbst nahm aber in den letzten Jahren seines Lebens ebenfalls eine entschieden feindliche Sicht auf die Juden ein. Seine letzten Schriften über die Juden sind geradezu Hetzschriften. Angefangen hatte alles aber ganz anders. Der Augustinermönch Martin Luther forderte in seinen publizistischen Anfängen sogar die Obrigkeit und so auch die Christen im Ganzen zu Toleranz und Annahme der Juden auf, und zwar mit dem Argument, in Anlehnung an die Abrahamsverheißung liege es doch im Bereich des Möglichen, dass die Juden, wenn auch vielleicht nur einige von ihnen, zu Christus bekehrt würden. Er hegte lange die Hoffnung, im Zuge der reformatorischen Aufbruchstimmung durch die Neuentdeckung des Evangeliums die Juden in großer Zahl mitnehmen und zur Konversion animieren zu können. Sie seien doch, so Luther 1523 in seiner Schrift „Daß Jesus ein geborener Jude sei", Jesu Blutsverwandte, die Gott vor allen Völkern ausgezeichnet und die er sogar mit der Bibel betraut hatte. Durch die Papstkirche und ihre „Eselsköpfe" sei ihnen dieser Zugang zum Evangelium verschlossen gewesen, nun aber hätten sie die Chance, mit seiner Hilfe das helle Licht zu erblicken. Dass das nicht eintrat, verdross ihn zutiefst. Vielfach tatsächlich mitgerissen von der Aufbruchstimmung der Reformation, vollzogen die Juden vielmehr eine Erneuerungsbewegung in den eigenen Reihen, und so blieb die erwartete Konversionswelle aus – zu Luthers Verdruss.

Im Gespräch mit rabbinischen Gelehrten, die ihn 1525/26 in Wittenberg aufsuchten, hatte Luther dann das bedrohliche Gefühl, er solle „judaisiert" werden, und irgendwann traute er auch den Konvertiten nicht mehr, auch denen nicht, die sogar bei ihm studiert hatten. Seine späten Schmähschriften gegen die Juden gehen indessen ganz wesentlich zurück auf die Lektüre der Schriften konvertierter Juden, die ihrem abgelegten Glauben mit einer Art retrospektivem Selbsthass begegneten. So warnte der jüdische Konvertit Antonius Margaritha 1530 die Christen vor dem „Gebetsfrevel" der Juden und ihren christenfeindlichen Praktiken. Ihr anmaßendes Erwählungsbewusstsein führe zu immer größerem Hochmut, der noch bestärkt werde, wenn man ihnen Duldung, also eine wirkliche wohlwollende Toleranz zukommen lasse. Um den Zorn Gottes gegen die Juden zu mildern, bleibe nur die Maßnahme der Zwangsarbeit, strenge Zucht, was in diesem Falle ein Akt der Barmherzigkeit sei; Schadensbegrenzung sei es in jedem Fall. Luther übernahm diese Ansicht zur Gänze in seinen Spätschriften über die Juden, und wenn er 1543 in „Von den Juden und ihren Lügen" die Juden als rachsüchtig, blutdurstig und geldgierig charakterisierte, deren Trachten unter anderem darauf ausgerichtet sei, die christliche Jugend durch ihren Irrglauben zu verführen, dann war das nicht unwesentlich inspiriert von den Schriften getaufter Juden. Die „barmherzigen" Zwangsmaßnahmen, die Luther in Anlehnung an den Sekundärautor vorschlug, gingen aber noch etwas weiter und waren eigentlich darauf angelegt, den Juden ihre Existenzgrundlage in einer christlichen Gesellschaft vollends zu entziehen: Ihre Synagogen sollten niedergebrannt und ihre Häuser sollten zerstört werden, sodass sie gezwungen sein würden, wie die Zigeuner in Scheunen und Ställen zu hausen, ihren Rabbinern solle man das Lehren bei Androhung der Todesstrafe verbieten, ihren Händlern solle man das Wegerecht entziehen, und die Geldgeschäfte (das „Wuchern") solle verboten werden. Die jungen, kräftigen Juden solle man, damit sie nicht auf dumme Gedanken kommen, zu körperlicher Arbeit heranziehen, und selbstredend müsse man ihnen allen dann auch ihre Gebetsbücher wegnehmen, in denen ohnehin nur Abgötterei gelehrt werde. So Martin Luther. In seinen letzten Predigten for-

derte er von der Kanzel der Eislebener Andreaskirche die Mansfelder Grafen ausdrücklich dazu auf, die Juden aus ihrem Herrschaftsgebiet zu vertreiben, die bislang unter dem Schutz der Grafenfamilie
standen.

Was die Türken anging, also die Feinde von außen, so entschloss
sich Luther erst relativ spät zu einer umfassenden Äußerung, und
zwar eigentlich erst, als die militärische Gefahr durch die türkischen
Eroberungszüge in Europa virulent wurde und seine Stellungnahme
auch politisch gefragt war. In seiner Schrift „Vom Kriege wider die
Türken", die im April 1529 erschien, also noch vor der Belagerung
Wiens durch die türkischen Truppen im September desselben Jahres,
macht Luther die mit einigem unbehaglichen Staunen durchsetzte
Feststellung, wenn es auch große Reiche und große Eroberungen in
der Geschichte gegeben habe, so sei doch keines innerhalb kürzester
Zeit durch Raub und Mord so groß geworden wie das Osmanische
Reich des türkischen Sultans. Luther erklärt sich diesen Tatbestand
aus dem Koran, den er unter anderem in der lateinischen Textfas-
sung des florentinischen Orientmissionars Ricoldus de Monte Crucis
gelesen hatte. Ursprünglich eigentlich aufgeschlossen gegenüber ori-
entalisch-islamischem Denken – die islamische Spiritualität hob er
zum Beispiel lobend hervor oder die im Islam propagierte züchtige
Lebensweise, die einige Lichtjahre entfernt war von der allgemein
verbreiteten Lebensweise der katholischen Geistlichkeit, wie er sie ja
auch kannte –, stieß er bei der Koranlektüre, durch Ricoldus de
Monte Crucis vermittelt, auf eine brutale Welteroberungslehre, die er
ohne Weiteres mit den militärischen Erfolgen des Sultans Suleiman
in eine Korrelation brachte. Die Gotteslehre mit dem klar akzentuier-
ten Auftrag, die Welt mit dem Schwert zu unterwerfen, sah er da
umgesetzt, und seiner Meinung nach steckte hier natürlich ebenfalls
der Teufel dahinter, wie bei der Papstkirche, wie bei den Wiedertäufern und anderen „Schwärmern", wie bei den Juden und wie bei den
Heiden. Da die Muslime aber Jesus als Sohn Gottes verleugneten, waren sie schon für diesen Tatbestand Feinde des Christentums und als
solche eben nach Luthers Auffassung mit dem Teufel im Bunde.
Kreuzzugsgedanken, wie sie zu seiner Zeit noch gelegentlich auflam-
men mochten, hat Luther stets abgelehnt. Er war aber sehr wohl der

Meinung, dass hier und jetzt gegen die Sultansheere ein Verteidi-
gungskrieg notwendig sei, und dieser sei anzuführen von Kaiser
„Carolus" (auf der weltlichen Seite) sowie vom „Herrn Christianus"
(auf der geistlichen Seite). Was Letztere anging, da mochten Gebete
und Buße helfen, ein Insichgehen. Überhaupt waren ja die Türkenkriege vielleicht eine Bestrafung Gottes für die sündhafte Christenheit, die nicht fromm genug war und kein gottgefälliges Leben führte.
Die altgläubige Seite sah das mitunter auch so, aber für sie war auch
das Luthertum und waren auch alle Ketzerauswüchse eine Gottesstrafe für eine sündhafte Menschheit. Kurz und gut: Man müsse dem
Antichristen Trotz bieten und im Übrigen hoffen, man sei und bleibe
in Gottes Hand. Niemals dürfe aber wieder, so Luther, in Christi
Namen ein Krieg ausgehen. Die Kriegsführung sei grundsätzlich und
auch ausnahmslos eine weltliche Sache, in diesem Fall der Verteidigung durch die Heere des römischen Kaisers.

Die exorbitanten Erfolge der türkischen Heere führt Luther übrigens unter anderem auf die muslimische Lebensweise zurück, die
ein größerer Garant für Militärerfolge zu sein schien als die Lebensweise im christlichen Abendland (nicht zuletzt auch der Söldner-
truppen aus Deutschland). „Sie trinken nicht wein, sauffen und fressen nicht so, wie wir thun, kleiden sich nicht so leichtfertiglich,
bawen nicht so prechtig, prangen auch nicht so, schwören und flu-
chen nicht so, haben großen, trefflichen gehorsam, zucht und ehre
gegen ihren kaiser und herrn, und haben yhr regiment eusserlich
gefasset und im schwang, wie wirs gerne haben wolten ynn Deutschen landen." Sultan Suleiman, auch genannt Suleiman der Prächtige, stand mit seinen Truppen am 27. September 1529 vor Wien.
Drei Jahre zuvor hatte er in der Schlacht von Mohács einen Teil Un-
garns erobert, was zur Entwicklung der österreichisch-ungarischen
Monarchie führte. Das Luthertum konnte dem Sultan eigentlich
nur zupass kommen, war es doch ein weiterer Beweis für die Zer-
strittenheit der abendländischen Welt. Gute Voraussetzungen für
einen Welteroberer. Suleiman musste dennoch nach wochenlanger
Belagerung infolge heftiger Gegenwehr unverrichteter Dinge aus
Wien wieder abziehen. Sein Vorstoß von außen hatte dann aber
auch einen gewissen Einfluss auf die uneinigen Europäer und ihre

Kaiser Karl V. (1500–1558), unbekannter Künstler nach Tizian, um 1603.

unsäglichen Religionsstreitigkeiten, war Kaiser Karl V. doch nach der Belagerung Wiens notgedrungen bemüht, eine gewisse Einigkeit zu erzeugen, damit dergleichen in seinem Reich nicht wieder vorkam. Um die Unterstützung der protestantischen Reichsstände für die Verteidigung zu gewinnen, machte er ihnen weitreichende Konzessionen, was 1532 zum Nürnberger Religionsfrieden führte. So hatte die Türkengefahr auch eine einigende Komponente für das alte und häufig krisenhafte Europa.

Für Martin Luther war der Antichrist überall gleichermaßen am Werke, ob nun in Gestalt der Türken, der Juden, der Papstkirche oder all der anderen zahlreichen Ungläubigen. Seine letzten Lebensjahre tragen zunehmend die Züge eines Endkampfes gegen alle, getragen von der immer stärker werdenden Angst, seine evangelische Lehre werde sich gegen ihre zahlreichen Feinde am Ende nicht durchsetzen können, mit fatalen Folgen für das Seelenheil der Christusgemeinde. Das alles stand im Rahmen seiner eschatologischen Endzeitbetrachtungen sowie im Rahmen der Vorstellung, dass der „Fürst dieser Welt", der allgegenwärtige Teufel, Gottes und sein offenbar höchst persönlicher Gegenspieler, am Ende doch siegen könnte, wenn er, Martin Luther, nun zu schwach wurde, um das Feld zu verteidigen. Dass der Gegner das Feld behält; diese Gefahr war für Martin Luther immer gegeben. Und als der Augustinermönch Martin Luther in seinem Turmstübchen des Wittenberger Konvents vor nahezu dreißig Jahren auf die Stelle im Römerbrief stieß, die schließlich seine *sola fide*-Lehre begründete, war dies das vorläufige Ende eines jahrelangen verzweifelten Ringens. Er war ins Kloster gegangen, um Antworten auf seine Fragen und Ängste zu finden, und als er schließlich die Erkenntnis erlangte, der Weg zur Gnade erfolge allein durch den Glauben und nicht durch Verdienste, da war dies für ihn mit einer großen Gewissheit und Klarheit verbunden, ohne dass dieses Ringen aber jemals ganz aufhörte. Bis in seine letzten Predigten in den Eislebener Tagen wird das ganz deutlich.

Bis Luther auftrat, war Deutschland ein weitgehend ketzerfreies Terrain. Es gab andere europäische Gegenden, in denen der römischen Kirche schon vor Jahrhunderten durch Alternativmodelle Konkurrenz gemacht wurde, nicht aber Deutschland, dessen Bewohner als arbeitsam und als fromm galten, ihren jeweiligen Landesherren treu und untertänig ergeben. Den Ruf nach Erneuerung im Sinne des apostolischen Urchristentums und der unmittelbaren, authentischen Christusnachfolge hatte es in der Geschichte des Christentums indes immer gegeben – je mehr die Kirche sich als Machtinstitution von diesen christlichen Ursätzen und Initiationen entfernte. Die Gründung des franziskanischen Bettelordens durch Franz von Assisi im frühen 12. Jahrhundert ist dafür beispielhaft. Noch früher datiert ist die Kirchenreform von Cluny im 10. und 11. Jahrhundert. Cluny war im Mittelalter das größte Kloster des

Der türkische Sultan Suleiman der Prächtige (1495–1566), venezianischer
Maler aus dem Umkreis Tizians, um 1530/40.

christlichen Abendlandes und das spirituelle Zentrum der Zeit. Hier und da stand die Forderung nach einer Loslösung der Kirche und erst recht des Mönchswesens von der Sphäre der weltlichen Macht, mit der diese spätestens seit der Zeit Karls des Großen aufs Engste verwoben war. Diese mittelalterlichen Reformbestrebungen ereigneten sich aber alle noch innerhalb des Systems. Sie stellten nie die Institution selbst infrage, ihr Selbstverständnis, ihre Verfassung, ihre Glaubensgrundlagen und ihre Praktiken. Das geschah erst im geistig äußerst regen und offenen 12. Jahrhundert und dann wieder zwei bis drei Generationen vor Martin Luther. Eine sehr frühe Ketzerhochburg wurde der Süden und der Südwesten Frankreichs. Die Katharer, eine der größten religiösen Laienbewegungen des Mittelalters, mit Vorläuferbewegungen unter anderem in Orléans und Toulouse, siedelten sich hauptsächlich im Languedoc (Okzitanien) an, wo sie vier Diozösen gründeten und vom okzitanischen Adel gestützt wurden, der sich auf diese Weise vom französischen Königreich abgrenzen konnte. Die Katharer lehnten das Alte Testament ab und beriefen sich vor allem auf das neutestamentliche Evangelium. Ihrer Meinung nach war es inakzeptabel, dass ein allmächtiger und ewiger Gott die bestehende materielle Welt mit all ihren Unvollkommenheiten geschaffen haben sollte. Ein solcher Gott konnte nur ein vom Himmelreich abgefallenes Wesen sein, ein Luzifer gewissermaßen, ein gefallener Engel. Auch glaubten die Katharer nicht an die Menschwerdung Gottes. Die katharischen Priester (Männer und Frauen!) predigten in der Volkssprache und legten ebenso viel Wert auf die lebendige Auslegung und Verbreitung des Evangeliums wie die Waldenser, die dann tatsächlich von der Nachwelt mit einigem Recht das Prädikat „Vorreformatoren" erhielten. Von den Katharern abgeleitet ist auch das deutsche Wort „Ketzer". In einem immerhin zähen Kampf, da diese Gegenkirche sich mächtig ausgedehnt hatte und sich auch militärisch als wehrhaft erwies, wurden die Katharer um 1340 endgültig von der päpstlichen Inquisition ausgerottet.

Unmittelbarer Vorgänger Luthers und, wenn man so will, ein Bruder im Geiste war der Prager Gelehrte Jan Hus und die von ihm initiierte Hussitenbewegung. Hus selbst, der 1415 in Konstanz als

Ketzer verbrannt wurde, berief sich auf den Oxforder Theologen
John Wyclif, der den politischen Machtanspruch des Papstes bestritt, die Bibel als einzige Autorität in Glaubensfragen bezeichnete
und eine Gnadenlehre verbreitete, die der Luther'schen (später ent-
worfen) sehr ähnlich war. Luther kannte anscheinend weder die
Schriften John Wyclifs noch die von Hus, als er zu seinen reformatorischen Durchbrüchen kam. Den „Tractatus de ecclesia" des Jan
Hus las er erst im Rahmen seiner Dispute mit dem Ingolstädter
Theologen Johannes Eck, worauf er bekennen musste: „Wir sind
alle Hussiten." Da der Böhme auf dem Scheiterhaufen geendet ist,
obwohl man ihm auch – so wie ihm, Luther – freies Geleit zugesagt
hatte, war die Nähe zu ihm und ein öffentliches Bekenntnis für
seinen Nachfolger auch nicht sonderlich vertrauenerweckend. Ein
neues Frömmigkeitsideal hatte sich aber auch im 14. und 15. Jahrhundert im Nordwesten Europas entwickelt. Der niederländische
Buß- und Reformprediger Geert Grote predigte eine neue Innerlichkeit in der Glaubenserfahrung, verbunden mit einer tätigen und hel-
fenden Liebe in der Nachfolge Christi. In Grotes Geburtsstadt Deventer stand das Haus der „Brüder vom gemeinsamen Leben", zu
denen aber auch Frauen gehörten. Hier wurde meditiert und gepredigt, diskutiert und gemeinsame geistliche Lektüre gepflegt. Das
Ganze hatte große Ähnlichkeit mit dem später von Luther postulier-
ten Priestertum aller Gläubigen und propagierte (wie Luther) eine
individuelle Gotteserfahrung. Hier ist auch ganz interessant, dass
Martin Luther als Vierzehnjähriger selbst eine Zeitlang eine solche
Schule der ordensähnlichen „Brüder vom gemeinsamen Leben" besucht hat, und zwar in Magdeburg. Die *devotia moderna* zog weite
Kreise in Europa, bis nach Italien und Spanien, verbreitete sich aber,
ausgehend von den Niederlanden, vor allem im Rheinland und im
Elsass. Auch der Gründer des Jesuitenordens Ignatio de Loyola
wurde davon inspiriert – wie man ja überhaupt heute auch von
einer katholischen Reformation spricht.

Auf der Insel – es wurde schon angedeutet – war man, wie schon
so oft, auch in punkto reformatorische Lehren und Umtriebigkeiten
in der theologisch-akademischen Welt früher zugange als auf dem
Kontinent. Der bereits erwähnte Oxforder Theologe John Wyclif,

der lange Zeit unbehelligt, mit beträchtlichem Rückhalt in der Bevölkerung und zeitweise sogar mit der Unterstützung des Königs seine progressiven, im Grunde Rom-feindlichen Lehren vertrat, nahm verblüffend vieles von dem vorweg, was die lutherische Reformation später in Fakten goss. Wyclif übte Kritik an der römischen Kurie und bestritt den politischen Machtanspruch des Papstes. Christus allein, so Wyclif, sei das Oberhaupt der Kirche, Wahrheit und Richtschnur gebe ausschließlich die Bibel. Auch den Ablasshandel kritisierte John Wyclif. Macht ereigne sich einzig und allein durch die göttliche Gnade. Was den englischen König Edward III. für Wyclif erwärmte, war die Tatsache, dass der „doctor evangelicus" einen Primat der weltlichen Herrscher über die Kirche aus seinen theologischen Lehren ableitete. Das kam dem König zupass, und es bezeichnet zugleich einen roten Faden durch die lange Geschichte der englischen Reformation bis hin zu Heinrich VIII. und seinen Nachfolgern. König Edward versuchte herrscherlichen Profit aus den Lehren Wyclifs zu schlagen, und er setzte seinen „doctor evangelicus" ein, um Klagen gegen den Heiligen Stuhl, unter anderem wegen vermeintlich unrechtmäßiger Zahlungsforderungen seitens Roms zu erheben. Einer der Vorwürfe, die auch Teil von Wyclifs fundamentaler Papstkritik waren, lautete Simonie, Ämterschacher. Beflügelt von seinen Unterhandlungserfolgen, ging Wyclif noch weiter und nannte den Papst schließlich den „Antichristen". Gefährlich wurde es für ihn aber erst, als er die Transsubstantiationslehre ablehnte, als seine Kritik also nicht mehr die Machtansprüche von Papst und Kurie, sondern die Sakramente berührte. Bezeichnenderweise war dies rund einhundertfünfzig Jahre später dann auch der Punkt, an dem König Heinrich VIII. die Umtriebe eines Martin Luther geißelte – einige Jahre bevor er dann selbst eine widerwillige Reformation initiierte. Wyclif also verlor einen Großteil seiner Ämter und wurde aus dem Universitätsdienst entlassen, lebte aber ab 1383 unbehelligt auf einer kleinen Pfarrstelle in Lutterworth/Leicestershire, wo er unter anderem die Bibel ins Englische übersetzte. Schon die Tatsache, dass man ihn da in Ruhe leben und wirken ließ, obwohl er von erzbischöflichen Gerichten verurteilt und von Rom schon vor Jahren mit einem Ketzerprozess bedacht worden war, der aber aufgrund seiner Protektoren und seines Ansehens sowie aus Angst vor einem Volksaufstand im Sande verlief, ist bezeichnend genug. Im Königreich England würde man die reformatorischen Kerngedanken von monarchischer Seite noch einmal gut brauchen können, und man hatte dann eine traditionsreiche Anknüpfungsmöglichkeit im eigenen Land; die kontinentalen Anleihen hielten sich damit in Grenzen.

Dass in Deutschland ein Mönch auf der Suche nach einem gnädigen Gott seinem Orden und seinem obersten Bischof in Rom, der sich als Stellvertreter Christi auf Erden verstand, die Gefolgschaft verweigerte und das seit Jahrhunderten etablierte System aus den Angeln hob, ist nur die prominenteste Einzelgeschichte der europäischen Reformationen, weil sie tief ins Geflecht staatlicher, territorialer, machtpolitischer, klerikaler, gesellschaftlicher und kultureller Interessensphären hineinreichte und dadurch Epoche machte; epochal wurde sie eben auch durch ihren glücklichen Ausgang. Denn im Grunde war es eine Ungeheuerlichkeit, bislang einmalig in der Geschichte: Ein unbelehrbarer Ketzer wurde von seinem Landesfürsten vor der Überführung nach Rom geschützt, er erhielt mehrfach öffentliches Gehör, eine Bühne geradezu, wenn man den Wormser Reichstag betrachtet, und als dann nicht nur die Exkommunikation durch den Papst, sondern auch die kaiserliche Reichsacht ausgesprochen war, nach wiederholter Weigerung des Betreffenden zum Widerruf seiner Lehren, da wurde diese nirgends vollstreckt, weil der Landesfürst, für dessen Untertan sie gedacht war, sie de facto niemals erhielt und sich daher auch nicht verpflichtet fühlte, die Sache innerhalb seines Territoriums zur Kenntnis zu nehmen, geschweige denn zu vollziehen. Der Kaiser haderte später mit seiner Entscheidung von einst, den Fall Luther nicht weiter verfolgt zu haben. (Vielleicht war es auch zunächst nur eine Nachlässigkeit, weil andere Dinge gerade dringlicher waren, und dann war einfach der passende Zeitpunkt verpasst.) Dass er damals den Luther nicht umbrachte, so Karl V. am Ende eines langen Regentenlebens, habe dazu geführt, dass die ketzerischen Krebsgeschwüre sich überall ausbreiten konnten, trotz schärfster Maßnahmen der Inquisition in seinem Riesenreich. Das hätte er verhindern können,

so Kaiser Karl. Aber da war es tatsächlich zu spät. Der Kurfürst von
Sachsen hingegen – von der Nachwelt „Friedrich der Weise" genannt – protegierte Luther nicht aus theologischem oder persönlichem Wohlwollen. Er blieb bis zum Lebensende katholisch, und
seinem splendiden Theologieprofessor an der von ihm, Friedrich,
gegründeten Wittenberger Universität, der zu so großer Berühmt-
heit gelangte, ist er wohl – außer beim Reichstag in Worms – nie
persönlich begegnet. Indem er aber von Anfang an allen Beteiligten
klarmachte, dass der Fall Luther nach Landesrecht zu behandeln sei
und nicht nach römischem Kirchenrecht, betonte Friedrich auch die
Souveränität und die Ständefreiheit der deutschen Reichsfürsten.
Günstig für Luthers Sache war in diesem Zusammenhang die
territoriale Zersplitterung im Heiligen Römischen Reich, die demzufolge komplexe Rechtslage durch unterschiedliche Interessensphären und Befugnisverquickungen, ausgehend vom immerwährenden Dualismus zwischen Kaiser und Reichsständen. In einem
zentral regierten Nationalstaat wie England, Frankreich oder Spanien wäre der Ketzer umgehend seinem inquisitorischen Schicksal
entgegengegangen. Dass am Ende so viele Reichsfürsten dem Luthertum beitraten, hatte viel mit diesen regionalen Autonomiebestre-
bungen zu tun, denen Luthers Reformation neuen Schwung gab, da
sich die Fürsten auf diese Weise von der päpstlichen und kaiserlichen Zentralgewalt emanzipierten. Zu Beginn der Angelegenheit
um den widerborstigen Mönch im sächsischen Kurfürstentum
wollte Papst Leo X. den sächsischen Kurfürsten, Luthers Landesherrn, nicht verärgern, da er ihn als Alternativkandidaten für den
Kaiserthron vorgesehen hatte. Als die Kaiserwahl schließlich doch
für den Habsburger Karl V. entschieden war, hatte Friedrich von
Sachsen genügend diplomatische Volten vollzogen, dass sich auch
Habsburg und Rom in der Luthersache nicht mehr offen gegen ihn
stellten. Nicht nur Gott schützte also die Mission Martin Luthers –
je nach Sicht auf die Dinge –, sondern auch einige weltliche Mächte
und eine ganze Reihe glücklicher Umstände.
    Das war lange her. Der Reformator, der seine eigene evangelische
Landeskirche gegründet hatte, mithilfe der Landesfürsten, auf die
er sich bei seinem Unterfangen ziemlich weitgehend verließ, war zu

einer Institution geworden, und zwar weit über Deutschland hinaus. Die Landkarte der Konfessionen, wie wir sie heute deutschlandweit und europaweit kennen (der katholische Süden und der protestantische Norden), entstand nicht ganz so naturgemäß, wie es im Rückblick gerne gesehen wurde, sondern war ganz häufig die Folge relativ zufälliger macht- und geopolitischer Konstellationen. Offiziell gab es nun zwei Konfessionen im christlichen Abendland. In Deutschland, wo das Motto galt: *Cujus regio, ejus religio*, führte dieses Nebeneinander-Bestehen der Konfessionen gewissermaßen zu einem frühen gelebten Pluralismus, im Gegensatz zu den von einer einzigen Religion getragenen Nationalstaaten, wie es ja auch unter anderem die Bedingung der Kleinstaaterei im Heiligen Römischen Reich Deutscher Nation war, die Luthers Erfolg möglich machte, allein schon durch die Realität einer quasi-Pressefreiheit, konnte man doch in den verschachtelten Kleinstaaten den Druck der kursierenden Schriften großflächig kaum kontrollieren. Trotz einiger Vorläufer und der früheren Initiationen in anderen Ländern wurde am Ende Deutschland das Land der prominentesten Reformation. Unter anderem liegt das wohl auch an der Halsstarrigkeit ihres Repräsentanten, die auch im Endkampf der letzten Jahre, Monate, Wochen und Tage zweifelsohne noch nicht aufgebraucht war.

In Unterrissdorf, kurz vor dem Ziel, Eisleben, erlitt Martin Luther im Wagen einen Schwächeanfall, einen leichteren Herzinfarkt. Die zweieinhalb Wochen, die er in seiner Geburtsstadt im Dienste ‚seiner‘ Mansfelder Grafen verbrachte, fühlte er dann auch so manches Mal den Tod an die Tür klopfen. „Ich bin hie zu Eisleben geboren und getauft“, äußerte er in den letzten Eislebener Tagen, „wie, wenn ich hier bleiben sollte?“ Er hatte Quartier genommen im Haus des Stadtschreibers Johann Albrecht am Markt, und er predigte mehrmals in dieser Zeit in der Andreaskirche, wo er auch noch zwei junge Pfarrer ins Amt einführte. Die Verhandlungen in der gräflichen Angelegenheit verliefen zähfließend, aber am Ende erfolgreich. Da es dem Schlichter nicht gut ging, erschien er immer nur ein bis zwei Stunden auf dem gräflichen Schloss, und das auch nur alle zwei bis drei Tage. Er ereiferte sich ein letztes Mal über die Juristen, die „Ränkeschmiede“ seien, „Sophisten“, also auch „schlechte

Luthers Totenmaske, abgenommen von Wilhelm Furtenagel, 1546.

Christen", wie er früher schon einmal gesagt hatte. (Letzteres war wahrscheinlich bereits ein Bonmot vor Luthers Zeit.) Er musste das wissen, denn er hatte ja in seinem ersten Leben die Juristerei studiert, auf Wunsch seines Vaters. „Der Vater ist der Sohn eines Bauern aus Möhra gewesen, jener zog mit Weib und Sohn nach Mansfeld und ist ein Hüttenmann geworden", so Martin Luther, auf seine Herkunft zurückblickend und auf den Bergmann und Unternehmer Hans Luder. Wenigstens war dem Sohn die Versöhnung mit seinem Vater, den er enttäuscht hatte mit seinem Klostergang, noch zu dessen Lebzeiten möglich geworden. Mehrmals in seinen letzten Predigten in der Andreaskirche zu Eisleben sprach Luther vom großen Widersacher, dem Teufel. Nicht zuletzt stand der große Versucher auch für die Gefahr, Opfer der eigenen Selbsterhöhung zu werden. Je weiter man indessen im Glauben voranschreite, da war sich Luther ganz sicher, umso stärkeres Arsenal fuhr der Weltenfürst auf, Luzifer, der gefallene Engel. Aber er ist ein Todesbote, so weiß er, und Gott ist das Leben.

Da er am 17. Februar einen erneuten Schwächeanfall erlitt, ließ Luther die abschließenden Vertragsverhandlungen mit den Grafen von den anderen Schlichtern, darunter auch Justus Jonas, ausführen. Er spürte eine Enge in der Brust, Schmerzen und Atemnot, nahm aber dennoch später an der gemeinsamen Abendmahlzeit teil, in der gewohnten Runde der Freunde. Nachts ließ er die Stube einheizen, weil er anfing zu frieren, derweil das Engegefühl in der Brust wieder schlimmer wurde. Seine beiden jüngeren Söhne Martin (vierzehn) und Paul (dreizehn), Justus Jonas, der Schlossprediger Coelius und seine Wirtsleute versammelten sich noch in der Nacht um sein Krankenlager. Weil aber das Engegefühl in der Brust ihn so quälte, lief er zwischendurch unruhig in der Stube hin und her. Dann rief man die beiden Ärzte der Stadt, und selbst der Graf und die Gräfin erschienen persönlich am Sterbebett Martin Luthers. Der Schlossprediger Michael Coelius berichtet: „Nachdem wir ihn mit Lavendelwasser, Rosenessig und anderen Stärkungsmitteln eingerieben haben, fing er an zu beten." Justus Jonas berichtete diese letzten Szenen später haarklein der harrenden Öffentlichkeit, da alle wissen sollten und wollten, wie Luther starb: friedlich und in Gottes

Hand, nicht, wie es eventuell kolportiert werden sollte, mit den Flüchen und Qualen der Ketzer. Laut Justus Jonas bezogen sich Luthers
letzte Worte auf Jesus Christus: „Den hab' ich geliebt, den hab' ich
bekannt, den lieb' ich und den ehre ich für meinen lieben Heiland."
Außerdem fand man auf seinem Schreibtisch in der Eislebener
Stube eine Notiz mit folgendem Wortlaut: „Die Heilige Schrift
meine niemand genug geschmeckt zu haben, wenn er nicht hundert
Jahre mit den Propheten die Kirche regiert hat. Deshalb ist es ein
schwer zu fassendes Wunder 1. mit Johannes dem Täufer, 2. mit
Christus, 3. mit den Aposteln. Du versuche nicht diese göttliche Ae-
neis zu erforschen, sondern beuge dich nieder und bete ihre Spuren
an. Wir sind Bettler, hoc est verum." Der ganze Text war auf Lateinisch geschrieben; nur der Satz: „Wir sind Bettler" auf Deutsch.
Ohne Rosenkranz, ohne Anrufung der Heiligen und ohne die Letzte
Ölung wurde der Sterbende von den anwesenden Geistlichen nur
mit Gebeten begleitet. Der Tod infolge eines Herzinfarkts trat zwischen zwei Uhr und drei Uhr in der Nacht auf den 18. Februar ein.
Justus Jonas, der Hallische Reformator und langjährige Weggе-
fährte, hielt am folgenden Nachmittag in der Andreaskirche die Lei-
chenpredigt, nachdem man den Leichnam unter Glockengeläut und
begleitet von zahlreichen gräflichen Herrschaften in den Chor der
Kirche getragen hatte. Der Verstorbene selbst wäre vermutlich lieber in Eisleben, in der Heimat begraben worden, aber der sächsische Kurfürst bestand darauf, ihn nach Wittenberg überführen zu
lassen. Kein elender Ketzertod mit Flüchen und Höllenschwefel, wie
ihn vielleicht seine Gegner erwarteten, hatte hier offenbar stattge-
funden, sondern, so scheint es, ein ruhiges Sterben „in Christo"; und
ein bescheidener Satz begleitete dieses Sterben am Ende eines eher
unbescheidenen Lebens: „Wir sind Bettler, das ist wahr."

# Die letzten Tage des Königs

## Januar 1547

Im Whitehall Palace in London lag der sieche König aufgetürmt auf seinen Kissen, und um ihn herum herrschte eine Atmosphäre der Angst und der Anspannung.

Vom nahenden Tod des Königs durfte unter Todesandrohung niemand sprechen, denn das galt als Hochverrat. Es galt aber mittlerweile fast alles in England als Hochverrat, und Heinrichs Untertanen mussten seit einiger Zeit das Gefühl haben, der König spaziere sogar durch ihre Gedanken. Vor allem in seiner unmittelbaren Umgebung musste quasi jeder permanent darauf gefasst sein, dass die königliche Gunst infolge geringster Anlässe und ohne jede Vorwarnung plötzlich in Ungnade umschlug. Des Verrats bezichtigt, führte das bei den Betroffenen häufig sehr schnell zur Vernichtung, und zwar auch im physischen Sinne. Der einstige Hoffnungsträger der Tudors, der einst so lebenslustige und vitale König mit seinen englischen Farben und mit seiner imposanten Statur hatte sich über die Jahre zu einem Despoten entwickelt, dessen Unberechenbarkeit so groß war wie sein allgegenwärtiges Misstrauen und seine Grausamkeit, die er immer wieder vereinzelt bewies. Rund 72 000 Hinrichtungen fallen in die Regierungszeit Heinrichs VIII., die meisten von ihnen in den späteren Jahren. Philipp Melanchthon nannte ihn im fernen Wittenberg den „englischen Nero", ein bald europaweit geflügeltes Wort. Sein Biograf Robert Hutchinson führt die offenkundige Persönlichkeitsveränderung des Königs in seiner Endphase aus heutiger medizinischer Sicht auf eine Stoffwechselkrankheit zurück, das sogenannte Cushing-Syndrom. Was man sicher weiß, ist: Henry hatte enormes Übergewicht, Diabetes und ein offenes Bein.

Der ehemals sportliche Vollblutmann brachte zum Schluss bei einer Körpergröße von 1,92 Meter um die 160 Kilo Lebendgewicht auf die Waage und war mit der Zeit zunehmend bewegungsunfähig geworden, weshalb man ihn mithilfe mehrerer kräftiger Männer auf einer entsprechend präparierten Sänfte umhertragen musste. Auch diese Immobilität machte den einst vitalstarken Mann nachvollziehbarerweise vermehrt aggressiv. Doch es war nicht nur sein körperlicher Verfall, der Henry quälte. Auf seine sechsundfünfzigjährige Wegstrecke zurückblickend, davon achtunddreißig Jahre als englischer König, musste er sich eigentlich vergegenwärtigen, dass er nicht allzu viel Anlass hatte, mit sich und seinen Dingen im Reinen zu sein – ohne dass er dies allerdings zugeben konnte. Henry war fromm. Er wollte immer ein gottgefälliger König sein, und als junger Mann hatte er Gott und den Papst und die Heilige Kirche mit dem Schwert und schließlich sogar mit der Feder verteidigt. Dass Gott ihn dann doch strafte – erst, indem er ihm keine Söhne gewährte, dann, indem er seinen Weg einer bewussten Sündenkorrektur, um Gott wieder gefällig zu sein, offenbar doch nicht absegnete –, das trieb ihn um, meistens zumindest. Seine Nachfolge abzusichern, war der Dreh- und Angelpunkt seines politischen Handelns gewesen. Da das so schwierig war, war es vermutlich für Henry nicht ganz von der Hand zu weisen, dass möglicherweise kein Segen über der Dynastie stand, die erst vor einer Generation auf den Thron gelangt war. Wie sonst sollte man diese Folge von Tragödien erklären, die besonders sein bewegtes Eheleben kennzeichneten? Diese Aneinanderreihung von Sünde, Verrat, Unfruchtbarkeit, totgeborenen Kindern und theologischem Inzest? Henrys persönliches Fazit: sechs Ehefrauen, von denen er zwei aufs Schafott gebracht hatte. Drei Kinder aus drei verschiedenen Ehen, davon ein einziges legitimes Söhnchen von schwacher Gesundheit und zwei bastardisierte Töchter, die er wohl kaum für die Thronnachfolge ins Spiel bringen konnte. Ob er über die Tragödien und seinen Verantwortungsanteil jemals nachdachte? Das Umsichschlagen in Henrys Spätzeit ist zumindest ein Hinweis darauf, dass seine vielfältigen Gewissenserforschungen in Bezug auf seine königliche Gottesbeziehung am Ende nicht völlig harmonisch ausfielen. Frieden mit seinem Gott machte er indessen auf seine eigene, königlich-selbstgefällige Weise, denn obwohl er zum Beispiel auf traditionelle, altgläubige Weise ans Fegefeuer glaubte, war er offenbar sicher, davon nicht betroffen zu sein. Zu seinem königlichen Amt war er von Gott berufen, davon blieb er fest überzeugt, und so war auch sein Königtum danach auszurichten, dass er unter anderem als von Gott berufener König den wahren christlichen Glauben verteidigte. Darüber allerdings herrschte kein Einvernehmen mehr in der Christenheit. In jüngerer Zeit wurde darüber ausgiebig disputiert, und zum Missfallen des Königs erfolgten diese Dispute nicht nur unter Klerikern oder Königen, unter Gelehrten und namentlich Theologen, sondern sie fanden neuerdings in jeder Bierkneipe statt, in Tavernen und an noch weit weniger ehrbaren öffentlichen Orten, und zwar ausgetragen von sämtlichen Vertretern des Volkes, die auch noch alle die Bibel lasen, sofern sie des Lesens mächtig waren, seit es die Heilige Schrift in der Volkssprache gab. Das fand Henry ungehörig und höchst besorgniserregend, und wenn er auch den Druck der englischen Bibel selbst auf den Weg gebracht hatte, was nicht mehr rückgängig gemacht werden konnte, so bereute er es, da damit seine Befürchtungen wahr wurden. Letztlich untergrub diese freie Bibellektüre auch seine königliche Autorität.

Wo er selbst religiös stand, der König, der eine Art Reformation in seinem Land initiiert hatte, indem er sich im Zuge eines verworrenen Scheidungsverfahrens nach enervierenden Jahren des Wartens von Rom trennte, um seine eigene englische Staatskirche zu gründen, das wusste Henry wohl selbst nicht so genau. Er war Oberhaupt seiner eigenen Staatskirche, aber er war kein Neugläubiger, von welcher Sorte auch immer. Die Ketzer in seinen Reihen ließ er verfolgen, und er brachte sie genauso zu Tode wie die Papisten, die sich weigerten, seinen königlichen Supremat anzuerkennen. Eigentlich ließ er nur die am Leben, die seine royalen Entscheidungen mittrugen, sie förderten, seine ausgedehnte Macht anerkannten und nichts erkennen ließen, was man als Verrat deuten konnte. Drei Lordkanzler hatte Henry in relativ wenigen Jahren verschlissen, und alle drei hatten ihren Sturz, also die königliche Ungnade nicht überlebt. Thomas Cromwell, einer der genialsten Männer im unmit-

telbaren Dunstkreis des Königs, hatte diesen Titel des Lordkanzlers
zwar nicht besessen, aber eine Zeitlang besaß er an Henrys Hof eine
vergleichbare Macht wie früher der opulente Kardinal Wolsey. Der
Selfmademan, der aus dem Nichts kam, das große Finanzgenie, der
Henrys Lösung von Rom entscheidend vorantrieb und sie auch ver-
fassungsmäßig konsolidierte, dehnte nicht nur die königliche Macht
Henrys aus, sodass sie eine nahezu imperiale Größe besaß, sondern
er versprach Henry auch, ihn so reich zu machen wie keinen englischen König zuvor. Cromwell hat sein Versprechen gehalten, doch
all die Reichtümer, die er dem König durch die Auflösung der Klöster und die Aneignung des gesamten englischen Kirchenbesitzes
verschafft hatte, waren längst aufgebraucht. Hauptsächlich waren
sie in Henrys Kriegsunternehmungen geflossen, die allesamt relativ
glücklos verliefen. Am Ende war der König in einer vergleichbaren
Höhe verschuldet, wie sein Vater Heinrich VII. ihm einstmals ge-
füllte Schatzkammern hinterließ. Auch Thomas Cromwell, vom
König sogar erhoben zum Grafen von Essex, hat Henry 1540 hinrichten lassen, aber aus anderen Gründen als seinen De-facto-Vor-
gänger Sir Thomas More, der ein glühender Anhänger der römischen Kirche war und der Henry den Suprematseid verweigerte. Bei
Cromwell lautete der Vorwurf für das Todesurteil Häresie, aber das
war im engen Sinne auch nur ein Vorwand, denn der rein politisch
agierende Cromwell war religiös einigermaßen indifferent, verfolgte
aber nichtsdestoweniger eine protestantische Politik, die eine
Machtverschiebung innerhalb der europäischen Konstellationen begünstigte und letzten Endes den progressiven Strömungen der Zeit
Rechnung trug. Er brachte seinen König mit den deutschen Lutheranern und mit dem Schmalkaldischen Bund in Beziehung, indem er
ihm eine Braut ins Bett legte, die Henry nicht nur unattraktiv fand,
sondern unappetitlich. Die Prinzessin vom Niederrhein, die Henry
heiraten sollte, um den Ehrgeiz seines Ratgebers nach fester Ein-
bindung in die protestantischen Bündnisverhältnisse auf dem Kontinent zu befriedigen, war für den König aber vielleicht auch deshalb so abstoßend, weil sie für etwas stand, was Henry nicht wollte:
eine Allianz mit dem protestantischen Verteidigungsbündnis gegen
die Religionspolitik des katholischen Kaisers, eine Allianz mit dem

Der alte König Heinrich VIII., Stich von Cornelis Massys, 1544.

Luthertum und indirekt mit dem tölpelhaften Reformator aus Wittenberg. Davon bekam Henry Kopfschmerzen oder Bauchschmerzen, royale Wutanfälle oder was immer man wollte. Die Episode mit dem deutschen Tölpel aus Wittenberg, der auch seinen royalen Lebensweg gekreuzt hatte, wenn auch nur mittelbar und ohne dass er ihm zum Glück je begegnete, war dann auch sicher so ziemlich das Letzte, woran er sich gerne erinnern wollte in seinen letzten Jahren, Monaten, Wochen, Tagen und Stunden.

Seine Königin, Ehefrau Nummer sechs, hatte Henry bereits Weihnachten in eine andere Residenz, nach Greenwich geschickt, sodass sie auch jetzt in seinen letzten Tagen nicht mehr in seiner Nähe war. Warum tat er das? Catherine Parr war die fürsorgliche Gefährtin seines Lebensabends, über die er sich immer nur liebevoll äußerte. Als er die zweifache Witwe, die damals Dreißigjährige 1543 heiratete, zog er wahrscheinlich einen Schlussstrich unter den Nachfolgewahn, unter die großen Gefühlsturbulenzen und unter die Dramen seiner früheren Ehen, zuletzt mit einer koketten Kindfrau, die jünger war als seine älteste Tochter. Die letzte seiner sechs Ehefrauen sollte nur noch die beschwerlichen Tage seines Alters begleiten, und das tat Catherine, war sie doch auch die Krankenschwesterrolle aus zwei vorangegangenen Ehen mit älteren und kränkelnden Gatten gewohnt. Die Tochter eines mächtigen Magnaten des Nordens und einer gesellschaftsbewussten Mutter, die eine Art Bildungssalon, einen privaten Studienzirkel gegründet hatte, in den Aristokraten ihre heranwachsenden Söhne schickten, war aber nicht nur außerordentlich bildungsbeflissen, sondern auch hinlänglich vertraut mit dem Gedankengut der Reformation. Während Catherine den alten König umsorgte, dem sie auch eine mindestens ebenbürtige Gesprächspartnerin war in schöngeistigen und theologischen Themen, unterhielt sie in ihren Privaträumen einen Lektürekreis, in dem häretische Literatur debattiert wurde und zu dem auch glühende Lutheraner gehörten. Auch ihre Dienerschaft bestand zum Großteil aus solchen. Henry wird das gewusst haben, aber er hat es wohl weitgehend ignoriert. Um ihm die Zeit zu vertreiben und ihn von seinem schmerzenden Bein abzulenken, las Catherine ihm Texte vor, Gebete, Psalmen und Meditationen, und sie stieß diverse Debatten an, die sich offenbar an der Grenze einer subtilen Unterweisung im neuen Glauben bewegten. Henry hat das mitunter gemerkt, und er hat seine Gattin einmal polternd zurechtgewiesen, sie solle ihn nicht belehren, denn er sei ihr Herr und Haupt und so weiter. Der König erhob schließlich selbst einigen Anspruch auf Gelehrsamkeit im Bereich der Theologie, doch seine Standpunkte hatten sich trotz aller neuen Debatten seit seiner Jugend fast nicht geändert. Während er es anscheinend geschehen ließ, dass sein Sohn Edward, der Thronfolger, von Protestanten reinsten Wassers erzogen wurde, implizierte die Gelehrsamkeit seiner Frau samt ihrer konfessionellen Sympathisierungen den Verlust seiner Autorität als Gatte und Ehemann. Entsprechend äußerte er sich auch einmal gegenüber seinem erzkatholischen Bischof Gardiner, der den Hinweis mit Verve aufgriff und die entsprechenden Untersuchungen gegen die Königin einleitete. Es gibt eine Szene aus Henrys mittlerer Zeit seiner Ehe mit Catherine, die zu beweisen scheint, dass dieser Mann am Ende zu allem bereit war. Während er mit Catherine und einigen Ehrendamen im Garten saß, näherten sich Wachsoldaten, um die Verhaftung der Königin vorzunehmen, die Henry veranlasst haben muss, sonst wäre eine solche Aktion kaum zu erklären. Da er es sich aber offenbar wieder anders überlegt hatte, fuhr Henry den Kanzler Wriothesley an, der die Wachsoldaten in seinem Gefolge hatte, nannte ihn „Schurke" und „Bestie" und brüllte die ganze Gesellschaft zusammen. Seine Ehefrau, die zu Tode erschrocken war und die sich von nun an sehr demütig gegenüber ihrem König benahm, überlebte die Szene und manche andere, sie überlebte den König, und vor allem überlebte sie die Ehe mit diesem König, aber wahrscheinlich nur knapp und weil Henry wusste, er hatte nicht mehr die Kraft, eine weitere Ehefrau aufs Schafott zu befördern, und er hatte auch nicht mehr die Zeit, sich hinterher eine neue zu suchen. In seinen letzten Lebenswochen wollte er Catherine nicht mehr an seiner Seite haben, warum auch immer. Vielleicht hatte er Angst, doch noch für ihre theologischen Unterweisungen empfänglich zu sein, vielleicht wollte er sie auch einfach nur fernhalten von seinen letzten Verfügungen. Dass Catherine nicht die Regentschaft für seinen minderjährigen Sohn Edward nach seinem Ableben übernehmen sollte, war für Henry ganz klar, aber das erklärte sich auch schon daraus, dass sie ja nicht seine leibliche Mutter war. Am Ende sorgte Henry noch eher dafür, dass die Altgläubigen wie Stephen Gardiner, Bischof von Winchester, nach seinem Ableben keinen Einfluss erhielten, als dass er die Reformierten bekämpfte, etwa seinen Erzbischof Cranmer, der auch oft zittern musste in Henrys Nähe. Schließlich waren die Altgläubigen ja schon deshalb seine erklärten Feinde, weil sie insgeheim dem Papst huldigten und seinen Supremat nie wirklich anerkannten, während die Reformierten ihm zu diesem verholfen hatten, weshalb er ihnen eigentlich dankbar sein sollte. Am Ende musste er es tatsächlich so sehen, und so fand er sich, wie es scheint, damit ab, dass England ein protestantisches Land werden würde, sobald er nicht mehr war. Wie hätte er es sonst hinnehmen können, dass puritanisch angehauchte Protestanten Prinz Edward erzogen, die im Wesentlichen nach seinem Ableben den von Henry testamentarisch verbrieften Regentschaftsrat bilden würden, solange der junge König noch nicht volljährig war?

Was das königliche Testament anbelangt und damit ja auch die so wichtige Erbfolgefrage, so gibt es da einige Unklarheiten, da man bis heute nicht genau weiß, welche Version am Ende tatsächlich vollstreckt wurde, als Henry in den frühen Morgenstunden des 28. Januar 1547 verstarb. Er hatte sein Testament kurz vor seinem Tod noch einmal ändern lassen, es aber dann nicht unterschrieben. Es war lediglich mit einem königlichen Stempel versehen, eine Praxis, die in seinen letzten Regierungsjahren durchaus üblich geworden war, ersetzte sie doch das lästige Unterschreiben von unzähligen Dokumenten des auch gichtgeplagten alternden Königs im täglichen Regierungsgeschäft. Bei einem so wichtigen Dokument wie dem Testament nimmt das allerdings wunder, und die schottischen Stuarts, die Henrys Tochter Elizabeth in Gestalt der regierenden schottischen Königin Mary noch einmal viel Kopfzerbrechen bereiten sollten, bauten ihren vermeintlichen englischen Thronanspruch stets darauf auf, dass die in Kraft getretene Testamentsfassung, die ihre Linie ganz ausließ, angeblich nicht die von Henry abgesegnete war und folglich auch nicht seinem letzten Willen entsprach. Erstaunlich war sie in jedem Fall, denn sie setzte sowohl Mary als auch Elizabeth, die ja beide zu Bastarden erklärt worden waren, in die natürliche Thronfolge ein. Erst aber kam Edward, der erst achtjährige Sohn aus Henrys Ehe mit seiner dritten Gattin Jane Seymour. Edwards Investitur zum „Prince of Wales" hätte eigentlich am 19. Januar stattfinden sollen, und Henry dachte eigentlich, er verschiebe sie nur und werde sie noch persönlich vornehmen können. Sein letzter öffentlicher Auftritt war im Spätsommer des vergangenen Jahres gewesen. Da hatte er für die französischen Delegierten, die zum Friedensschluss von Camp zwischen Frankreich und England angereist waren, in Schloss Hampton Court ein großes Festbankett ausrichten lassen. Eigentlich wollte er diesen Friedensschluss nicht. Frankreich war Englands Erzfeind, und Henry hatte fast bis zum Schluss den Traum von der französischen Königskrone geträumt. Aber der englische König war finanziell abgebrannt und konnte sich keine weiteren Kriege mehr leisten. Ob als Affront oder aus reiner Lust an der Provokation, ob als Ausdruck seiner changierenden Stimmungen oder wechselnden Meinungen, aus dem Bedürfnis, seine Autorität zu bekunden, oder warum auch immer, jedenfalls brüskierte der königliche Gastgeber seine französischen Gäste damit, dass er unvermittelt während des Festbanketts ausrief, man solle endlich die „wahre Religion" in England und Frankreich einführen und die Heilige Messe in eine Kommunionsfeier umwandeln. Auch Kaiser Karl solle das tun. Alle in Europa, so Henry, sollten das tun, was allerdings vor allen Dingen bedeute, den Supremat des Papstes zurückzuweisen. Alle Könige, sämtliche Herrscher sollten den Supremat des Papstes zurückweisen. Das freilich war für Henry ein *fait accompli,* und er wollte ihn ganz sicher nicht rückgängig machen. Was ansonsten seine religiöse Haltung betraf, so glaubte Henry nach wie vor an die traditionelle Rolle des Priesters, er glaubte ans Fegefeuer, und er propagierte die althergebrachte Auslegung der Eucharistie. Er wollte alle sieben Sakramente behalten, und Luthers *sola fide*-Lehre war für ihn nur die Aufforderung zu einem unmoralischen Leben. Auch war er nach wie vor gegen die Priesterehe, und die allgemeine Bibellektüre war seiner Meinung nach für ein Staatswesen eine gefährliche Sache. Die von den progressiven Kräften in seinen Reihen im Jahre 1536 aufgestellten zehn Glaubensartikel, die der Augsburger Konfession ziemlich nahekamen, hat er später mit seinen konservativen Kräften nahezu vollständig eliminiert. Dabei blieb es weitgehend. Es ist also nicht sehr wahrscheinlich, dass Henry sein Leben ‚evangelisch erleuchtet' beschloss, auch wenn seine patriotischen Landsleute damals wie später das gerne so sehen wollten. Heinrich VIII. war ein Reformkatholik ohne Rom.

Bis einen Tag vor seinem Tod blieb Henry ansprechbar und bei vollem Bewusstsein. Am 27. Januar besprach er sogar noch einige Staatsangelegenheiten mit seinen Räten. Als offenkundig wurde, dass der König nicht mehr lange zu leben hatte, fasste sich einer seiner Diener ein Herz und teilte ihm mit, nach menschlichem Ermessen neige sich nun sein Leben dem Ende zu. Ob er angesichts dessen die Beichte ablegen wolle. Henry murmelte, die große Gnade des Herrn Jesus Christus sei imstande, ihm alle seine Sünden zu vergeben, wenn sie auch größer seien als bei anderen Menschen. Er wolle den Dr. Cranmer, so Henry. Das war ein Ketzer, er wusste es. Er hatte in Deutschland sogar, dem Reformator folgend, geheiratet, was Henry ebenfalls wusste und mit einiger Diskretion tolerierte. Seine letzten Worte, bevor Cranmer kam, um ihm die Letzte Ölung zu geben (!), waren, er wolle jetzt erst ein wenig schlafen, und dann werde er ihn, seinen Diener, benachrichtigen, ob er die Beichte ablegen wolle. Doch dazu kam es nicht mehr, denn er erlangte anschließend sein Bewusstsein nicht mehr zurück. In seinem Testament hatte König Heinrich seinen Wunsch ausgedrückt, die Heilige Jungfrau und alle himmlischen Heerscharen sollten für seine Seele beten, auf dass der Übergang zum ewigen Leben möglichst übergangslos und möglichst schmerzlos erfolge. Das wäre zu hoffen für Heinrich VIII. Die himmlischen Heerscharen hatten da aber bestimmt recht viel zu tun.

# Luther auf der Wartburg

## 1521/22

Auf der Wartburg bei Eisenach über den Gipfeln des Thüringer Waldes verbrachte der Mann, der gegen Papst, Kaiser und Reich rebelliert hatte, nach turbulenten Wochen und Monaten eine keineswegs freiwillige Zeit des Rückzugs in vollkommener Stille. Hinter hochgelassenen Zugbrücken und hinter den Butzenscheiben einer einfachen (holzgetäfelten) Stube befand er sich in der weltabgeschiedenen Festung in einer Zwangseinkehr, zurückgeworfen auf sich selbst und nur im Zwiegespräch mit seinem Gott – und dessen Gegenspieler. Die dunkle Ahnung, die später auch im Kirchenlied Ausdruck fand: dass, wo Gott war, wo Christus war, auch gemeinhin der Teufel nicht weit war, die wurde dem Schutzgefangenen hier einmal mehr zur erlebten Gewissheit. Der große Gegenspieler hatte eine große Vorliebe für die Gottsuchenden, für die Wahrheitsliebenden, für die geistig Emporstrebenden. In der Einsamkeit zeigte er sich dem Hadernden und seiner offenen, ausgelieferten Seele mit größter Heimtücke, und der Kampf zwischen Gott und Teufel ereignete sich in dem Getriebenen selbst. Es sollte sich zeigen …

Um seinen Mönch vor den Päpstlichen und vor den Kaiserlichen zu schützen und ihn auch eine Weile aus dem öffentlichen Blickfeld zu nehmen, hatte der sächsische Kurfürst, Luthers weltlicher Herr, ihn an diesen geheimen Ort bringen lassen, der auch ihm selbst unbekannt war. Der Kurfürst würde somit ohne Skrupel vor dem Kaiser und vor dem Reichstag beschwören können, dass er nichts wisse über Luthers Verbleib. Auf dem Rückweg vom Reichstag zu Worms, wo Luther endgültig den geforderten Widerruf seiner Lehren ablehnte, worauf über ihn die Reichsacht verhängt wurde, hatte

Die Lutherstube auf der Wartburg bei Eisenach, um 1905.

ihn Kurfürst Friedrich vermeintlich entführen lassen – bevor es ein
anderer tat. Luther war vogelfrei. Infolge des Wormser Edikts war
er von jedermann, der seiner habhaft werden konnte, an Rom aus-
zuliefern. Es war verboten, ihn zu beherbergen und zu verköstigen.
Ihn zu töten, war sogar durch den kaiserlichen Erlass sanktioniert.
Schutz und Schirm bot ihm also sein weltlicher Herr in der Tat. Für
den Kurfürsten war der Fall Luther unter anderem ein politisches
Abgrenzungsmittel, um die Eingriffe der Kurie auf die fürstlichen
Herrschaftsrechte zu unterbinden. Unter anderem stärkte er damit
auch die Konkurrenz zu seinem Cousin Georg von Sachsen, der auf
der Seite von Habsburg/Rom gegen Luther polemisierte. Der Kurfürst schützte seinen Mönch, ohne sich zu ihm zu bekennen und
sich damit politisch zu kompromittieren. Bis die Lage sich beruhigt
haben würde, bot er ihm jedenfalls Schutz und Schirm auf der
Burg.
     Luther selbst hatte nur eine vage Ahnung von den Plänen seines
Schutzherrn gehabt, als er die Rückreise von Worms nach Witten-

Luther als Junker Jörg, Kupferstich von Lucas Cranach d. Ä., 1520.

berg antrat. Am 21. April 1521, zwei Tage nach seiner Abreise, schrieb er von einer Frankfurter Herberge aus an Meister Lucas Cranach, Maler zu Wittenberg: „Ich laß mich eintun und verbergen, weiß selbst noch nicht wo, und wiewohl ich lieber hätte von den Tyrannen, besonders von des wütenden Herzogs Georg zu Sachsen Händen, den Tod erlitten, darf ich doch guter Leute Rat nicht verachten, bis zu seiner Zeit." Die berühmte Konfrontation vor dem Reichstag in Worms lag da gerade erst wenige Tage zurück, und in Luthers Brief an den Malerfreund klingt Verwunderung durch, gepaart mit einer Spur Herablassung, dass es dem Reichstag und der Kaiserlichen Majestät nicht gelungen sei, seine Thesen akademisch zu widerlegen und zu diesem Zwecke mindestens einen Doktor oder besser noch deren fünfzig versammelt zu haben, um mit ihm und gegen ihn zu disputieren. Stattdessen hieß es nur, wie er Cranach berichtet: „Sind die Bücher Dein?" „Ja." „Willst Du widerrufen oder nicht?" „Nein." „So heb' Dich!" Das war eigentlich seiner und auch einer Kaiserlichen Majestät unwürdig, so fand er, und ebenso unwürdig fand er es, wie die „blinden Deutschen" so kindisch handelten und sich von den „Romanisten" äffen und narren ließen. Mit diesem Stachel und der Rebellion gegen Rom würde er nicht zuletzt einen Großteil der Reichsfürsten für sich gewinnen. Weiter ging die Reise von der Frankfurter Herberge aus über Friedberg und Grünberg in Hessen und schließlich über Hersfeld nach Eisenach. Das Predigtverbot, das ihm der Kaiser während des zwanzigtägigen Geleits auf der Rückreise nach Wittenberg auferlegt hatte, hielt der Reisende zu keiner Zeit ein. Das sei ganz unmöglich, schrieb Luther an Georg Spalatin, den Geheimsekretär seines Kurfürsten. Es sei nachgerade eine Zumutung für ihn, nicht zu predigen, da er an Gottes Wort gebunden sei und demgemäß auch verpflichtet, es zu verbreiten. Am Morgen des 1. Mai predigte er in der Kirche des Benediktinerklosters zu Hersfeld, am Folgetag in der Georgenkirche zu Eisenach – er hatte hier einst die Lateinschule besucht – und am 4. Mai im thüringischen Möhra, dem Heimatort seines Vaters, wo er auch bei Verwandten die Nacht verbracht hatte. Auf der Weiterreise nach Gotha fand selbigen Tages der inszenierte Überfall in der Nähe der Burg Altenstein statt. Der im Reiten ungeübte Mönch musste

den letzten Abschnitt der Reise auf etwas beschwerliche Weise zu
Pferde bestreiten. Am 4. Mai 1521, abends um elf Uhr, erreichte
Martin Luther den Ort, der ihm zur ehrenvollen Schutzhaft seines
Kurfürsten auserwählt war. Zehn bedeutungsvolle und hoch pro-
duktive Monate würde er inkognito hier verbringen. Doch zunächst
musste sich Luther verwandeln. Aus dem Mönch wurde der adelige
Gast des Burghauptmanns Hans von Berlepsch, um auch in den Augen des Burgpersonals keinen unnötigen Verdacht zu erregen. „Junker Jörg", so Luthers Pseudonym auf der Wartburg, wechselte seine
mönchische Kleidung und ließ sich mit der Zeit einen mächtigen
Bart stehen sowie die Tonsur überwachsen. „So bin ich nun hier",
schilderte er Georg Spalatin, „meine Kutte hat man mir abgenommen und ein Reitergewand angezogen. Ich lasse mir Haare und
Bart wachsen. Du würdest mich schwerlich wiedererkennen, da ich
mich selber schon nicht mehr wiedererkenne." Cranach hat „Junker
Jörg" im Porträt festgehalten, sodass wir ihn uns recht gut vorstellen
können. Dieser „Junker" ist sicher kein Lebemann, darüber gibt das
Charakterporträt hinreichend Auskunft. Im Gegensatz zu den späteren Lutherporträts, in denen der Reformator Imposanz, aber auch
wohlgefällige Saturiertheit ausstrahlt, wirkt der Gesichtsausdruck
hier verhärmt. Auch von Leibesfülle kann noch keine Rede sein,
trotz der stattlichen Statur des Porträtierten. Es ist das Bild eines
Kämpfers und eines Suchenden. Die Stirnfalten und die in ein
Unbekanntes gerichteten Augen zeugen von inneren Kämpfen, von
Widerständen, die aber vermutlich mehr aus der eigenen Seele
kommen als aus der Gegnerschaft in der äußeren Welt.

Die meisten Briefe in diesen Wartburger Monaten schrieb Luther
an seinen jungen Freund und Mitstreiter Philipp Melanchthon, der
in Wittenberg weiter für ihre gemeinsame evangelische Sache
arbeitete. Seine „Loci communes", die erste evangelische Glaubenslehre, die Luther frisch gedruckt auf der Wartburg erhielt und die er
aus der Ferne absegnete, erschienen just in diesem denkwürdigen
Jahr 1521 und während der ersten Hälfte von Luthers Wartburg-
Aufenthalt. „Die Wahrheit ist da", schrieb Luther Melanchthon in
seinem zweiten Brief von der Wartburg, „aber es sind nur Blätter
und Worte, solange wir nicht so handeln, wie wir lehren." Er wusste,

dass die Freunde in Wittenberg wie auch andernorts seine Spur
weiterverfolgten, und er dachte auch öfter als einmal daran, dass sie
sein Werk fortsetzen würden, sollte er seine Vorstöße nicht über-
leben. Gelegentlich klingt es, als sei er enttäuscht darüber, nicht als
Märtyrer sterben zu können. Seinem Kampf für die reine Lehre des
Evangeliums wäre dies doch ein letzter und ultimativer Beweis gewesen, dass es ihm ernst war damit, bis zur Selbstopferung ernst,
und dass Gott dieses Opfer auch annahm. Wie es aber nun schien,
wollte Gott ihn doch lieber lebend.

Die Melancholie, die ja des Teufels war und die ein Geschöpf Gottes immer dann heimsuchte, wenn es zu wenig göttliche Gegenwart
*in der Welt* hatte und allein, ohne Mitmenschen, den teuflischen
Anfechtungen wehrlos ausgesetzt war, blieb dann auch nicht lange
aus. Am zehnten Tage nach seiner Ankunft schrieb Luther: „Ich
habe hier nichts zu tun und sitze wie benommen den ganzen Tag
herum." Er fügte allerdings gleich hinzu, er lese die griechische und
die hebräische Bibel, und er plane zudem eine Abhandlung in deutscher Sprache über die Freiheit vom Zwang der Ohrenbeichte zu
schreiben. Die müßige Untätigkeit mit all ihren Gefahren für die
empfängliche Seele war eher eine Bedrohung als eine Tatsache, und
der Schutzhäftling setzte sich ihr auch von Anfang an tatkräftig
entgegen. Wenn er von trüben Stimmungen übermannt wurde
oder Verzweiflung sich seiner bemächtigte, dann ging es aber – so
kann man den Briefen entnehmen – auch und zuvorderst darum,
diesen Zuständen abzuringen, was der Herr mit ihm vor hatte und
welcher Art seine Prüfungen waren. Damit haderte er, und er fand
keine Antworten auf seine Fragen. „Ich bin ein seltsamer Gefangener", schrieb er noch in diesen ersten Wochen an Johann Agricola,
seinen Schüler und Freund. „Ich sitze hier willig und unwillig (*no-
lens et volens*) zugleich; willig, weil der Herr es so will, unwillig,
weil ich lieber in der Öffentlichkeit für das Wort (des Herrn) ein-
stehen möchte, aber ich war wohl dessen nicht würdig."

Ein Thema zieht sich fast leitmotivisch durch die folgenden Monate, und das sind offenbar dramatische Verdauungsbeschwerden,
die Luther, als er sie erstmals erwähnte, umgehend mit einer göttlichen Heimsuchung in Verbindung brachte. Mitten in einen latei-

nisch geschriebenen Brief fügte er den deutschen Satz ein, der den
Tatbestand in all seiner kreatürlichen Banalität umstandslos aus-
drückte: „Mein Arsch ist böse geworden." Der Gedanke, dass dies
als Strafe zu sehen war und dass vielleicht auch die trübsinnigen
Zustände oder was ihn sonst entfernen mochte von Gott, Zeichen
waren für seine eigene Abtrünnigkeit, folgt auf dem Fuße. Gott
zürnte ihm, wie es schien, oder er legte ihm weitere Prüfungen auf.
„Der Herr sucht mich heim." Dass er dies ausgerechnet über die Ver-
dauungsorgane exemplifizierte, die doch traditionell eher das Terrain seines Gegenspielers waren – bekanntlich konnte man ja den
Satan vertreiben, indem man ihm das nackte Hinterteil hinstreckte
beziehungsweise die entsprechenden Odeurs produzierte –, zeigt
nur, wie nahe beieinander die göttliche und die teuflische Sphäre
sich diesem Gotteskämpfer in seiner Prüfung und seiner Einsamkeit zeigten. Das waren Nahkämpfe, die er da führte. Auf der Wartburg führte er sie, wie es scheint, bis zur Verzweiflung. Als er am
26. Mai das Ableben des Kustos der Universität Wittenberg kommentierte, da wurde Luther momentweise gänzlich umfangen und
nahezu überwältigt von einem Gefühl tiefer Resignation, in dem er
sogar Gottes Gerechtigkeit anzweifelte, sich verlassen wähnte von
Gott und sich schließlich dazu verleiten ließ, Satan den bereits sichtbaren, kommenden Sieg zuzusprechen. „Ich gönne dem Dokor Lupinus den seligen Abschied aus diesem Leben", so schrieb er. „Wenn
wir doch auch nicht mehr darin lebten! So groß ist Gottes Zorn,
über den ich mehr und mehr nachsinne bei meiner Untätigkeit, so
daß ich zweifle, ob er außer den Kindern irgend einen Erwachsenen
aus jenem Reich des Satans erretten wird. So sehr hat uns unser
Gott verlassen! Sein (des Lupinus') Hinscheiden hat mich doch sehr
bewegt, und ich denke an das Wort des Propheten Jesaja (Buch des
Jesaja 57,1): Der Gerechte ist umgekommen, und niemand ist da, der
es sich zu Herzen nimmt, und fromme Leute sind hingerafft, und
niemand achtet darauf." Die Gottverlassenheit überwältigte den
Schutzsuchenden auf der Wartburg sehr oft, doch davon ableiten
lässt sich auch ein entsprechendes Weltbild.

Luther geht nicht von einem Fortschreiten der erlösungsorientier-
ten Menschheit aus. Sein Welt- und Geschichtsbild ist nicht – ent-

gegen der neuzeitlichen Ausrichtung, die ja bald nachhaltig Einzug hielt – in einem progressiven Sinn in die Zukunft gerichtet. Ob Gottes Gegenspieler nicht am Ende die Herrschaft behält, bleibt in seinen Augen eigentlich bis zum Schluss offen. Der gnädige Gott, den er suchte und fand, gibt Hoffnung und Zuversicht, dass auch der eschatologische Endkampf nicht für den „Herrn der Welt", sondern für den Herrscher des Himmels und der Erde entschieden wird. In Luthers Theologie geht es aber wesentlich um eine Heilslehre des einzelnen Menschen, nicht um eine Eschatologie der Menschheit im Ganzen, die schließlich der Sphäre der ‚Welt' angehört (einer Sphäre, die vornehmlich zur Bewährung der christlichen Seele ihre Berechtigung hat). Für Geschichtsutopien, bei denen die menschlichen Hoffnungen und die Vorstellungen vom Reich Gottes, das ja nicht von dieser Welt ist, sich in irdische Paradiese verwandeln und eine geschichtliche Dimension annehmen werden, ist bei Luther kein Raum. Auch darin verweigert sich der Reformator den Versuchen der Nachwelt, ihn zu einem pionierhaften Vertreter der Neuzeit zu machen, einschließlich ihrer säkularisierten Heilslehren, die entstehen werden im Zuge der Setzung der Autonomie der Vernunft. Martin Luther aber hat sie gewiss nicht gesetzt. Der Mensch ist im Wort Gottes gefangen, und nur in diesem Sinne kann auch seine Vernunft segensreich wirken, erhellende Einsichten haben oder sich im Handeln bewähren. Es geht dabei nie um die ‚Welt', auch wenn diese als Wirkungsfeld christlicher Nächstenliebe, Gott wohlgefälligen Handelns und täglichen Ausfüllens des Platzes, den Gott jedem Menschen in diesem Leben gegeben hat, bei Luther eine größere Bedeutung erhält als jemals zuvor. Er kann damit aber nicht Gottes Gnade verdienen, denn die Heilsdimension hat mit der ‚Welt' nichts zu tun.

„Um mich sollt Ihr Euch keinerlei Sorgen machen. Was meine Person betrifft, so steht alles gut", setzt Luther den Brief vom 26. Mai, der an Melanchthon gerichtet ist, fort. „Nur hat die Schwierigkeit beim Stuhlgang noch nicht aufgehört, und die frühere Schwäche an Geist und Glauben dauert noch an." „Mein Einsiedlerleben macht mir gar nichts aus", schreibt er, und damit scheint er sich selbst Mut zuzusprechen. Luther betont den „Herzensfrieden", der ihn auch da-

vor bewahre, „nach eigenem Willen" – und das heißt, in einer selbst-
bezogenen und sträflichen Eigenmächtigkeit, sei es aus den hoch-
mütigen Versuchungen des Verstandes, aus Eitelkeit, Ruhmsucht
oder in einem Gefühl des Berauschtseins von den eigenen Worten –
das Wort des Herrn auszulegen. „Aber um der Ehre des Wortes
willen und zur gegenseitigen Stärkung anderer und meiner selbst
möchte ich lieber unter lebendigen Kohlen hell brennen, als allein
halbtot, wenn ich schon nicht ganz tot bin, zu stinken. Aber wer
weiß, ob Christus nicht durch seinen Plan mehr in Bewegung setzen will, nicht nur in diesem Fall, sondern auch in anderen Situationen?" Da ist wieder der Missionar und der Märtyrer, entsprechend
die Kompromisslosigkeit und der Radikalismus, die mit beidem ein-
hergehen, vor allem aber die unerschütterliche Bereitschaft, zur Verbreitung der Reinheit der evangelischen Lehre in einer korrupten
Welt, die vom Antichristen besetzt ist, keinerlei Konzessionen an
die Vertreter der geistlichen Macht und an die Deutungshoheit der
römischen Kirche zu machen. Solche heldenhaften Bekenntnisse
gab es zu seinem Glück auch in den Wartburger Monaten des Kava-
lierhäftlings, der hin und her geworfen war zwischen Euphorie und
Verzweiflung, Lähmung und Schaffensrausch, Gottvertrauen und
Angst vor dem Untergang. Die gelegentlichen Mitteilungen seiner
Weggefährten in der Welt draußen, wer nun gerade wieder gegen
ihn die Feder erhob oder seine Vernichtung ankündigte, waren da
wohl allenfalls Randphänomene, eventuell sogar Ansporn, aber
wohl kaum der Grund für seine seelischen Schwankungen, die ausschließlich damit zu tun hatten, ob er Gottes Segen über sich spürte
oder Gottes Zorn, da er meinte, seiner hohen Aufgabe letztlich nicht
würdig zu sein.

Am 10. Juni, knapp fünf Wochen nach seiner Ankunft auf der
Burg, schrieb Luther an Spalatin, er schreibe „ohne Unterbrechung".
Dieses fieberhafte Schreiben war nicht nur ein wirksames Mittel
gegen die immer lauernde und bedrohliche Trübsal und Resignation, sondern es ersetzte auch schlichtweg die Wirksamkeit, die in
seinem Wittenberger Alltag sehr viel breiter angelegt war als hier in
der Zwangseinkehr, vor allem, was die seelsorgerische Seite seines
Wirkens betraf, aber auch jede Art von Dialog. Auch seine Predigten

waren für Luther eine Art von Dialog – ein Dialog mit Gott wie auch in der Vermittlung ein Dialog mit der Gemeinde. Was ihm hier auf der Wartburg blieb, war nur der schriftliche Dialog, die Briefe an seine Freunde sowie seine Schriften, die, kaum entstanden, auf direktem Wege der Wittenberger Druckerei zugeführt wurden, um so schnell wie möglich unter die Leute zu gehen. Mit der Kurierpost am 10. Juni gingen dann auch zwei für den Druck bestimmte Manuskripte nach Wittenberg, einmal die bereits erwähnte Abhandlung gegen den Zwang zur Ohrenbeichte, die Luther Franz von Sickingen widmete, und zum anderen die vollständige Auslegung des Magnifikats. Sie blieben dennoch nicht aus, die verderblichen Stunden, und mit ihnen die Heimsuchungen. Sinnbild dafür war ihm bald die Beschwernis, die ihn so plagte. „Das Übel, an dem ich in Worms litt, hat mich noch nicht verlassen, es hat sogar zugenommen. Ich leide an einem so harten Stuhlgang wie noch nie in meinem Leben und bin verzweifelt, weil es kein Heilmittel gibt. So sucht mich der Herr heim, damit ich nicht ohne Kreuzesqual bin. Amen!" Mitte Juli scheint es einen besonderen Tiefpunkt im Aufenthalt des Schutzhäftlings gegeben zu haben, flehte er doch am Ende eines ausführlichen Briefes an Philipp Melanchthon: „Betet bitte für mich! Denn ich versinke in Sünden in dieser Einsamkeit." Der Gemarterte spricht von „Leibeslust", „Trägheit", „Müßiggang", „Schläfrigkeit", und wenn man noch die anderen üblichen Geistessünden hinzufügt, die schon durch ihre Ausrichtung gegen ein gottgefälliges Leben Sünden des Fleisches sind, sowie eine in diesen Tagen, Wochen und Monaten durchaus unfreiwillige Völlerei auf der Burg, da der Burghauptmann Hans von Berlepsch seinen Gast etwas zu üppig bewirtete, was dieser sicherlich nicht ganz zu Unrecht mit seinen Verdauungsproblemen in Zusammenhang brachte, so waren die sieben Todsünden förmlich beisammen. Zorn und Hochmut waren die Kardinalsünden des Gottsuchers, und sie spielten immer eine Rolle in Luthers Auseinandersetzungen mit Gott. Dass Gott ihm zürne, diese Angst formuliert er immer wieder in seiner Burgeinsamkeit, und als er sie einst in seiner Erfurter Klosterzeit seinem Beichtvater und Generalvikar Johannes von Staupitz gegenüber zum Ausdruck brachte, da antwortete dieser, es verhalte sich genau umgekehrt: „Nicht Gott zürnt *dir*, sondern *du* zürnst *Gott!*" – eine gewissermaßen noch größere Sünde.

Wie dem auch immer sei, der Zustand völliger Reinheit und Klarheit, den Martin Luther bei der Lektüre des Wortes Gottes empfand, der stellte sich einfach nicht dauerhaft in seiner Seele ein, nicht hier, nicht jetzt, nicht im Kloster und nicht in der Welt. Von einer Prüfung ist auch hier in den Burgmauern immer wieder die Rede, aber eben auch vom „dominus mundi", vom „Fürsten dieser Welt", also von Satan, dem großen Widersacher, der nicht nur für die melancholischen Stimmungen und schweren Anfechtungen der Seele, sondern, damit einhergehend, auch für Gottesferne, Mutlosigkeit und Zweifel verantwortlich war – und für das falsche Zeugnis von Gott. Satan irrlichterte mit Schein-Wahrheiten, die er für Wahrheiten ausgab und gegen die man gewappnet sein musste. Der Weltenfürst schlüpfte ja bekanntlich in vielerlei Gestalten, und eine solche Gestalt war ein Mann namens Hieronymus Emser, der seit Luthers Leipziger Disputation leidenschaftlich „wider den Stier zu Wittenberg" polemisierte, worauf Luther mit seiner „Additio zum Emser'schen Steinbock" geantwortet hatte. Er liebte dergleichen ja auch, einen offenen Wettbewerb mit einem ebenso kampfeslustigen Gegner im Kampf um die Wahrheit. Dass der *dominus mundi* ein Gegner des Evangeliums war und dass auch seine, also Luthers theologische Kontrahenten von diesem geschickt worden waren, dessen war er sich völlig gewiss. Emser also. Steinbock gegen Stier. Allein schon durch seine Stellung in der Welt war Emser gewissermaßen prädestiniert, ein Gegner Luthers zu werden. Der Gelehrte war Sekretär und Hofkaplan des Herzogs Georg von Sachsen, des Vetters und Nachbarregenten von Luthers sächsischem Kurfürsten. Das ohnehin dynastisch bedingte Rivalitätsverhältnis der beiden sächsischen Potentaten, die seit 1486 nebeneinander und gegeneinander auf ehemals vereinigtem Boden regierten, erhielt durch die Causa Lutheri eine Zuspitzung mit regionalpolitischer Note. Herzog Georg, der ursprünglich keineswegs unaufgeschlossen war, die Missstände der Kirche zu thematisieren oder auch anzugehen, wurde zu einem entschiedenen Gegner der lutherischen Reformation. Er stand auf der Seite Habsburgs, der kaiserlichen Politik und

der römischen Kirche, während sich sein Cousin Friedrich durch
die Luthersache an die Spitze einer Opposition der Reichsfürsten
stellte. Luther kannte Emser noch von der Erfurter Universität, wo
er Vorlesungen von ihm besucht hatte. Immerhin hatte er es hier de
facto mit einem würdigen Gegner zu tun – wenn er ihn auch im
Brief an seinen Freund Arnsdorff quasi als einen Narren bezeichnete, der von einem bösen Dämon besessen sei. Nikolaus von Arnsdorff sollte sich nun an seiner statt theologisch mit ihm duellieren,
und entsprechend stellte Luther ihn auf seine Aufgabe ein. „Darum
muß man so deutlich wie möglich gegen ihn schreiben und sich
gegen alle Überraschungen wappnen, damit er nicht die Worte ver-
dreht oder Gelegenheit findet, dem Satan zu folgen." Debattiert werden sollte der von der römischen Kirche beglaubigte Priesterstand,
den Emser mithilfe der Kirchenväter verteidigte, während Luther in
der Heiligen Schrift keinen Hinweis auf einen solchen sah und
dagegen vom *Priestertum aller Gläubigen* sprach. Das war ein Skan-
dalon! Es enthob die Kirche und ihre Repräsentanten einer ganz
wesentlichen Legitimierung, worauf ihre institutionelle Macht aufgebaut war. Aber Luther hegte nicht den Hauch eines Zweifels, dass
man dem Emser mit den richtigen Bibelzitaten ohne Schwierigkeit
beikommen könne, was den anderen binnen Kurzem erledigen
sollte. Er gab die Textstellen an, mit denen dieses zu tun war, darunter aus dem ersten Petrusbrief (2,6–10) und aus der Apokalypse
(Offenbarung des Johannes 5,9 und 20,6), und im Übrigen ließ er
die vom Emser betonte Autorität der Kirchenväter durch das Apo-
stelwort aus den Thessalonikern zurückweisen: „Prüfet alles!"
(1. Thess. 5,21). Das war das Stichwort und blieb es.

Mitte Juli zog der Burghäftling eine zeitweilige Unterbrechung
seines Inkognito und seines Burgaufenthaltes in Erwägung, und
zwar wegen seiner Darmbeschwerden, die ihn sehr malträtierten.
Er wolle nach Erfurt gehen, um einen Arzt oder Chirurgen zu kon-
sultieren, so schrieb er Melanchthon. „Denn ich kann das Übel nicht
länger aushalten. Zehn große Wunden könnte ich leichter ertragen
als diese kleine Verletzung des Mastdarms. Vielleicht beschwert
mich der Herr so sehr, um mich aus dieser Einsamkeit in die Öffentlichkeit hinauszureißen." Die äußere Untätigkeit und dass er den

Lauf der Dinge draußen in seiner verborgenen Existenz nicht mehr beeinflussen konnte, schien ihn manchmal genauso zu quälen wie die diversen Anfechtungen an Geist, Seele und Leib. Immer wieder wird Philipp, den Luther als „Evangelisten der Wittenberger Kirche" bezeichnet, darauf verpflichtet, unermüdlich und unablässig für die evangelische Sache weiterzustreiten – auch und besonders, betont er, wenn er selbst diesen Kampf nicht mehr anführen könne. Sie seien alle gut ausgestattet, die Freunde und Mitstreiter, willens und fähig für diesen Kampf. Niemals dürfe das Feld der Gegenseite überlassen werden. Als Melanchthon aber dann sehr konkret wurde und etwa wissen wollte, wie es am Ende um den Kampf mit dem Schwert bestellt sei, sollte der Federkampf irgendwann nicht mehr hinreichen und dieser letzte Schritt eine unabdingbare Notwendigkeit sein, da wurde der Reformator ein wenig verzagt und argumentierte mit einem „Ja, aber ..." beziehungsweise „Sowohl – als auch". Die Frage war ihm ganz sichtbar unbehaglich. Er stimme mit Philipp überein, schreibt er, dass im Evangelium kein Recht solcher Art (also das Recht auf Schwertkämpfe) vorgeschrieben oder vorgeschlagen sei, denn das Evangelium sei ein Gesetz der Willigen und Freien, die nichts mit dem Schwert oder mit dem Recht, das Schwert zu führen, zu schaffen haben. Verboten, so gibt er zu, sei der Kampf mit dem Schwert durch das Evangelium allerdings auch nicht, was man etwa auch mit dem Fasten und den äußerlichen Zeremonien oder mit der Vorsorge für zeitliche Dinge vergleichen könne, für die es ja auch (nach seinem Verständnis) keine Festlegungen und Gebote gebe, über die vielmehr allein der Geist in seiner Freiheit bestimme. Es könne aber wohl sein – und das formuliert Luther als Frage, ohne eine wirkliche Antwort zu geben –, dass die Umstände dieses Lebens ein derartiges Recht und seine Anwendung erforderlich machten. Tatsache sei jedenfalls, so Luther, dass keineswegs alle Menschen dem Evangelium gehorchten. Wenn also das Schwert nicht gebraucht werde, obwohl die bösen Menschen in der Mehrzahl auf Erden sind, wie lange werde dann die Kirche Gottes in dieser Welt bestehen, wenn wegen der Zügellosigkeit der Bösen kein Einziger des Lebens und seiner Güter froh werden könne? „Und was willst Du machen, wenn Du liest, daß Abraham, David und die alten

Heiligen das Schwert aufs beste gebraucht haben? Sie waren bestimmt evangelische Männer." Luther bleibt dabei: Der Gebrauch
des Schwertes ist im Evangelium weder widerrufen noch verboten.
Das Evangelium hat aber genuin nichts mit der Sphäre des Schwer-
tes zu schaffen, da es ein Gesetz der „Willigen" und der „Freien" ist,
während das Schwert der Sphäre der Welt angehört. Mit dem
Schwert, so dürfen wir Luther verstehen, wird also niemand zum
Evangelium bekehrt, wenn er es nicht annimmt in evangelischer
Freiheit. „Weil Christus im Evangelium göttliche und himmlische
Dinge einsetzen mußte, was nimmt es da Wunder, daß er das
Schwert nicht einsetzte, was von einer menschlichen Kreatur leicht
eingesetzt werde kann?" Da sein Philippus aber auch in diesem Zusammenhang die Frage nach der weltlichen Obrigkeit stellte, wo es
ja schließlich auch die lediglich zugelassenen und nicht von Gott
eingesetzten Formen gebe, zuweilen mit dem Ausdruck von Unrecht und Herrscherwillkür, da sprach er bei seinem Hirten ein
noch unliebsameres Thema an als den Schwertgebrauch respektive
das Kriegsrecht in weltlicher oder geistlicher Hinsicht. Die Antwort,
die Luther ihm gab, war eine ausweichende Antwort – eigentlich
gar keine Antwort: „Es sind Worte Gottes, die etwas Großes zum
Inhalt haben, wenn es heißt: ‚Die Obrigkeit ist von Gott, und der
widersetzt sich Gottes Einsetzung, der sich der Obrigkeit widersetzt',
und: ‚Sie ist Gottes Dienerin.' Du wirst keine Stelle (in der Bibel)
finden, wo dies nur von zugelassenen Dingen gesagt wird. Der ist
kein Diener Gottes, sondern sein Feind, der Unrecht tut oder (andern) Unerträgliches zufügt." Das nützte einem dann aber auch
nichts bei der Frage nach dem Umgang mit unrechtmäßigen oder
despotischen Herrschern. Melanchthon hatte ein heißes Thema
berührt. Er hatte gehofft, dass die Schrift sich dazu ein wenig ein-
deutiger äußerte – ohne dass es ihm nun gerade um historische Prä-
zedenzfälle ging. Beide Reformatoren wappneten sich schließlich
für ihren weiteren reformatorischen Kampf, und in diesem Kampf
waren die richtigen Bibelstellen, im richtigen Kontext erwähnt und
argumentativ eingebracht, mit Abstand das Wichtigste. Ob man es
wollte oder nicht, würde auch die Frage nach der weltlichen Herrschaft in diesem Kampf berührt werden müssen. Luther stellte fest:

„Ich habe die Obrigkeit in dieser Welt, die vielfältig bestätigt und beauftragt ist, zu ehren und Gott im Gebet anzubefehlen." Kurz darauf fügte er noch hinzu: „Christus nämlich hat dem Pilatus gesagt, seine Macht sei ihm von oben gegeben (Joh. 19,11). Ich glaube aber, daß diese Stelle zu verstehen gibt, daß Gott nichts zum Bösen gibt. Doch genug hiervon." Er hatte keine Lust mehr auf dieses leidige Thema, das ihn aber leider auch weiterverfolgte.

„Mir geht es ganz gut, und ich habe – Gott sei Dank – vor den Papisten Ruhe", schreibt Luther in einem weiteren Brief am 15. Juli. An diesem Tage gab er anscheinend Serienbriefe heraus, teilweise mehrere an einem Tag, etwa an Spalatin. Er hatte sich darüber aufgeregt, dass Karlstadts Disputation über die Ohrenbeichte verboten wurde. „Diese war nämlich ein nützliches Beispiel gegen die Verbissenheit der Papisten, um ihnen zu zeigen, wie wenig Angst sie den Wittenbergern einflößten, die ohne mich solches wagten." Und: „Christus würde sie nämlich nicht so blind machen, wenn er nicht beschlossen hätte, für (unsere) Sache zu sorgen, und damit begönne, ihrer Tyrannei ein Ende zu bereiten." Sah er denn dieses Ende bereits nahe bevorstehen? Sein Gegen-Rom Wittenberg, in dem die Druckerpresse nicht stillstand, blühte in engagierten Disputen und Publikationen, und seine Adepten und Mitstreiter fanden sich in einem gemeinsamen Aufbau der neuen Lehre und ihrer tatkräftigen Realisierung. Wenn es in ihm selbst auch teilweise anders aussah, weil er sich vom Herrn auf nahezu unerträgliche Weise geprüft fühlte, so war Luther doch zuversichtlich, wenn er sah, was seine Wittenberger in seiner Abwesenheit alles bewerkstelligten. Sie würden sein Werk auch ohne ihn weiterführen, dessen war er sich vollkommen sicher. Seine nach wie vor quälenden Verdauungsbeschwerden waren ihm jedenfalls einmal eine satanische Heimsuchung und ein andermal eine Prüfung des Herrn. Im wahrsten Sinne des Wortes war da etwas in ihn eingefahren, das er nun mühsam und qualvoll herauspressen musste. Luther nahm sich da in seiner Ausdrucksweise nicht vornehm zurück. Plastisch und drastisch wie immer, so war er auch jetzt: „Die Pillenmedizin", schrieb er an Spalatin, „habe ich nach Vorschrift eingenommen, alsbald wurde der harte Leib locker, und ich leerte aus ohne Blut und Anstrengung, aber das Fleisch, das bei den früheren Krämpfen verletzt und wund wurde, ist noch nicht geheilt, im Gegenteil; ich leide nicht weniger Schmerzen, weil die heftige Wirkung der Pillen oder was es sonst sei, den Hintern aufreißt. Ich werde erst einmal abwarten." Zwei Wochen später heißt es dazu: „Mit meiner Gesundheit steht es so, daß ich leichter ausleere, das bewirken die scharfen und kräftigen (Abführ-)Mittel. Aber die Verstopfungsbeschwerden sind unverändert, und die Darmverletzung ist noch nicht geheilt. Ich vermute, daß sie noch schlimmer wird, wenn mich der Herr (weiter) nach seiner Wahrheit schlagen will."

Hegte er Zweifel an dieser Wahrheit? Oder an sich selbst als ihr Gefäß und Vermittler? Luthers Beurteilung der Lage im Land, soweit er diese von seiner „Wüstenei" aus betrachtete, ist mitunter vernichtend, im wahrsten Sinne. „Ich beschwöre Euch", schreibt er am 1. August, „zum Herrn zu beten, daß er herbeieilt und uns seinen Geist noch reicher gibt. Denn ich vermute, daß Gott bald Deutschland heimsuchen wird, so sehr verdient dies sein Unglaube, sein unfrommes Leben und sein Haß auf das Evangelium! Aber an dieser Plage wird man uns die Schuld geben, weil wir Ketzer Gott provoziert hätten, und wir werden eine Schmach der Leute und ein Unflat des Volkes sein. Sie aber werden ihre Sünden beschönigen und sich selbst rechtfertigen, damit klar werde, daß die Ruchlosen weder durch Güte noch durch Zorn gute Menschen werden, und es werden viele geändert werden. Es geschehe, es geschehe des Herrn Wille! Amen." Zwischen Heil und Vernichtung, Erlösung und Weltende schien nur ein sehr schmaler Grat zu sein, und dass die Wege des Herrn unergründlich sind, war sogar demjenigen immer bewusst, der sich immerhin als sein Sprachrohr empfand. Offenkundig wird hier unter anderem die Spät- und Endzeitstimmung in Luthers Epoche, die die Menschen so aufnahmebereit machte für seine Lehre. Nach anderthalb Jahrtausenden Christentum, als die Naherwartung von Christi Wiederkunft wieder einmal rein kalendarisch zur Disposition stand, schien die Zeit gekommen für eine neue Bewährung und für eine Wende – falls die Menschheitsgeschichte aufgrund fortlaufender Sündhaftigkeit nicht auf ein vorläufiges Ende zusteuerte, was immer möglich war. Luther verwarf den Chiliasmus, wofür schon die Christusworte stan-

den: „Mein Reich ist nicht von dieser Welt." Doch er verwies immer
wieder auf die zweite eschatologische Schlacht in der Offenbarung
des Johannes, in der der Satan sich noch einmal erhebt, um endgültig
vernichtet zu werden. Nach dieser Weltvernichtung, welche mit der
Vernichtung Satans einhergeht, beginnt eine Totalverwandlung der
Welt, indem der Vernichtung der bestehenden eine anschließende
göttliche Neuschöpfung folgt. Das Johanniswort über das kommende
Neue Jerusalem: „Und ich sah einen neuen Himmel und eine neue
Erde, denn der erste Himmel und die erste Erde sind vergangen, und
das Meer ist nicht mehr"\*, zitiert Luther im zweiten Petrusbrief, und
zwar an einer Stelle im schon genannten Brief an Melanchthon vom
1. August, in welchem er ihn ermahnt, über die „wahre Gnade" zu
predigen, nicht über die „erdichtete", wie sie bislang praktiziert und
gepredigt worden sei: dass man sie nämlich wie in einer Fleißarbeit
erwirbt beziehungsweise erarbeitet. *Sola fide,* allein durch den Glauben, ereignet sie sich. Ohne Sünde zu leben, ist in der Menschenwelt
gar nicht möglich, also gibt es auch keinen aufzurechnenden irdischen Ausgleich dafür. „Wir müssen sündigen, solange wir hier sind.
Dies Leben ist keine Wohnung der Gerechtigkeit, sondern wir warten, sagt Petrus (in seinem 2. Brief, Kapitel 3,13) auf einen neuen Himmel und auf eine neue Erde, in denen Gerechtigkeit wohnt." Luthers
Meinung nach hat Christus durch keine Offenbarung und durch kein
Zeugnis dargetan, dass er Gefallen habe an Gelübden wie zum Beispiel dem mönchischen Keuschheitsgelöbnis, das er durch keine
Stelle in der Heiligen Schrift belegt und bewiesen fand und dem er
den Charakter eines freiwilligen Gebotes aus der Menschenwelt gab.
Wenn er bei uns wäre, da ist sich Luther ganz sicher, dann würde
uns Christus die Fesseln abnehmen und alle Gelübde abschaffen. Da
er der Heiland und Bischof der Seelen sei, würde er es nicht zulassen,
dass einer durch eine unmögliche und auferlegte Last bedrückt
würde. „Deshalb neige ich zu der Ansicht, daß man hier von der Freiheit des Geistes Gebrauch machen muß und alles beseitigen, was dem
Heil der Seelen hinderlich ist." Ganz furchtbar findet es Luther, wenn

---

\* Off. 21,1.

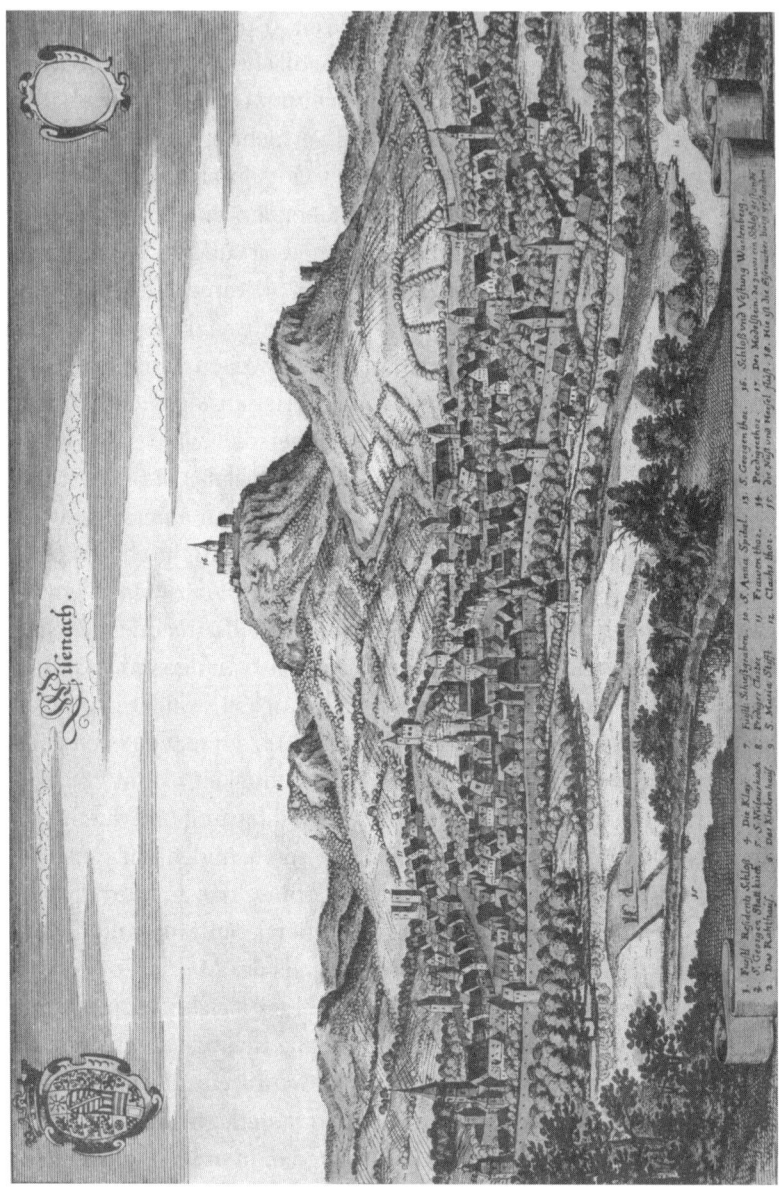

Hügellandschaft mit der Wartburg bei Eisenach, Kupferstich von Matthäus Merian d. Ä., koloriert, 1650.

Menschen, die „vom Satan krumm gemacht wurden", Gelübde ableg-
ten aus eigener oder des Satans Leidenschaft, „ohne zuvor die Kraft
des Gottesgeistes erprobt zu haben." Also weg mit dem ganzen nur
äußeren Regelwerk, das den Menschen das Heil nicht näherbrachte,
sondern es vielmehr verstellte!

Da Luther in seiner Klause „auf dem Berge", „in der Region der
Vögel" durch keinerlei äußere Verpflichtungen eingespannt war,
reagierte er außerordentlich ungeduldig auf die Aktivitäten seiner
Helfer und Mitstreiter. Besonders beklagte der Viel- und Schnell-
schreiber die Langsamkeit des Drucks sowie derer, die ihn beförderten. Es gab sechs Druckerpressen in Wittenberg, zwei waren aktuell
für Melanchthons „Loci communes" und für Karlstadt belegt, da
blieben für ihn immerhin noch vier. Warum also war sein „Magni-
fikat" (die Auslegung von Lukas 1,46–55) noch nicht fertig gedruckt? Später beklagte er sich über schlechte Druckqualität und
über Drucker, die nur an ihren Gewinn denken, aber ihr Drucker-
handwerk nicht ernst nehmen. Als er das Ergebnis seiner Schrift
über die Ohrenbeichte in Händen hielt, da hatte er leider feststellen
müssen: „So unsauber, so nachlässig, so unübersichtlich werden die
Blätter bedruckt, von dem Schmutz auf den Typen und von der
Qualität des Papiers ganz zu schweigen! ... Es ist besser, nicht zu erscheinen, als so veröffentlicht zu werden! Aus diesem Grunde werde
ich nichts mehr schicken, obwohl ich fast zehn große Bogen von der
Postille fertig habe. Und ich werde nicht eher etwas schicken, bis
ich sehe, daß jene Gewinnsüchtigen beim Drucken der Bücher weniger an ihren Verdienst als an den Gewinn der Leser denken. Ein
solcher Drucker scheint nichts anderes zu denken als: ‚Es genügt,
wenn ich mein Geld kriege, die Leser mögen sehen, was und wie sie
es lesen!'" Um seinen Kampf mit der Feder erfolgreich weiterzuführen, war es also, so ermahnte Luther noch einmal Spalatin, nicht
nur notwendig, den Gegner mit einem Höchstmaß an gedank-
lichem Scharfsinn und vitaler Energie herauszufordern, sondern der
Drucker musste auch seine Arbeit gut machen. Fatal waren in dem
Zusammenhang auch die vielen, kaum kontrollierbaren Nachdru-
cke, die die Fehler des Vorgängers nicht nur übernahmen, sondern
sogar noch vergrößerten, da diese noch weitaus stärker auf schnelle

Verbreitung ausgelegt waren als die Originaleditionen und entsprechend zu wünschen übrig ließen an der entsprechenden Sorgfalt. Auch hierüber klagt Luther in seinen Briefen „aus der Wüstenei", aus dem „Exil". Ab und an gab es freilich auch Abwechslungen. Seinem Inkognito als „Junker Jörg" auf der Burg verdankte er die Einladung zu einem Jagdausflug – für einen Mönch und Intellektuellen ein allerdings zweifelhaftes Vergnügen. Aus einem Erlebnis während dieses „bittersüße(n) Rittervergnügen(s)" macht Luther ein Gleichnis über das Wüten des Satans und die geretteten Seelen, die Satan aber doch am Ende vernichtet. Der unfreiwillige Jagdkompagnon „Junker Jörg" hat ein junges Häschen vor seinen Häschern zu retten versucht und im Ärmel seines Mantels versteckt. Doch die Jagdhunde spüren den Hasen auf und beißen ihm durch den Mantel seines Beschützers hindurch die Kehle durch; erst den Hinterlauf, dann die Kehle. Für Luther war das ein Gleichnis voll „Mitleid und Schmerz". „Denn was bedeutet dieses Bild anderes als den Teufel, der durch seine Nachstellungen und durch die gottlosen Magister, durch seine Hunde – nämlich durch die Bischöfe und Theologen – diese unschuldigen Tierlein jagd? ... Genauso wütet der Papst und der Satan, indem er auch die geretteten Seelen umbringt, und meine Bemühungen kümmern ihn nicht." Andere Jagdarten fand Luther erträglicher, bei denen in der Vergangenheit in einem offenen Kampf, mit Speeren und Pfeilen gleichwertige und „ruchlose" Gegner erlegt wurden, so etwa Bären, Wölfe und Füchse. Wenn aber die Bären, Wölfe und „gierigen Habichte" „und die ihnen ähnlichen Bischöfe() und Theologen" unschuldige Tiere wie das kleine Häschen verschlangen, dann hieß das, „daß sie hier zur Hölle, dort zum Himmel verschlungen werden." Luther verwendete in mehreren Schriften und Reden, unter anderem in seiner Wartburgpostille, das Sprichwort: „Ein Fürst oder Herr ist Wildpret im Himmel." Das ist wohl weniger Sozialkritik oder Fürstenschelte als ein Bezug auf das Jesus-Wort: „So werden die Letzten die Ersten und die Ersten die Letzten sein"*, das die Umkehrung aller Verhältnisse

---

*  Matth. 20,16.

am Jüngsten Tage beschreibt. Es bedeutet, dass die irdischen Wert-
maßstäbe und Machtverteilungen dann nicht mehr gültig sind, was
besonders die jetzt Reichen und Mächtigen in ihre menschlichen
Schranken verweist. Ein bisschen Fürstenschelte unternahm Luther
aber dann doch, als er auf seiner Burg saß und sein verunglücktes
Jagdabenteuer verarbeitete. Er machte sich zum Beispiel Gedanken,
auf wessen Kosten er auf der Wartburg so üppig bewirtet wurde,
und er wollte dem Burghauptmann nicht zur Last fallen. Da
Berlepsch auf seine Frage hin immer auf die Schatulle des Fürsten
verwies (also auf Friedrich den Weisen), war's ihm schon recht, aber
er wusste nicht sicher, ob es sich auch so verhielt, und er bat Spalatin, ihm darüber nach Möglichkeit Klarheit zu verschaffen. Aus der
Fürstenschatulle verköstigt zu werden, damit hätte er moralisch
nicht die geringsten Probleme. „Denn", schrieb er, „Du weißt: Wenn
die Mittel irgendeines Menschen vertilgt werden müssen, dann sind
es die der Fürsten. Denn: ein Fürst und zugleich kein Räuber sein,
das ist entweder gar nicht oder kaum möglich, und je mächtiger der
Fürst ist, wird er auch ein desto größerer Räuber sein." So weit der
sozialkritische Unterton des Reformators, der auf die Fürsten allgemein immer nur dann etwas kommen ließ, wenn sie ihn oder
andere hinderten, das evangelische Wort zu verbreiten. Dann allerdings nahm Luther kein Blatt vor den Mund. Der Tonfall, in dem er
etwa mit seinem Kurfürsten kommunizierte, gehört sicher zum Un-
verschämtesten, was Untertanen sich je gegenüber ihren Souverä-
nen herausnahmen. Aber auch andere Regenten und Würdenträger
wurden da nicht verschont. Es bestätigte sich also, das Folgewort,
dass der Fürst oder Herr Wildpret im Himmel sein wird, nachdem
er dieses sein Jagdgut vorher am Hofe verspeist hat. Das war biblisch, nicht weltlich gemeint; es hatte keinen Bezug zu der gegenwärtigen Ordnung der Dinge.

In einem ausführlichen Brief an Melanchthon äußerte Luther am
9. September seine Gedanken zur evangelischen Freiheit. Anlass
waren erneut die Gelübde – allen voran vermutlich unausgespro-
chen das Keuschheitsgelübde der Mönche und Nonnen. Philipp
hatte geschrieben, er sei zu der Überzeugung gekommen, dass ein
Gelübde aufgehoben werden müsse, wenn man es nicht halten

könne, sodass es nicht weiter in Kraft sei, „während wir sündigen".
Luther hielt das für inakzeptabel, denn mit einer solchen Einstellung müsse man quasi auch die göttlichen Gebote aufheben. Mit
der Frage nach Freiheit und Knechtschaft verhalte es sich vielmehr
folgendermaßen: Philipp habe ja bereits ganz richtig erkannt, dass
die Knechtschaft der Gelübde mit dem Evangelium nichts zu tun
habe und das Gegenteil vom Geiste der Freiheit sei. „Trotzdem disputieren wir über die Gelübde und nicht über die Knechtschaft der
Gelübde!" Philipp habe, so Luther, konsistent festgestellt, dass Freiheit und Knechtschaft nicht in den Gelübden selbst liegen, sondern
im Geist. Ein Freier könne sich deshalb allen Gesetzen und der Herrschaft aller unterwerfen – „mit dem Apostel Paulus, wie es der heilige Bernhard und viele Fromme fröhlich getan haben." „Denn das
gehört auch zu der evangelischen Freiheit: sich einem Gelübde und
den Gesetzen unterwerfen zu können!" Das Gesetz sei somit nicht
der Freiheit zuwider, sondern es gebe im Gegenteil Freiheit. „Denn
durch den Glauben bestätigen wir das Gesetz." Falsch sei es demgemäß, so Martin Luther, ein Gelübde abzulegen, *in der Absicht*, dadurch sein Heil zu erlangen. Das werde erstens nicht funktionieren;
niemand erreiche göttliche Seligkeit oder Gerechtigkeit oder auch
nur Gottes Wohlgefallen, weil er, gleichsam unter einem inneren
Zwang, ein Gelübde ablege. Zweitens aber widerspreche es tatsächlich dem Evangelium. In Wahrheit sei diese Art, es zu praktizieren,
nichts anderes als „Götzendienst", „ungeistliches Leben". „Wie wird
der Irrtum aber abgeschafft? Nur so, wenn das Gelübde aufgehoben
oder aber von neuem gelobt wird,* das heißt, *indem man sich im
Geist der Freiheit dem Gelübde unterwirft.*" In dem Zusammenhang
reflektiert Luther auch seine eigenen Mönchsgelübde, die er vor
sechzehn Jahren abgelegt hatte – gegen den Willen seines Vaters,
der ihn zu einer Karriere in der Welt und einer entsprechenden bürgerlichen Existenz ausersehen hatte. Im Nachhinein war Luther der
Meinung, dass genau dieser Weg über die Mönchszelle notwendig
war, um seine mühevollen Erkenntnisprozesse, die ihn am Ende

---

\* These 58.

auch aus der Mönchszelle herausführten, möglich zu machen. Die
Suche nach einem gnädigen Gott hatte ihn einst ins Kloster geführt.
Die Erkenntnis eines tiefen Missverständnisses des göttlichen Wortes und der darauf aufbauenden Irrwege der römischen Kirche gewann er aber nur im Innern des Systems. Er sei da offensichtlich
„mehr hingerissen worden als durch Überlegungen dazu gekommen" und habe die Gelübde wohl eher „ungeistlich und frevelhaft"
abgelegt. Und doch: „Gott hat es so gewollt." Also: Der Umweg war
notwendig. Da er hier auf der Wartburg aber ohnehin von lauter
Dämonen gepeinigt wurde und seine Skrupel und Ängste bis zur
Neige auskostete, da dachte er auch an ein Wort seines Vaters, das er
niemals vergaß. „Ich erinnere mich: Als ich die Gelübde ablegte,
sagte mein Vater – auch als er sich schon wieder beruhigt hatte:
‚Hoffentlich war es kein Blendwerk des Satans!' Dieser Satz trieb
Wurzeln in meinem Herzen. Ich habe niemals etwas aus seinem
Munde gehört, das ich fester im Gedächtnis behielt. Es scheint mir
(jetzt), als habe mich Gott durch seinen Mund gleichsam aus der
Ferne angeredet, zwar spät, aber doch stark genug zu meiner Strafe
und Ermahnung." Zweieinhalb Monate später, am 21. November
1521, schrieb Luther persönlich an seinen Vater, dem er seine
Schrift „De votis monasticis" („Über die Klostergelübde") widmete.
„Es ist jetzt fast 16 Jahre her", schrieb er, „daß ich gegen Deinen Willen und ohne Dein Wissen Mönch wurde ... Ich schicke Dir nun dieses Buch, damit Du erkennst, mit welchen Zeichen und Kräften
mich Christus von dem Mönchsgelübde losgesprochen hat und mit
welcher Freiheit er mich beschenkte, so daß ich, obwohl er mich
zum Knechte aller gemacht hat, dennoch niemand untertan bin als
ihm allein. Denn er selbst ist – wie es (in der Kirchensprache)
heißt – mein ‚unmittelbarer' Bischof, Abt, Prior, Vater und Meister.
Einen anderen kenne ich nicht mehr."

In den Wechselstimmungen von Mutlosigkeit und Vertrauen,
Verzweiflung und missionarischem Glauben bildeten seine körper-
lichen Übel immer ein Spiegelbild seiner Seelen- und Geistesverfas-
sung. Am 9. September schrieb Luther an Spalatin: „Mir geht es gut
hier. Aber ich Elender werde müde und matt und erstarre sogar im
Geist. Heute habe ich – am sechsten Tag – ausgeleert mit einer sol-

chen Härte, daß ich bald die Seele aushauchte. Nun sitze ich da wie nach einer Geburt, mit Verletzungen und blutbefleckt." Tags darauf äußerte er brieflich an Arnsdorff, er sehe gar keine Hoffnung, dass er in absehbarer Zeit zu seinen Freunden zurückkehren könne. „Wer weiß, was Gott mit mir unwichtigem Menschen vorhat!" Bereits im August hatte er reflektiert: „Wer weiß, ob hier mein Amt endet? Habe ich einzelner Mann nicht genug Tumult ausgelöst?" In seiner Einöde sei er „tausend Teufeln ausgeliefert" und befinde sich in Gesellschaft listiger und böser Dämonen, hieß es auch weiterhin. „Ich falle oft, aber die rechte Hand des Höchsten hebt mich wieder auf. In seinem Namen hoffe ich, auch wieder öffentlich wirken zu können, aber ich will es nicht, wenn mich der Herr nicht ruft." In den trüben Novembertagen, die jetzt gekommen waren, war es dem Eremiten in seiner „Wüsteneinsamkeit" vermutlich ein probates Mittel gegen den Trübsinn und gegen alle Formen satanischer Anfechtungen, wenn er sich in eine rechte Wut hineinschreiben konnte. Das Ergebnis war: „Wider den Abgott von Halle". So nennt Luther selbst im Nachhinein seinen Brief, gleichzeitig eine geplante Publikation, an den Mainzer Erzbischof, Kardinal Albrecht von Brandenburg, Gegenspieler von Anfang an. In seiner Residenz Moritzburg/Halle werde also, wie er höre, erneut der Abgott errichtet, sprich: Ablasshandel getrieben, „der die armen, einfältigen Christen um Geld und Seele bringt". Er, Luther, werde auch weiterhin gegen diese Praktiken ankämpfen, ungeachtet der Pforten der Hölle und aller weltlichen und geistlichen Mächte zusammengenommen. Der Gott, in dessen Auftrag er selbst handele und der schon den Papst gedemütigt habe, verstehe schließlich auch die Kunst, einem Kardinal von Mainz zu widerstehen, „und wenn gleich vier Kaiser auf seiner Seite stünden." Der Kardinal solle also sein Volk unverführt und unberaubt lassen. Durch Unwissenheit könne er längst nicht mehr entschuldigt werden, denn er, Luther, habe es schließlich hinlänglich kenntlich gemacht, dass der Ablass lauter Büberei und Betrug sei und dass allein Christus dem Volk gepredigt werden soll. Luther legt sogar noch etwas nach. Er droht dem Kardinal und Erzbischof – immerhin nach dem Papst dem ranghöchsten kirchlichen Würdenträger im Heiligen Römischen Reich Deutscher Nation. „Da-

rum sei E. K. F. G. endgültig und schriftlich angesagt: Wenn der
Abgott nicht abgetan wird, so ist dies für mich um göttlicher Lehre
und christlicher Seligkeit willen ein nötiger, dringender und unaus-
weichlicher Grund, E. K. F. G. wie den Papst öffentlich anzugreifen,
gegen dieses Unternehmen frei heraus zu protestieren, für alle
früheren Greuel Tetzels den Bischof von Mainz verantwortlich zu
machen und der ganzen Welt den Unterschied zwischen einem
Bischof und einem Wolf zu zeigen. Danach möge sich E. K. F. G. zu
richten und zu halten wissen." Zweitens, so Luther, habe sich Kur-
fürstliche Gnaden gefälligst zurückzuhalten bei den Priestern, die
in den heiligen Ehestand treten, um Unkeuschheit zu vermeiden. Er
solle sie einfach in Ruhe lassen und ihnen nicht rauben, was Gott
ihnen gegeben hat. Alles andere sei Frevel, wozu er kein Recht habe.
„Was hilft es Euch doch, Ihr Bischöfe, wenn ihr so frech mit Gewalt
einherfähret und die Herren über Euch erbittert und nicht einmal
Grund und Recht Eures Tuns beweisen wollet und könnet! Was bildet Ihr Euch ein? Seid Ihr lauter Giganten und Nimrode (1. Buch
Moses 10,8–12) von Babel geworden? Wisset Ihr nicht, Ihr armen
Leute, daß Frevel und Tyrannei, wenn sie keinen Schein (des Rechts)
mehr haben, den Anspruch auf die Fürbitte der Gemeinde verlieren
und nicht mehr lange bestehen können? Ihr stürzet Euch wie un-
sinnig in Euer Unglück, das Euch selbst dann noch zu früh kommen wird! E. K. F. G. möge zusehen: Wird dies nicht abgestellt, so
wird sich ein Geschrei aus dem Evangelium erheben, und man wird
sagen, wie wohl es den Bischöfen anstünde, die Balken zuerst aus
ihren eigenen Augen zu reißen (Matthäusevangelium 7,5), und wie
billig es wäre, wenn die Bischöfe zuerst ihre Dirnen von sich trieben, ehe sie brave Eheweiber von ihren Ehemännern trennten." Das
war starker Tobak – aber es ging noch weiter. Von der „Schändung
Gottes" spricht Luther und von „Verunehrung seiner Wahrheit", und
da sei es ihm ganz egal, wenn ein einzelner Bischof oder Kardinal,
der ja auch nur ein Mensch sei, Schaden nehme an seiner Ehre. (Implizit sagt er, diese habe der Genannte ja sowieso schon verspielt.)
„Schweigen werde ich nicht, und wenn es mir nicht gelingen sollte,
so hoffe ich doch, Ihr Bischöfe werdet Euer Liedlein nicht mit Freuden zu Ende singen. Ihr habt sie noch nicht alle vertilgt, die Chri-

stus gegen Eure abgöttische Tyrannei erweckt hat." Er erwarte nun
eine „endgültige, schleunige Antwort hierauf" seitens des Kardinals
innerhalb von vierzehn Tagen. Im Übrigen werde er sein Büchlein
gegen den Abgott zu Halle herausgeben, wenn keine öffentliche
Antwort eintreffe. Der mediale Druck über öffentliche Publikationen, deren sich Deutschlands erster Bestsellerautor Martin Luther
in einem Ausmaß bediente, die man als gezielte Öffentlichkeits-
arbeit bezeichnen kann, wird hier schon dem Machthaber gegenüber als solche kenntlich gemacht – offenbar in dem Wissen, dass
der Kardinal sich dieses Druckmittels völlig bewusst ist. Luther war
ja noch immer in seinem Versteck auf der Burg; auch der Letzte
hatte aber mittlerweile sicher begriffen, dass er nicht tot war, wie
es Albrecht Dürer noch vor Kurzem gemutmaßt hatte, sondern irgendwo sicher versteckt wurde, aber währenddessen weiteragierte.
Vor dem Hintergrund, dass er durch das Wormser Edikt aber zum
Abschuss freigegeben war, sollte er sich irgendwann einmal aus seinem Versteck hervorwagen (womit früher oder später zu rechnen
sein würde), ist diese Provokation wirklich verblüffend.

War es die Aktion eines Mannes, der nichts zu verlieren hatte?
Der sich sowieso eines baldigen sicheren Todes bewusst war, wie es
ja vielfach in seiner Wartburg-Post anklingt? Der sich gänzlich in
Gottes Hand begab, wild entschlossen, alle Register zu ziehen, um
den Kampf um das wahre göttliche Wort gegen sämtliche Feinde
und Machthaber auszutragen, die ihn darin behinderten? Stärkte er
sich durch diese Kampfhaltung, um die eigenen Skrupel und
Ängste zu dämpfen? Wie es auch immer war, Georg Spalatin,
Luthers Freund und kurfürstlich-sächsischer Sekretär, dämpfte *ihn*
und sein Ansinnen, ebenso wie seine, wie es ihm wohl schien, kopf-
losen Vorstürze. Er, der den Brief erhalten hatte, um ihn an den
Kardinal weiterzuleiten, hielt ihn vorerst zurück. Luther erfuhr davon, und er schäumte vor Wut. So oder so wurde Luther mittlerweile so ungeduldig und tatendurstig, dass er am 3. Dezember sein
Kavaliersgefängnis verließ und heimlich nach Wittenberg reiste.
Dort wusch er dann Spalatin als Erstes brieflich den Kopf. Es war ja
nicht nur der Brief an den Erzbischof, sondern auch zwei seiner
Schriften waren nicht dahin gelangt, wo er sie haben wollte (in die

Druckerpresse). Es handelte sich um die beiden Schriften „Von den Mönchsgelübden" und „Von der Privatmesse". Keiner von den Freunden in Wittenberg, die ihn mit den „süßesten Freundlichkeiten" (und sicher sehr überrascht) empfangen hätten, so schrieb er an Spalatin, habe vom Verbleib all dieser Schriften irgendetwas erfahren. Was den Abgott zu Halle betreffe, so sei Spalatin eben ein „Höfling" und in diesem Sinne sowohl weise wie ängstlich. Philipp könne, lenkte er ein, die schärfsten Stellen herausstreichen und abmildern, dafür solle Spalatin ihm das Briefmanuskript bei Gelegenheit zukommen lassen. Als er wieder abreiste in seine Burg, da konnte Luther immerhin sicher sein, dass die Dinge auf den Weg gebracht waren. Der Kardinal antwortete am 21. Dezember mit seiner eigenen erzbischöflichen Hand auf den Luther-Brief, und diese Antwort ist erstaunlich genug, auch wenn man in Anschlag bringt, dass Melanchthon tatsächlich die schärfsten Stellen gemildert hatte. „Lieber Herr Doktor! Ich habe Euren Brief, auf dem das Datum vom Sonntag nach dem Katharinentag steht, empfangen und gelesen und zu Gnaden und allem Guten angenommen, ich bin aber der Meinung, die Ursache, die Euch zu solchem Schreiben bewegt hat, sei längst abgestellt. Und ich will mich, so Gott will, dergestalt halten und erzeigen, wie es einem frommen geistlichen und christlichen Fürsten zusteht, soweit mir Gott Gnade, Stärke und Vernunft verleiht, worum ich auch treulich bitte und bitten lassen will. Denn ich vermag nichts von mir selbst (zu leisten) und bekenne, daß ich die Gnade Gottes nötig habe; wie ich denn ein armer sündiger Mensch bin, der sündigen und irren kann und täglich sündigt und irrt, das leugne ich nicht. Ich weiß wohl, daß ohne die Gnade Gottes nichts Gutes an mir ist und daß ich (nur) ein unnützer stinkender Kot bin wie irgendein anderer, wo nicht mehr. Das habe ich auf Euer Schreiben (in) gnädiger Wohlmeinung nicht verbergen wollen. Denn Euch Gnade und Gutes um Christi willen zu erzeigen, bin ich williger als willig. Brüderliche und christliche Strafe kann ich wohl leiden. (Ich) hoffe, der barmherzige, gütige Gott werde (mir) hierin fürder Gnade, Stärk' und Geduld verleihen, seines Willens in dem und anderm zu leben." Einem christlichen Fürsten, solange er sich noch als ein solcher verstand, stand es noch immer an, sich als

Untertan und Geschöpf einer höheren Macht zu verstehen und darin auch seine eigenen Befugnisse zu limitieren. Solange man also
nicht ganz sicher wusste, ob dieser störrische Mönch, dieser Luther
nicht tatsächlich direkt von Gott inspiriert war, musste man vorsich-
tig sein, schon im Sinne seines eigenen Heils. Nur so ist eigentlich
dieser Brief zu erklären, wie auch die Tatsache, dass niemand das
Wormser Edikt an Luther vollstreckte, jedenfalls nicht in den Territorien, in denen sich der Störenfried aufhielt in den ihm verbleibenden Jahren. Vielleicht war es Gott, vielleicht war es aber auch einfach nur Glück; das Glück der Geschichte. Nach seinem kurzen
Aufenthalt in der Heimat und bei den Freunden, der dem unter-
brochenen Burghäftling auch etwas Abwechslung brachte, nicht zuletzt durch die Reise einschließlich ihrer Begegnungen in seinem
Inkognito – auf der Durchreise soll Luther sowohl auf dem Hinweg
als auch auf dem Rückweg bei dem Schankwirt Hans Wagner auf
dem Brühl zum Mittagessen eingekehrt sein, und wie es die Überlieferung will, hat er sich da unter den übrigen Gästen auch ein
wenig kundig gemacht, wie diese so dachten über den Luther, der ja
nun in einem unbekannten Unterschlupf weilte –, rüstete er sich auf
der Burg zu einem Großunternehmen. In den folgenden zweieinhalb
Monaten, die er noch auf der Wartburg verbrachte, bekam Luther
auch sehr viel seltener vom Satan Besuch, denn er war so beschäftigt, dass überhaupt kein Raum blieb für satanische Anfechtungen
und für trübe Gedanken. Er übersetzte das Neue Testament in ein
kraftvolles und unsterbliches Deutsch, und zwar in sechs Wochen.
Seine Freunde in Wittenberg, so erfahren wir aus seiner Korrespon-
denz nach der Rückkehr, hatten ihn ausdrücklich dazu aufgefordert. Vielleicht waren die Einzelheiten dazu, auch die Arbeitsweise
und die Beschaffung der notwendigen Hilfsmittel, dort besprochen
worden, wozu der persönliche Aufenthalt notwendig war. Als er fertig war, ließ Luther seinen Kurfürsten wissen, er gedenke nun den
Wartburger Unterschlupf zu verlassen. Er tat das auf eigene Verantwortung und gegen den ausdrücklichen Willen und Befehl seines
Souveräns, den er damit aber auch von seiner Sorgfaltspflicht als
Landesvater entband. „Ich will E. K. F. G. bewahren vor Schaden und
Gefahr an Leib, Gut und Seele, um meiner Sache willen." Und als

Friedrich der Weise immer noch Einspruch gegen Luthers eigen-
mächtigen Freispruch erhob, da ließ dieser ihm ausrichten: „Ich
komme gen Wittenberg in einem gar viel höheren Schutz als (in
dem) des Kurfürsten." Er war sich seiner Sache einmal wieder sehr
sicher.

In Wittenberg brannten zudem gerade die Hütten. Da war er, so
meinte er, bitter vonnöten.

# Der König hat ein Buch geschrieben

## Spätsommer 1521

Henry Tudor der Jüngere, König von England, hatte sich das Regieren zugegebenermaßen ein wenig einfacher vorgestellt, als es war. Die ersten Wochen, Monate, Jahre seiner Regentschaft (er war als Achtzehnjähriger auf den Thron Englands gekommen) waren ein ewiges Fest gewesen mit Jagdausflügen, Picknicks, Turnieren, Banketten, Maskenspielen, Tanz und Musik. Dann wurde es ernst. Er musste Frankreich besiegen – eine Wiederholung der glorreichen Tage von Azincourt, als Heinrich V. von England die zahlenmäßig überlegenen Truppen des französischen Königs besiegte. Erst einmal gab es für einen Krieg gar keinen Vorwand, aber der fand sich dann schon. Jahrelang hatte Henry auf Veranlassung seines spanischen Schwiegervaters mit Habsburg-Spanien paktiert, aber Ferdinand von Aragón ließ ihn mehrfach im Regen stehen und trat seine Bündnistreue mit Füßen. Nur deshalb schlug er sich dann ein paar Jahre lang auf die Gegenseite in einem scheelen Bündnis mit seinem Rivalen François, dem jungen französischen König. Die harte Politik machte in all den Jahren Henrys Lordkanzler Kardinal Wolsey. Wolsey passte immer gut auf, seinem jungen vitalen König nicht zu viel zuzumuten und ihn nicht bei seinem Vergnügen zu stören. Er war ein Verhandlungsgenie, ein geborener Staatsmann. Alle Fäden liefen bei ihm zusammen. Seine barocke Gestalt in der purpurnen Kardinalsrobe war ebenso eindrücklich wie die seines Königs. Er war prachtliebend, verstand sich auf pompöse Auftritte als Vertreter der Krone wie auch als Vertreter der Kirche. Seinen Prunkpalast Hampton Court trat er dem König, dem er gefiel, später ab – unfreiwillig, denn da hatte sein Stern schon zu sinken begonnen. Henry überschüttete Wolsey mit Bischofssitzen und anderen ertragreichen Einnahmequellen, und die internationale Diplomatie brachte ihm zusätzliche Ressourcen. Eine Zeit lang hatte der Kardinal sogar Chancen auf den päpstlichen Stuhl, blieb dann aber doch seinem König erhalten.

Dessen Vater, Henry Tudor der Ältere, war ein alter Geizknochen gewesen, der dem Adel das Geld aus der Tasche zog, um es vor lauter Angst vor Adelsaufständen und Rebellionen für potenzielle Verteidigungszwecke zu horten. Da die Dynastie jung war und Henry Tudor sich den Thron auf dem Schlachtfeld erobert hatte, mit nur hauchdünnem Thronanspruch seinerseits, war sie fragiler als andere. Seine Regentschaft ließ sich gut an, aber Henry wurde von Angst und Misstrauen förmlich zerfressen. Er starb buchstäblich an seinem Geiz. Seinen Sohn Henry hatte er jahrelang in einer Art Schutzhaft gehalten. Da sein Erstgeborener Arthur, der Hoffnungsträger, dessen Vorname nicht zufällig an die Artus-Legende anknüpfte, um die walisischen Tudors eng an die Mythen und Geschichten der Vorzeit zu binden, mit fünfzehn Jahren an Tuberkulose gestorben war, blieb ihm nur noch dieser Zweitgeborene als dynastische Alternative, und er hortete ihn wie seine Schatztruhen – allerdings sichtlich mit weniger Liebe. Dieser Sohn war ihm unheimlich, denn er war ganz anders als er. Er war von heftigem Temperament, unstet, charismatisch, begeisterungsfähig, und er hatte eine Neigung zur Maßlosigkeit, das erkannte sein Adlerauge sofort; keine gute Voraussetzung, sondern eher eine latente Gefahr für ein klug vorausschauendes, achtsames Königtum, so wie er es verstand. Heinrich VII. hatte die rivalisierenden Adelsgeschlechter der Lancasters und der Yorks friedlich vereinigt, indem er, ein Abkömmling der verzweigten Lancaster-Linie, Elizabeth of York heiratete. Elizabeth ist im Kindbett gestorben, als Sohn Henry zehn Jahre alt war. Das hat der Sohn nie überwunden. Eigentlich war es Elizabeths Thronanspruch, den Henry Tudor der Ältere ausübte, aber das stand offenbar nie zur Diskussion: dass Elizabeth England regierte. Sie sorgte durch fleißiges Gebären für Nachkommenschaft und erwies sich auch in anderer, eher indirekt-diplomatischer Hinsicht als heilende Mutter des Landes. Der verschlagene Tudor mit

Der junge König Heinrich, unbekannter Künstler, um 1520.

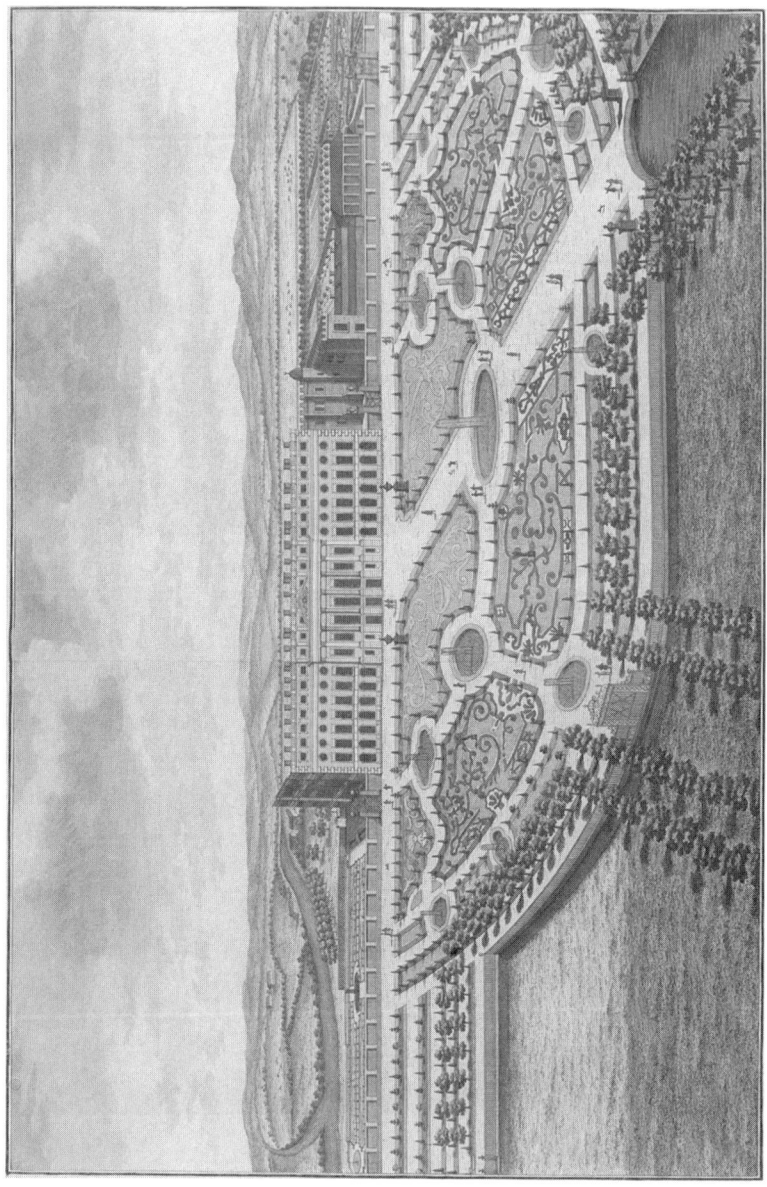

Der englische Königspalast Hampton Court. Ursprünglich gehörte er Kardinal Wolsey. Kupferstich, um 1730.

seinem lauernden Blick einigte sich frühzeitig mit dem ebenso ver-
schlagenen Ferdinand von Aragón, dass man das mächtige spani-
sche Königreich mit der jungen, vielversprechenden Dynastie der
Tudors verbinden müsse. So heiratete der junge Thronfolger Arthur
Ferdinands und Isabellas Tochter Katharina von Aragón. Das spani-
sche Königspaar regierte in einer einzigartigen Erfolgsgeschichte
und mit hervorragend getrennter Aufgabenteilung gemeinsam das
Land. Auch hier war es so, dass die Frau, Isabella von Kastilien, den
Thronanspruch und die größere Hausmacht besaß, da Kastilien das
Herzstück des spanischen Königreichs war. Als sie ihre Tochter im
Alter von sechzehn Jahren nach England gaben, wussten die spani-
schen Könige nicht und wusste auch sonst niemand, was sie auf der
Insel erwartete. Nach Arthurs Tod blieb die junge Katharina bis auf
Weiteres in einem unsicheren und bedrängnisreichen Status in
England. Henry senior schacherte um den Brautpreis für seinen
zweiten Sohn Henry, und das zog sich über mehrere Jahre. Als er
dann starb und Henry junior den Thron bestieg, heiratete dieser
seine spanische Prinzessin wie ein romantischer Ritter, der die
Gefangene endlich aus den Fängen schachernder Väter und Schwie-
gerväter befreite und auf sein Schloss holte. Auch den heiligen Ritus
der Eheschließung empfand er als ebenso großes Ereignis wie seine
königliche Investition. Henry heiratete gern. Deswegen tat er es ja
auch so oft. Und wenn er auch als Blaubart in die Geschichte einging: Auch in politischer Hinsicht war Henry ein Romantiker auf
dem englischen Thron. Das schloss sich ja auch nicht aus; vielleicht
eher im Gegenteil.

Nach den Enttäuschungen durch die misslungenen Feldzüge, da
sich die glorreichen Tage von Azincourt nicht wiederholen mochten,
war es eigentlich nur noch sein Kampf für die heilige Mutter Kirche, der sein Rollenverständnis als christlicher König beflügelte. Er
hatte im Bündnis mit Habsburg-Spanien und mit den päpstlichen
Truppen in der Heiligen Liga gekämpft. Jetzt war die Weltlage eine
andere, und seine Kriegslust gegen den verhassten Rivalen in
Frankreich war einstweilen durch ein von Wolsey ausgehandeltes
europäisches Friedensabkommen gebremst. Henry gelüstete es
nach einem christlichen Titel, wie ihn der Kaiser des Heiligen Rö-

mischen Reiches, aber auch der König von Frankreich trug: „aller-christlichster König" beziehungsweise „katholischer König". (Der junge Kaiser Karl hatte diesen von dem legendären spanischen Königspaar Ferdinand und Isabella geerbt.) Nur er, Henry, hatte so etwas nicht, und das verdross ihn. Als die Ketzerei auf dem Kontinent durch den Mönch Martin Luther zu sehr überhandnahm, entschloss sich der König, den Heiligen Vater mithilfe einer eigenen Schrift zu verteidigen. Es war nicht das erste Mal, dass er derartige literarische Neigungen hegte. Henry war ohnehin mit Talenten großzügig ausgestattet und entsprach damit dem Renaissanceideal des *uomo universale,* in dem auch das Denken verankert war, in einem gesunden Körper wohne ein gesunder Geist, so wie auch umgekehrt. Henry war groß und athletisch und gewann alle sportlichen Wettkämpfe – Tennis, Ringen, Jagen, Turnierkämpfe. Darüber hinaus war er jedoch auch naturwissenschaftlich interessiert sowie musisch und sprachlich begabt. Er sang, komponierte und spielte mehrere Musikinstrumente. Er war mit den Schriften Ciceros, Vergils, Tacitus' und Homers aufgewachsen, und neben den klassischen Sprachen praktizierte er Französisch, Italienisch und Spanisch. Die bedeutendsten Gelehrten seines Landes hatten ihn unterrichtet, etwa der Dichter John Skelton oder der Erasmus-Schüler Lord Mountjoy. Theologische Fragen bildeten bei ihm, wie schon gesagt, ein lebenslanges Interessengebiet. Leider mangelte es Henry immer etwas an Durchhaltevermögen. Ihm wurde schnell langweilig. Folglich waren seiner Gelehrsamkeit gewisse Grenzen gesetzt, wenigstens, was die Vertiefung betrifft. Aber das war ja für einen König auch nicht erforderlich. Bereits Anfang 1518, also wenige Monate nach Luthers Thesenverbreitung in Wittenberg, hatte Henry ein Manuskript ausgearbeitet, das im Juni vollendet war. Das Manuskript blieb dann offenbar dreieinhalb Jahre lang liegen, warum auch immer. Vielleicht hatte der König keine Lust mehr, damit etwas anzufangen, oder es ging unter in den anderen königlichen Leidenschaften und Alltagsverrichtungen, neuen Problemen, die auftauchten und die dann wichtiger wurden. Wolsey bezeugte die Existenz dieser ersten Schrift und schmeichelte seinem König auf die gewohnte Art. Sie sei eine Glanzleistung mit nahezu zwingenden Argumenten etcetera. Henrys Biograf J. J. Scarisbrick stellt die Vermutung an, dass die ersten beiden Kapitel von Henrys „Assertio", die im Sommer 1521 entstand, mehr oder weniger diese erste Schrift abbildeten, die er dann also mehr oder weniger wortgleich übernahm. Das würde jedenfalls auch erklären, warum die Hauptschrift, die er dann publizierte, so unglaublich schnell fertig wurde, was man sich bei einem wissenschaftlich so ungeübten Autor nicht vorstellen konnte, weshalb viele Zeitgenossen wie auch die Nachwelt Henrys Autorschaft infrage stellten, und zwar bis in die heutige Zeit. Vorarbeiten hatte es aber anscheinend tatsächlich gegeben und ebenso eine fruchtbare Inspiration unter dem ersten Eindruck nach den empörenden Vorgängen in deutschen Landen – bei einem so reizbaren und fantasievollen Mann wie Heinrich VIII. eine wichtige Initialzündung und der Anlass für eine engagierte Verteidigungsschrift, bei der Inspiration, Engagement und Begabung ein jahrelanges akademisches Studium durchaus ersetzen konnten. In diesen ersten beiden Kapiteln setzt sich der Autor jedenfalls mit zwei wesentlichen Punkten von Luthers Kirchenkritik auseinander: dem Ablass und der päpstlichen Autorität. Sie sind der eigentlichen „Assertio" vorangestellt und unterscheiden sich deutlich von dem übrigen Text.

Henry schreibt aus der Fülle seines Herzens, so scheint es, und da wird er dann schon gleich am Anfang polemisch. Als Luther den Ablass als Götzendienst römischer Scheinheiligkeit bezeichnete, so bewies er damit eine korrupte und verrottete Seele, meint Henry, ein böses Herz voller Bitterkeit. Den habe der Heilige Geist tatsächlich verlassen, wenn er solche Verwünschungen über die Kirche aus seinem faulen Munde erbrach. Eine solche brachiale Sprache findet man später bei Thomas More, Englands großem Gelehrten und späterem Lordkanzler, der sich noch auf unterschiedliche Weise in die antilutherischen Dispute und in die englische Geschichte einbringen sollte. Henrys Stil entsprach sie eigentlich nicht; die „Assertio" ist im Tonfall und Duktus sonst durchweg gemäßigter angelegt. Da auch die lutherische Überschrift „Indulgentiae sunt adulatorum Romanorum nequitiae" nicht aus der Zeit des Thesenanschlags stammt, sondern aus der Zeit seines tatsächlich vollzogenen Bruchs

Heinrichs Streitschrift *Assertio septem sacramentorum adversus Martin Lutheru,* 1521.

mit Rom, ist sie wohl nachträglich als (Anti-)Kampfmotto von
Henry eingefügt, sollte die These von der frühen Manuskript-
fassung stimmen. Von einem Gelehrten stammt der erste Textteil
jedenfalls kaum, dazu ist er dann doch akademisch zu unbedarft
und zu emotional, vor allem die Verbindungen zwischen zitierten
Bibelstellen und den äußerst spontanen Bekenntnissen beziehungsweise Schlussfolgerungen. Nicht genug also, dass dieser unselige
Blasphemist Martin Luther die Gnade Gottes und den Schatz der
Heiligen Kirche verachte. Er wolle, was noch viel schlimmer sei, indem er den Ablass ablehne, den Menschen auch den Segen nehmen,
den Buße und Reue gewährten. Sein unstetes Herz, seinen sträflichen Wankelmut und infolgedessen seine pechschwarze Seele
seien schließlich auch daran zu erkennen, dass er früher durchaus
anders gesprochen, den Ablass befürwortet und sich zum Beispiel
auch vom böhmischen Schisma abgesetzt habe und jetzt gleichsam
das Gegenteil sage. Da Luther sich bekanntermaßen erst 1519 zu
den Lehren Jan Hus' bekannte, ist die These von der früheren Ab-
fassung der beiden Eingangskapitel wohl nicht zu halten.

Mit Christus-Worten und anderen Bibelstellen bemüht sich
Heinrich um Belege für den Ablass – ein theologisch relativ kom-
pliziertes Problem mit einer langen Geschichte, das erst in jüngerer Zeit eine verwässerte, inflationäre und daher definitiv miss-
bräuchliche Form angenommen hatte, sodass Luthers vehemente
Kritik auf offene Ohren stieß. Nach der Bußtheologie steht der Ablass im Rahmen eines Reinigungsprozesses, der von verschiedenen Komponenten getragen ist und nur in Verbindung mit intensiver Buße und Reue zum Tragen kommt, also auch funktionieren
kann. Es ist der Erlass einer zeitlichen Strafe vor Gott für Sünden,
die hinsichtlich der Schuld schon getilgt sind. Die Kirche gewährt
ihn qua Vollmacht (*potestas*), und zwar aus dem Kirchenschatz,
einem Synonym für die Gesamtheit der Heilswirklichkeit, die sich
aus Jesu Leben und Sterben, Gottes Gnade, der Gemeinschaft der
Heiligen und der Glaubensgemeinschaft aller Kirchenmitglieder
zusammensetzt. Das geschah häufig stufenweise, und unter den
etablierten Theologen wurde auch noch in Luthers Ära darüber
gestritten, ob der vollkommene Ablass nur der Erlass aller kanoni-

schen Strafen mit einer nicht genau definierbaren jenseitigen Wirkung ist oder der Erlass aller Sündenstrafen vor Gott. Die Macht und Möglichkeit, Ablässe zu gewähren, liegt von den Anfängen her in der Schlüsselgewalt des Papstes. Sie wurde aber im Verlauf der Geschichte verlagert, wie sich auch die verschiedenen Bußpraktiken über den Ablass im Laufe der Zeit ineinander verschoben haben. Die Tatsache, dass hier ein jurisdiktioneller Akt (also der Nachlass der wirklichen kanonischen Buße) mit einer Absolutions-Fürbitte als Tilgung der zeitlichen Sündenstrafen vor Gott verknüpft wurde, macht das komplexe Wesen und damit auch die Nuancenverschiebung des Ablasses aus. Der Ablass wurde lange von den lokalen Bischöfen und Beichtvätern gewährt, dann aber dem Papst vorbehalten, nämlich mit den beginnenden Kreuzzügen. Mit diesen kamen Ende des 11. Jahrhunderts zugleich die ‚vollkommenen' Ablässe auf, bei denen den Kreuzfahrern völliger Straferlass zugesagt wurde – ein probates Mittel offenbar, um die benötigten Kämpfer zu ködern. Mit dem Aufkommen dieser Aussicht auf Generalabsolution erweiterte sich auch der Bedarf nach dem Gnadenmittel und mit ihm die Möglichkeiten, es zu erlangen. Es war eine sukzessive Entwicklung, und zwar in der Theorie wie in der Praxis, den Erlass der zeitlichen Sündenstrafe, der bisher von der Kirche nur erfleht worden war, also keine Garantie war für eine Erhörung, mit der Zeit so zu verstehen, dass mit dem Ablass eine Art rechtlicher Anspruch und damit eine unfehlbare Wirkung über den Kirchenschatz gegeben war, was sich auch in der theologischen Lehre allmählich niederschlug.* Von da aus ist der Weg nicht mehr weit hin zur Käuflichkeit der Sündenvergebung, wie sie dann die Ablasshändler in Luthers Zeiten hemmungslos praktizierten, um damit Kirchenbauten und Kriege und vieles andere (durchaus weltlichen Zwecken dienende) seitens ihrer Auftraggeber zu finanzieren. Die Deutungsverschiebung war aber eben nicht nur ein Missbrauch und Missverständnis der Herr-

---

*  Albertus Magnus, Bonaventura, Thomas von Aquin. Vgl.: Lexikon für Theologie und Kirche, Bd. I, S. 50.

schenden und ihrer Nutznießer beziehungsweise eines allzu leicht-
gläubigen Volkes, das sich in der Illusion wiegte, durch Zahlung
eines Geldbetrags seine Seele aus dem Fegefeuer zu retten – oder
wenigstens die Zeit dort für sich selbst oder für ihre Verstorbenen
eklatant zu verkürzen. Die Tatsache vielmehr, dass die Ablass-
gewährung auch in der theologischen Lehrmeinung immer unabhängiger vom Bußsakrament wurde und schließlich ein päpst-
liches Privileg war, das diesem erlaubte, über den Kirchenschatz
zu verfügen, deutete ihn in die entsprechende Richtung und bereitete dem Missbrauch den Boden.* Von den Machenschaften des
Dominikanerpriors Johannes Tetzel, der auch in der Gegend um
Wittenberg, etwa im benachbarten Brandenburg, als Ablasshändler auf großen Marktplätzen auftrat und hier die Ängste der
Menschen gewinntüchtig in klingende Münze verwandelte, hatte
Luther genug Kenntnis, um sie als besonders perfides Beispiel für
einen gewaltigen, schon länger bestehenden Missbrauch zu sehen.
Es gab viele von ihm. Luther brandmarkte das System, nicht den
„Marktschreier", der das System auf die Spitze trieb. „Man soll die
Christen lehren: wenn der Papst wüßte, wie die Ablaßprediger das
Geld erpressen, würde er die Peterskirche lieber zu Asche verbren-
nen, als sie mit Haut, Fleisch und Knochen seiner Schafe auf-
zubauen", heißt es in seiner 50. These. Der geplante Neubau der
Peterskirche in Rom und die zu erwartenden horrenden Baukos-
ten waren einer von vielen Gründen, warum die Ablassprediger in
unmittelbarer pontifikaler Vertretung in diesen Tagen vermehrt
mit dem Klingelbeutel umherzogen. Der Mainzer Erzbischof Kardinal Albrecht gedachte in Luthers Tagen von den Ablass-Einnah-
men einen Teil seiner Schulden zu bezahlen, die sich bei dem
Augsburger Bankhaus Fugger angehäuft hatten. In Holland baute
man davon unter anderem Deiche. Währenddessen wiegten sich
die Gläubigen in einer falschen Heilssicherheit, wenn sie nur kräf-
tig in den Klingelbeutel eingezahlt hatten, worauf die eigentliche
Buße dann auch quasi wegfallen konnte. Solche Missstände er-

---

\* Vgl.: Lexikon für Theologie und Kirche, Bd. I, S. 50.

bosten Luther, der immer den schwierigsten Weg ging und dem
völlig bewusst war, dass der Weg zum Heil der allerschwierigste
war; sie erbosten ihn von mehreren Seiten.

Da der englische König ja vor allem dem Papst schmeicheln
wollte, von dem er sich einen schönen christlichen Titel als ver-
späteter Kreuzfahrer und tapferer Ritter erhoffte, widmete er der
Autorität des Papstes auch ein ganzes kleines Kapitel. Hier genügt
ihm der Hinweis, die gewaltige Macht des Bischofs von Rom, also
des Heiligen Vaters, könne nur derart sein, weil sie von Gott komme,
denn sonst wäre sie eben nicht so gewaltig. Mit den gewaltigen
Reichtümern des Heiligen Stuhls sei es das Gleiche. Eine so ausgedehnte Macht (insbesondere, da sie seit Menschengedenken bestehe) könne gar keine dunklen Ursprünge haben, da sie eben so
ausgedehnt sei. Dann sei's ja auch schließlich so, dass wir uns an die
Ursprünge des Papsttums qua Petri Schlüsselgewalt gar nicht erinnern könnten. Es transzendiere das Gedächtnis der Menschheit,
und von allen existierenden Gesetzen sei es eben auch dieses, dessen Gültigkeit unantastbar sei. Wörtlich: „Dieses ist wohl gewiss,
dass es nach der einmütigen Befürwortung aller Nationen verboten
ist, die Dinge zu verändern oder zu bewegen, die seit so langer Zeit
unveränderlich sind. Wahrlich, wenn man schon nicht auf alte
Denkmäler schauen oder sich auf die Geschichten der Vorzeit einlassen will, dann kann man doch leicht einsehen, dass vom An-
beginn des Austausches der Welt alle Kirchen der Christenheit dem
Heiligen Stuhl ihren Gehorsam bekundeten." Im Übrigen sei es
ja auch ganz unvorstellbar, so Henry, dass alle Nationen, Städte,
Königreiche und Provinzen derart verschwenderisch mit ihren
Rechten und Reichtümern umgehen sollten, um die Herrschaft
eines falschen Priesters anzuerkennen, dem sie doch gar keinen Gehorsam schuldeten. Als Luther das las, hat er das Ganze vielleicht
für einen Scherz, für eine Lachnummer gehalten. Nur so sind
schließlich seine eigenen Ausfälle gegen diesen englischen Junker,
„König Heinz" oder wie er ihn wiederholt nannte, zumindest in
seiner persönlichen Reaktion zu erklären. Diesen Kritiker, und
sollte er auch royalen Gebluts sein, konnte er schlichtweg nicht
ernst nehmen. Aber er erinnerte ihn eben doch in seinem Vorgehen

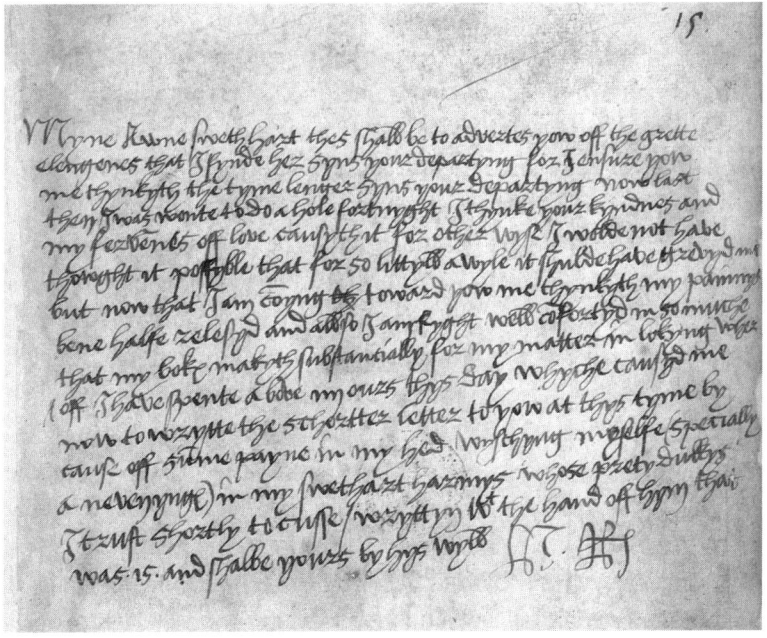

Handschriftlicher Liebesbrief Heinrichs VIII. an Anne Boleyn, um 1528.

an theologisch durchaus etabliertere Gegner. Dass die Dinge schon immer so waren und daher auch gar nicht anders sein können, war schließlich in seinen Augen – wenn auch nicht ganz so plan ausgedrückt – das ewige Argument einfallsloser Konservativer, denen nichts Originelleres oder Besseres einfiel, um argumentativ zu bestehen. Umso überzeugender scheint die Annahme, dass es sich bei diesem Vorspann Henrys wirklich um ein älteres Manuskript handelte, denn die eigentliche „Assertio" geht sehr viel dezidierter und zielstrebiger auf Luthers Thesen ein, wenn auch mit nicht weniger persönlichen Reminiszenzen.

Luthers Schrift „Über die babylonische Gefangenschaft der Kirche", 1520 erschienen, in der er mit den Sakramenten abrechnete, hat Henry besonders erzürnt, und nicht nur ihn, wie man sagen kann, wurde da doch das Herzstück der katholischen Glaubenslehre in der sakralen Gegenwart und im kirchlichen Ritus zur Disposition gestellt. Wie wir noch sehen werden, reagierte der König von Gottes Gnaden immer dann in theologischen Fragen besonders empfindlich, wenn ein Mysterium seiner höheren Weihen enthoben und der christliche Glaube damit von seiner Magie entkernt wurde, die für seine Vorstellungskraft absolut wesentlich war. Wenn Luther schrieb, von den sieben Sakramenten seien fünf durch die Heilige Schrift nicht legitimiert, worauf nur noch Taufe und Abendmahl blieben, dann fand Henry das schimpflich und sträflich, und wenn Luther dann auch noch die Transsubstantiationslehre anzweifelte, also die Wandlung von Brot und Wein in Leib und Blut Christi durch die Einsegnungsworte des Priesters, dann war er förmlich bereit, seinen Degen zu ziehen. Er hat Luthers Position wahrscheinlich nicht richtig verstanden, denn Luther war in Bezug auf die Abendmahlslehre konservativer als die meisten anderen Reformatoren. Anders als diese glaubte er weiterhin an die Realpräsenz von Leib und Blut Christi beim Abendmahl und sah diese Gegenwart nicht nur symbolisch gegeben, um sie als eine reine Gedächtnisfeier zu zelebrieren, wie etwa Zwingli oder Calvin. Was er jedoch ablehnte, war die Lehre, dass sich während der Einsetzungsworte des Priesters die Substanzen Brot und Wein in die Substanzen Leib und Blut wandeln, worauf Brot und Wein nur noch äußerlich vorhanden sind, als *accidentia*. Dergleichen hielt Luther für philosophische Spitzfindigkeiten, wie man sie in der scholastischen Tradition immer wieder durchexerzierte, die aber seiner Meinung nach von der eigentlichen Wahrheit der Bibel nur wegführten. Er will alles wörtlich verstanden wissen, die reine Wahrheit und nichts als die Wahrheit des Gottesworts, ohne Verklausulierung und Ableitungen. Seinen Widerwillen gegen die Philosophie sah er in solchen Vermengungen theologischer Fragestellungen und philosophischer Denkmethoden begründet, die er als unzulässig und irreführend betrachtete. Eine andere scholastische Lehre, wonach die Sakramente wirksame Zeichen der Gnade sind, lehnte Luther ebenfalls ab, und das stand nun wiederum völlig im Kontext seiner eigenen Gnadentheologie. Allein durch den Glauben erhält das Testament Christi, also das Abendmahl, seinen sakramentalen Charakter. Es ist „Zeichen und Zeugnis" des göttlichen Willens, das dem Gläubigen die Vergebung der Sünden und das ewige Leben verheißt. Aber der Glaube kann auch ohne Sakrament selig machen. Er wird lediglich gestärkt durch das Sakrament des Empfangenden, und somit hat auch der Priester kein Exklusivrecht der Empfängnis und Austeilung. Dass alle Christenmänner Priester sind und alle Christenfrauen Priesterinnen, alle Gläubigen, jung oder alt, reich oder arm, Magd oder Knecht, (Bettler oder König, um den Vergleich mit dem abwesenden royalen Autor zu setzen), das hat Luther zwar nicht in der „babylonischen Gefangenschaft der Kirche", auf die sich der König in seiner Entgegnung bezieht, wohl aber in seiner im selben Jahr 1520 erschienenen Schrift „Sermon von dem neuen Testament" kundgetan. Auch wenn der König diesen Satz und die Schrift gar nicht kannte, so spürte er doch aus dem Gelesenen deutlich heraus, in welche Richtung diese neue Theologie das Gesellschaftsbild treiben würde, und das konnte ihm als gottbegnadetem König kaum lieb sein. Wer weiß, dachte er vielleicht, was man da noch alles den Geweihten und Begnadeten absprechen würde?! Fünfunddreißig Seiten hat Henry über das Eucharistie-Kapitel geschrieben, und dass ihm dieses so sehr am Herzen lag, lässt darin eine Art pars pro toto aus seiner Perspektive erkennen. Das „Altarsakrament" steht für alle anderen und hat insofern auch eine besondere sakrale Bedeutung. Luther habe hier eine Kluft geschaffen, durch die er Gefahr laufe, „die Hauptmysterien des Christentums zu zerstören", schreibt der englische König. Damit meint er den Laienkelch, Luthers Forderung der Erteilung des Abendmahls in beiderlei Gestalt. Wortreich schildert Henry darauf das Geheimnis der Wandlung. Es sei eindeutig, was Christus zu seinen Jüngern gesagt habe: „*Hic* est sanguis meus", „*Hic* est corpus meum", „*Dies* ist mein Blut", „*Dies* ist mein Leib", nicht: „Mein Leib ist *darin*" („*Hoc*") – und das bestätige sich auch aus sämtlichen Übersetzungen aus dem Hebräischen und aus dem Griechischen. Luther führe ins Feld, die Transsubstantiationslehre sei erst in den letzten dreihundert Jahren entstanden; sie bestehe aber bereits seit Christi Geburt. Hier führt Henry eine Reihe von Kirchenvätern und Gelehrten und die entsprechenden Stellen als Belege für seine These an: Hugo von Sankt Viktor, Eusebius Emissemus, Augustinus, Gregorius Nissemus,

Theophilus … – ausnahmslos Autoritäten, die älter sind als dreihundert Jahre. Es ist ziemlich wahrscheinlich, dass man dem König diese Autoren und Zitate, auch aus der Heiligen Schrift, passfertig ausgewählt und zur Verfügung gestellt hat, denn ein Laienautor wie er kann das nicht alles in wenigen Wochen vollbringen und verfügt wohl auch kaum über den Fundus dafür. Es wurde auch vielfach bezweifelt, ob er das alles wohl selbst, mit seiner eigenen fürstlichen Hand, niedergeschrieben hat oder nicht vielmehr nur Gedanken zusammenstellte, die andere ihm dann in eine stilistisch angemessene schriftliche Form brachten. Seine in anderen Stücken überlieferte Handschrift, etwa in den Liebesbriefen an Anne Boleyn, wirkt kindlich und ungeübt, was aber alles nicht heißen muss, dass er hier nicht doch aus der Fülle seines Gemüts und seiner Kampfbereitschaft für eine ihm heilige Sache seine sämtlichen kreativen Ressourcen aufbot und für ihn ganz ungewohnte Höhen erklomm. Die Arbeit wirkt wie aus einem Guss, engagiert und beseelt. Mit frischer Unvoreingenommenheit hat sich hier ein hellwacher Geist seine akademischen Sporen verdient, zugleich aber eben auch seine eigene, durchaus sakral und sakramental verstandene Königswürde verteidigt, denn darauf laufen die Schlussfolgerungen letztlich hinaus. „Ich vermute", schreibt Henry, „dass die primitiven Vorväter so wenig Luthers Vergleich billigen würden, mit dem er zu beweisen versucht, dass das Brot im Leib bleibt, wie Gott Mensch blieb in der Person Jesu Christi: denn da die Gelehrtesten und Heiligsten der alten Väter an verschiedenen Stellen bekunden, dass das Brot in den Leib gewandelt wird, so war sicher keiner von ihnen so ignorant, zu denken, dass die Menschheit sich in Göttlichkeit wandelte." Er will die Sakramente als Gnadenzeichen erhalten wissen. Der Glaube allein ist ihm zu wenig – wobei ihm Luthers Glaubensverständnis sichtlich verschlossen bleibt, wie man noch sieht anhand folgender Auslassungen. Aber der König von England verteidigt auch die Gelübde, die sichtbaren Zeichen, die Gesetze, Gehorsam und Autorität, das Vorrecht der Priester und das Vorrecht der Könige; Henry sah da eine glasklare Linie. „Betrachtet er (Luther) es doch", schreibt er, „als Ausdruck vorzüglicher Freiheit, dass die Menschen einst vollkommen vom Empfang des Sakrament befreit werden mögen." Er

sieht in Luther einen gefährlichen Libertin, der die Menschen von
allen göttlichen Gnadenhandlungen fernhalten und damit letztlich
ihrer Ehrfurcht vor dem Göttlichen entkleiden will. So etwas schafft
Aufruhr, das ist dem jüngeren Tudor aus seiner Vater-Geschichte,
die nichts mit theologischen Fragen zu tun hatte, nur zu bewusst.

Im Kontext des Taufsakraments bezeichnet es Henry als Zeichen
extremer Gottlosigkeit, wenn Luther dieses (und so versteht er es)
als hinreichenden Ersatz für alle anderen – von ihm zuvor elimi-
nierten – Sakramente begreife, während der Gottlose noch hinzufüge, nur Ungläubigkeit könne die Menschenseele verdammen,
sonst nichts. Das sei wirklich der Gipfel der Gottlosigkeit, denn es
impliziere ja, dass alle anderen Sünden lässlich und nicht verdam-
menswürdig, also auch hinnehmbar seien. „Ehebruch also ist nicht
verdammungswürdig? Mord auch nicht? Desgleichen Meineid?
Und ...? Wenn irgendjemand glaubt, dass wir durch das Versprechen allein in der Taufe gerettet sind, dann möge er Luther auf dem
Fuß folgen." Besonders interessant scheint hier, dass der virile König, der sich schon lange vor seinen spektakulären Ehescheidungs-
prozessen durch ein außerordentlich heterogenes Liebesleben mit
zahlreichen außerehelichen Affären auszeichnete, was freilich in
aristokratischen und gar royalen Kreisen normal war, sich hier so
über die Sünde des Ehebruchs echauffierte. Das Ehesakrament würde
bei ihm an späterer Stelle seiner Verteidigungsschrift ohnehin eine
besonders engagierte Behandlung erfahren. Diese katholische Doppelmoral hat der Reformator, der den Priestern später die Ehe erlaubte und auch die ganze Scheinheiligkeit des Mönchswesens in
Bausch und Bogen verdammte, wohl auch gemeint, wenn er da auf-
räumte und ein neues Verständnis von Sexualität, Ehe und Partner-
schaft forderte. Luther hat das Taufsakrament beibehalten, während
er in der Buße nur eine Rückkehr zum Sakrament der Taufe sah,
und hier argumentiert Henry durchaus schlagkräftig gegen Luther.
Über das Element des Wassers, so Henry, ereigne sich ein geheimnisvoller Prozess der Weihung und Erneuerung, wenn sich, auf welche Weise auch immer, die göttlich-spirituelle Macht des Lebens
über den Täufling ausgieße – und das könne nun nichts mit dem
lebendigen Glauben zu tun haben, sondern stehe für sich. Luther

argumentierte vorab gegen diesen auf der Hand liegenden Einwand bei Neugeborenen in der Taufe, die von Glauben und Verheißung ja noch nichts wissen können, der Täufling erhalte den Glauben durch das Gebet seiner Paten oder der Kirche. Der Priester ist nur ein Mittler, Liebe und göttliche Gnade eine Gabe Gottes an alle und durch alle, die sich dem Glauben öffnen und in ihm leben. Doch der König folgt Luther einfach nicht auf seiner Spur, sondern skizziert im Kontext des Taufsakraments ein grandioses Missverständnis von Luthers *sola fide*-Lehre, das auch von anderer Seite in den Reformationsdebatten vehement ausgestreut wurde. Es ist Henry einfach suspekt, dass, ausgenommen Ungläubigkeit, alle Sünden und Vergehen „aufgeschluckt" werden sollen vom Glauben allein. Luther, so Henry, preise das Taufsakrament nur, um im selben Atemzug die Buße zu unterdrücken. Anders ausgedrückt: *sola fide* sei eine Einladung zu straffreier Sünderei, und die Taufe segne das quasi ab. Man gewinnt zumindest den Eindruck, dass Henry die alles überwindende Kraft des Glaubens, die Luther festmacht, imaginär einer gehörigen Sturmprobe unterzieht und schlichtweg nicht glauben kann, dass sie den Stürmen gewachsen ist. Werde der Glaube nicht von den bösen Taten infrage gestellt und in solchen Situationen (bewusster Sünde) im Grunde zerstört, überwunden? Er spricht von „Schiffbruch", den der Glaube erleide durch Sünde, und nach einem solchen müsse die Buße eine Art Wiederaufbau, einen Neustart ermöglichen. Luther aber leugne förmlich die Tatsache, dass die Sünde der Schiffbruch des Glaubens sei, also ein Scheitern des Glaubens bezeichne, der ihr eben nicht standhalten konnte. Man kann diesen ganzen Gedankengang, auf menschliche Durchschnittssünder bezogen, ganz gut mit den ziemlich schwierigen Widersprüchen in Zusammenhang bringen, denen wir tagtäglich ausgesetzt sind, wenn wir wissen, dass, was wir tun, falsch oder schlecht ist, es aber trotzdem tun. Ist da der Glaube als Bollwerk nicht ein zu defensives Kaliber, das durch aktive und konstruktive Gegenmaßnahmen ergänzt werden sollte? In diesem Sinn argumentiert der englische König, ohne indessen verstanden zu haben, welche aktive und konstruktive, erneuerungsfähige Kraft, die die Bußhandlung gleich mitvollzieht, dem Glauben nach Luther innewohnt. Ihm,

Die Tudor Rose. Sie vereint die rote und weiße Rose der einst verfeindeten Adelsgeschlechter Lancaster und York. Ausschnitt aus einem Porträt von Königin Elizabeth I. von Nicholas Hilliard, um 1574.

Henry, ist das mit dem Glauben zu wenig, er traut sich nicht zu,
dass er ausreiche, um ihn gegen alle Anfechtungen zu wappnen,
und er sucht nach einem probaten Mittel, das ihm von außen ein
wenig zu Hilfe kommt, Heilung gibt, Absolution, durch eine äußere
Handlung mit Gnadencharakter. Das ist verständlich und menschlich anzuerkennen, ist, was Luther vom einzelnen Gläubigen fordert, doch ein letzten Endes gewaltiger Anspruch, der viele, sofern
sie ihn ernst nahmen, förmlich das Fürchten lehrte. Die Innerlichkeit, die hier Einzug hielt und die nachhaltig Europa veränderte,
ging einher mit der Forderung nach einer ungleich größeren Eigen-
verantwortung als jemals zuvor. Diese Stoßrichtung war nicht mehr
rückgängig zu machen. Sie verband sich letztlich mit der lutherischen Reformation.

Alles sollte man jetzt mit sich alleine ausmachen – und, ohne
Umwege, mit seinem Gott. Kein Gnadenakt, kein Ritual, keine Rou-
tine von außen konnte einem das abnehmen. Dass Henry diese
Skrupel umwandelte in eine Polemik gegen ihren Verursacher, legt
nahe, dass er den Nerv dieser gewaltigen Forderung doch verstanden hat – sensibel genug war er dafür. Luther also, schlägt Henry
los, wolle den Menschen allen Ernstes weismachen, dass alle Christen inmitten ihrer Sünde und ohne Buße geschützt und sicher sind
allein durch den Glauben? „Er (Luther) macht aus dem Glauben
nichts als einen Mantel für ein sündiges Leben ... Und das wird
umso deutlicher, als er nicht nur die Sakramente der Gnade entklei-
det, sondern die Kirche auch aller Gelübde und Gesetze beraubt.
Auch scheint es ihn überhaupt nicht zu kümmern, dass Gott sagte:
‚Gelobige und übergib? Gott deine Schwüre!' ... Was die Gesetze betrifft, so sollte er sich schämen, solch lächerliche Dinge erfunden zu
haben, als ob Christen nicht sündigen könnten und als ob eine so
große Menge an Gläubigen so vollkommen wäre, dass keine Gesetze
erlassen werden müssten, weder zur Ehre Gottes noch zur Vermei-
dung des Bösen. Auf diese Weise beraubt er auch die Fürsten und
geistlichen Würdenträger aller Macht und Autorität. Denn was
sollte ein König oder Prälat tun, wenn er sich nicht auf ein Gesetz
berufen kann, geschweige denn dieses vollziehen? Das wäre ja
gleichsam ein Schiff ohne Steuermann, dessen Mannschaft dahin-

treiben müsste, ohne jemals an Land zu kommen. Was ist mit dem
Spruch des Apostels: ‚Lasst jedes Geschöpf den höheren Mächten
untertan sein!‘? Was mit dem anderen: ‚Wenn du Böses tust, fürchte
den König, denn es ist nicht ohne Grund, dass er das Schwert trägt.‘
Was ist damit: ‚Übe Gehorsam gegenüber deinem Herrscher!‘" Dass
Henry instinktiv fürchtet, die lutherische Theologie impliziere
einen latenten Aufruf zum Ungehorsam, sei es in klerikaler oder in
weltlicher Hinsicht, wird an solchen Auslassungen, die es offensichtlich bewusst im Unklaren lassen, ob hier eventuell der weltliche Herrscher gemeint ist, recht deutlich. Auf den Kirchenvater
bezogen, wird die Verbindung im Text dann zwar wieder ganz klar.
Dennoch hat die Autoritätsfrage allgemeine Bedeutung, wie wir
dann ja auch an den folgenden Beispielen sehen. „Und was folgt
daraus? Warum sonst sollte der heilige Paulus gesagt haben: ‚Das
Gesetz ist gut.‘ und an anderer Stelle: ‚Das Gesetz ist die Verpflichtung zur Vollkommenheit.‘ Warum außerdem sagt der Heilige Augustinus: ‚Die Macht des Königs, das Recht des Eigentümers, die
Handhaben des Gesetzesvollstreckers, die Waffen des Soldaten, die
Gewalt des Herrschenden und der strenge Gehorsamsanspruch eines
guten Vaters sind alle nicht umsonst eingeführt.‘ Erstere haben alle
ihre Gewohnheiten, Gründe, Nutzen und Vorteile, und wenn man
die Letzteren fürchtet, so werden schlechte Menschen daran ge-
hindert, böse Taten zu tun, und die Guten können in Ruhe inmitten
der Bösen leben. Ich halte hier keine Fürsprache für die Könige, um
meine eigene Sache damit zu vertreten, sondern ich frage mich vielmehr: Wenn die Apostel uns so viele Gesetze erteilt haben – und ich
gehe davon aus, dass kein Christ, weder Mensch noch Engel, die
Gesetze erlassen kann –, und sei es nur durch sich selbst und nicht
nach dem ausdrücklichen Gebot unseres Herrn, warum sie nicht
zum Besten der Menschen sein sollen, da die Apostel doch in der
göttlichen Nachfolge stehen?!" Eben das, die Frage der göttlichen
Nachfolge über den Stuhl Petri und die damit verbundene Schlüsselgewalt, die Priesterfunktion und am Ende die Frage der göttlichen, priesterlichen und implizit auch monarchischen Autorität,
bildet den Rahmen von Henrys Auseinandersetzungen mit Luthers
Neukonzeptionen, denn wenn der König auch ernsthaft und tief

gehend Glaubensfragen erörterte, die einen Stellenwert hatten in seinem persönlichen Leben, so beunruhigte es den Monarchen doch auch zutiefst, dass da einer die verbrieften Ordnungen auflösen wollte, die doch seiner Meinung nach im Himmel festgelegt waren. Solche Tiefschläge gegen Luther findet man mehrfach in Henrys Text: dass da einer „von unten" komme (also gewissermaßen ein *commoner*), der die Priester degradieren und somit auch alle anderen Höhergeweihten zu sich herabziehen wolle. Dass man in dieser aufstrebenden Epoche längst durch glänzende Geistesgaben oder andere herausragende Fähigkeiten aufsteigen konnte zu ungeahnten Höhen, haben interessanterweise gerade die Tudors in England besonders eindrücklich exemplifiziert, und zwar sowohl durch die eigene dynastische Aufstiegsgeschichte wie auch durch zahlreiche glänzende Individuen in ihrem Dunstkreis, die auffallend häufig „von unten" kamen. Wolsey, der mächtigste Mann Englands unter Heinrich VIII., war der Sohn eines Metzgers, und unter Henrys Tochter Elizabeth, die das Land einte und zur Imperialmacht und großen Seefahrernation ausdehnte, wurden die Aufsteigergeschichten im Umkreis der Königin legendär. Henrys Vater, der erste Tudor, hatte den Adel entmachtet und dadurch Raum geschaffen für einen dezidierten Aufstieg der Gentry. Gleichzeitig aber kultivierten die Tudors ein konservatives und geschlossenes Weltbild, das schließlich sogar die kopernikanische Wende rundheraus ignorierte, weil die Erde als Mittelpunkt des Universums darin erhalten blieb. Alles hatte hier seine Ordnung und seine Rangordnung, und so auch der gottgleiche König als „body politic". Ein anderes Weltbild ließen die autokratischen Tudors nicht gelten.

Luther also, so Henry, wolle die natürliche Ordnung zerstören, indem er nicht nur die Sakramente, sondern auch ihre Träger und Vermittler, die Stellvertreter Gottes auf Erden, in seinen schändlichen Lehrmeinungen eliminiere. Die Idee einer ausschließlich unmittelbaren Gottesbeziehung ohne Mittlerinstanz, so reizvoll diese für viele auch sein mochte, war aber auch für manchen eine zu große Herausforderung. Nach Henrys Meinung konnte man zum Beispiel das Mysterium der Trinität und vor allem den Heiligen Geist nur in der Vermittlung eines Priesters erfassen. Allein schaffe man das nicht; es sei viel zu abstrakt, viel zu unzugänglich. Für Luther war die Rolle des Priesters indessen eine vollkommen andere. Über die Priesterweihe äußerte er in der „babylonischen Gefangenschaft": „Dieses Sakrament kennt die Kirche Christi nicht, es ist eine Erfindung der Kirche des Papstes. Denn es hat nicht nur an keiner Stelle eine Verheißung der Gnade, sondern das ganze Neue Testament erwähnt es auch mit keinem einzigen Wort." Ausgehend von der Auffassung, dass alle Priester sind, solange sie Christen sind, kommt dem Priester in seinem Amt vornehmlich die Aufgabe zu, das Wort Gottes zu lehren. Er verfügt über eine dezidierte Kenntnis der Heiligen Schrift und hat daher vor allem die Verpflichtung, das Evangelium zu lehren. „Des Priesters Amt ist es zu predigen. Wenn er das nicht tut, dann ist er so ein Priester, wie ein gemalter Mensch ein Mensch ist. Ob das einen Bischof ausmacht, solch unnützen Schwätzer zum Priester zu weihen, Kirchen und Glocken zu weihen, Kinder zu firmen? Nein, das kann jeder beliebige Diakon oder Laie auch tun. Der Dienst am Wort Gottes macht einen Priester und Bischof." Was die Beichte angeht, so hegte Luther die Auffassung, diese sei zwar kein Sakrament und sie werde auch von den „ruchlosen Tyrannen" der Papstkirche auf eine unredliche Weise gehandhabt. Sie sei aber äußerst heilsam und könne aus diesem Grunde auf einer freiwilligen Basis erhalten bleiben. Für das angefochtene Gewissen sei sie eine einzigartige Hilfe. Da er hier keine eindeutige Aussage machte, regte sich der königliche Autor darüber auf, Luthers Äußerungen hierzu seien widersprüchlich und ungewiss, was nur wieder seine unstete Seele beweise. Wieder aber ging es auch hier um die Rolle des Priesters und wie sie verstanden wurde. Die heiligen Kirchenväter, so Henry, hätten erklärt, dass wir unsere Sünden nur den Priestern beichten sollen, sofern wir nicht durch äußerste Notwendigkeit anderweitig gezwungen sind. „„Lasst ihn zu den Priestern kommen', sagt der Heilige Augustinus, ‚die ihm die Schlüssel der Kirche verabreichen können, die sie verwalten.' Er sagt nicht: ‚Geht zu Laien oder geht zu Frauen.'" Die Vorstellung, zu einer weiblichen Beichtmutter zu gehen, ist für Henry offensichtlich in doppelter Hinsicht bizarr. Erstens, so Henry, wisse ja wohl alle Welt, dass Frauen nichts für sich behalten könnten, und da sei es ja wohl geradezu töricht, ausgerechnet einer Frau ein Beichtgeheimnis anzuvertrauen. Außerdem, so klingt durch, werde er da gegebenenfalls gleich wieder zu neuer Sünde verleitet, kaum dass er die eine gebeichtet habe. Aber wie dem auch immer sei, die offenkundige Demokratisierung hochsakraler und exklusiver Vorgänge, so wie er sie verstand, missfiel dem König zutiefst, da überall ein Stück Mysterium wegbröckelte und zudem die unumstößliche Hoheit des Pontifex, der Bischöfe, der Priester und letztlich auch der Könige obsolet wurde.

Über die Ehe als vermeintliches Sakrament lässt sich Luther sehr kurz aus. Sie sei keines, denn sie habe von Anfang der Welt bestanden, auch bei Heiden und Ungläubigen, und zwar bis auf den heutigen Tag. Nirgends sei in der Bibel zu lesen, dass der irgendwelche Gnade bei Gott erlange, der eine Ehefrau nehme. Das entgeisterte Henry, denn für ihn war die Eheschließung gewissermaßen die zweitheiligste Handlung, gleich nach der königlichen Investitur. „Ehe", so beginnt Henry dieses Kapitel, „das erste aller Sakramente, gefeiert bereits von den ersten Menschen und geehrt durch das erste Wunder unseres Erlösers, genießt schon seit so langer Zeit die religiöse Ehrfurcht eines Sakraments durch ihren bloßen Namen." Die Tatsache scheint dem Autor ganz indiskutabel, selbst wenn sie nicht ausdrücklich durch Bibelstellen belegt werden könnte. „Die Kirche hält sie für ein Sakrament, das von Gott eingesetzt und uns von Christus gegeben, uns überlassen von seinen Aposteln und schließlich als Sakrament überliefert wurde von den heiligen Vätern. So, wie es war, wurde es dann von Hand zu Hand gereicht bis hin zu uns und von uns an die Nachwelt, geehrt bis ans Ende der Welt." Henry hatte eine sehr hohe Meinung von der Ehe, und es ärgerte ihn – mehr als alles andere, wie es scheint –, dass diese nachgerade entzaubert wurde, mit dem fadenscheinigen Argument, wie er meint, dass bereits die Patriarchen der Vorzeit und die Heiden sie praktiziert hätten. Das sei gar kein Widerspruch, so der König, „denn der Heilige Augustinus sagt, dass das Sakrament der Ehe allen Nationen gemeinsam ist. Doch ihre Heiligkeit besteht nur im Gottesstaat und seinem heiligen Berg, also der Kirche." Sollte die Ehe der Ungläubigen auch kein Sakrament sein, so sei sie es doch

für die Gläubigen. Christus habe die Christen zunächst durch die
Kirche und zusätzlich in Gestalt der Ehe mit einem unauflöslichen
Band der Gemeinschaft geweiht, und dieses stamme von Gott. Je-
dem, der sich die entsprechenden Stellen im Brief des Paulus an die
Epheser vergegenwärtige, müsse das sonnenklar sein. Darin heißt
es: „Ihr Männer, liebet eure Frauen, gleich wie auch Christus geliebt
hat die Gemeinde … Um deswillen wird ein Mensch Vater und Mutter verlassen und seinem Weibe anhangen, und sie werden sein *ein*
Fleisch.“ Henry schlussfolgert: „Man sieht also, dass der gesegnete
Apostel uns überall lehrt, dass die Ehe von Mann und Frau ein
Sakrament ist, das die Vereinigung von Christus mit seiner Kirche
repräsentiert. Er sagt uns, dass Mann und Frau ein Leib sind, von
welchem der Mann das Haupt ist, und dass Christus und die Kirche
ein Leib sind, von dem Christus das Haupt ist.“ Das sei eben auch
eine Verpflichtung für die Eheleute, die im Bewusstsein dieses
Sakraments leben sollen, immer darum bemüht, seiner würdig zu
sein. Der Autor zitiert Hugo von Sankt Viktor: „Dieselbe Liebe,
durch die Mann und Frau in der Heiligkeit des Ehestands spirituell
geeint sind, ist das Sakrament und das Zeichen der Liebe, durch das
Gott sich mit unserer Seele verbindet, indem er seine Gnade und
seinen Geist in uns gießt.“ Einem so empfänglichen und romantischen Geist wie Englands König waren diese Worte wie Blüten-
regen. Und er hat wahrscheinlich nie aufgehört, daran zu glauben.
Von den Aposteln über Paulus bis hin zu Bernhard von Clairvaux
werde schließlich immer wieder betont, dass der Ehestand ein un-
beflecktes Bett hervorbringe, also etwas, das sonst Sünde wäre, in
einen begnadeten Akt wandelt, „Wasser in Wein verwandelt“, wie
Henry es sinnig ausdrückt, den Schandfleck der Unzucht, schänd-
licher Lust von uns nimmt, und das alles sei gar nicht denkbar, so
Henry, ohne die göttliche Gnade, die Christus uns übergab. „Aber
ich meine, das Wunder, das er uns darbietet, ermahnt uns immer
daran, dass das schale Wasser fleischlicher Lüsternheit durch die
geheimnisvolle Gnade Gottes in Wein höchster Güte verwandelt
wird.“ Henry zitiert Christus selbst, der da sehr schlicht sagt: „Was
Gott zusammengefügt hat, das soll der Mensch nicht scheiden.“ An
dieser Stelle drängt sich dann doch der Verdacht auf, dass Henry

versucht, seine beginnenden Skrupel im Hinblick auf seine eigene
Ehe zum Schweigen zu bringen.

Die Letzte Ölung schließlich, da war Henry dann nicht mehr so
persönlich betroffen und konnte sich sogar dazu hinreißen lassen,
Witze zu machen. Luther lehne die Letzte Ölung als Sakrament ab,
da sie die Worte der Apostel missdeute und nie bei den Kranken
angewandt werde, sondern nur bei den Sterbenden, bei denen ja
ohnehin jede Heilung vergeblich sei, und wenn, dann erfolge sie –
Henry zitiert Luther – mehr durch die Kraft des Glaubens (beziehungsweise durch die Kunst der Ärzte, wie Luther trocken hinzufügt) als durch ein Sakrament. „Da er selbst jemand ist", so der
König über den Ketzer Luther, „dem Gott so viele und große Ge-
heimnisse enthüllte, und der im Begriffe ist, eine neue Kirche zu
gründen, für die Wunder eine absolute Notwendigkeit sein werden,
ist es wohl ziemlich wahrscheinlich, dass Luther im Übermaße vollbringen kann, was immer nur der Glaube vermag. Wenn das wahr
wäre, frage ich mich, warum er nicht jeden Sterbenden heilt. Täglich warten wir sozusagen auf Nachrichten aus Deutschland, die
uns verkünden, Luther habe die Toten zum Leben erweckt." Henry
gibt folgende Definition für die Sakramente, das Herzstück des
alten Glaubens: „Ein Sakrament ist ein sichtbares Zeichen einer
unsichtbaren (göttlichen) Gnade." Er verabscheut die ketzerischen
Vorstöße Luthers, nicht nur weil sie jede (gottgegebene) Autorität
unterminieren, Zwiespalt und Aufruhr schaffen, sondern weil sie
die Welt entzaubern und den Mysterien ihre Kraft nehmen. „Ich
sehe in ihm alle Zeichen, die auf den Tod hindeuten", schreibt Henry
im Schlusswort seiner „Assertio". Luther sei gewissermaßen vom
Teufel besessen. „Der gierigste Höllenhund hat sich seiner bemäch-
tigt, ihn verschlungen und in den tiefsten Teil seines Bauches hin-
untergeschluckt, wo er nun halb tot, halb lebendig dahinsiecht." Ein
ewiges Fegefeuer, wenn man so will. Und dieser intellektuell wache
und talentierte König, der das göttliche Wort und das Buch aller
Bücher ziemlich gut kennt, einschließlich seiner unterschiedlichen
Traditionen der Auslegungen, erkennt auch an dieser Stelle sehr
klar den Zusammenhang zwischen Erkenntnis und Unschuldsver-
lust, sträflichem Wissen und prometheischem Streben, Ikarus' Hö-

henflügen und seinen Abstürzen – ein altes Menschheitsthema schon aus vorchristlicher Zeit. „Wie die alte Schlange", schreibt er noch über Luther, „beginnt er die Fallen des Unglaubens überall aufzustellen, auf dass er durch das Kosten der verbotenen Frucht schmerzlichen Wissens ihre Vertreibung aus dem Paradies der Kirche herbeiführe (die bei ihm längst erfolgt ist), in ein Land voller Dornen und Disteln. In der Tat fühle ich großes Bedauern angesichts seines Irrglaubens und seines elenden Falls, und ich wünschte, er würde von Gottes Gnade erleuchtet, er würde bereuen, zur Umkehr bewegt werden und zum Leben zurückkehren."

Nach diesen frommen Wünschen für den Verirrten beendete Henry seine Verteidigungsschrift, und nachdem sicher noch einmal seine Gelehrten darübergelesen und die eine oder andere Korrektur angebracht hatten, wurde das Manuskript gedruckt, schön gebunden und, mit einem prächtigen Einband versehen, in einem Sonderexemplar an Papst Leo gesandt. Dieser fühlte sich sehr geehrt und bedachte den König anschließend wunschgemäß mit dem ersehnten christlichen Titel. Man hatte mit Wolsey ein paar Versionen davon durchdiskutiert, entschied sich aber am Ende für: „Fidei Defensor", „Verteidiger des Glaubens". Ob der Medici-Papst die Schrift je gelesen hat, darf bezweifelt werden. Aber vielleicht unterschätzt die Nachwelt ja auch den Papst und nicht nur den König.

# „Junker Heinz"

## Wie Luther auf Heinrichs Schrift reagierte

Dr. Martin Luther aus Wittenberg hatte gewiss Dringlicheres zu tun, als einem dilettierenden König auf seine hobbytheologischen Exzerpte zu antworten – und zwar so ausführlich, dass es in aller Form als akademische Gegenschrift gelten mochte, so wenig der Adressat diese Ernsthaftigkeit auch verdiente.

Womöglich hätte Luther auf die königlichen Auslassungen auch gänzlich geschwiegen, sie gar nicht zur Kenntnis genommen, wäre nicht Ende Juni 1522 eine Verdeutschung von Heinrichs „Assertio" erschienen, und zwar ausgerechnet von Luthers Gegenspieler Hieronymus Emser. Die Antwort war demnach eine Ehrensache, aber sie galt letzten Endes nicht dem englischen König, sondern dem Emser – nach Luthers Auffassung einer von zahlreichen Verkörperungen des Satans in Gelehrtengestalt, die es mit der Feder zu erledigen galt. An Spalatin schrieb Luther am 4. Juli, er müsse das Wüten des Satans mit der Erwiderung unterbinden. Schon um der frommen Christen willen müsse er auf die Schrift antworten, und zwar auf Lateinisch und Deutsch. Die in dem Buch Heinrichs zum Ausdruck kommende Unwissenheit sei in der Tat eines Königs würdig, so Luther nicht ohne Zynismus; das darin ausgebreitete Lügengift gebühre aber allein Bischof Lee.* Diese Vermutung, dass Edward Lee der wahre Verfasser von Heinrichs „Assertio" sein könnte, hegte Luther bereits, als er die Schrift noch nicht kannte. Es schien ihm

---

\*  „Cogor virulentissimo rege digna est in eo libro sed virulentia et mendaci-
    tas nullius nisi Lei est. Quam furit Satan."

also so unvorstellbar wie vielen anderen auch, dass der König sie höchstselbst geschrieben haben könnte und sie nicht einem gelehrteren Mann an seinem Hofe in Auftrag gab. In Luthers Erwiderungsschrift spielt dieser Umstand aber gar keine Rolle mehr, denn im Laufe seiner durchaus polemischen Ausführungen macht sich der Doktor eher einen Spaß daraus, sich an einen so weltlichen (und daher unweigerlich unberufenen) Repräsentanten als Gegenspieler wenden zu können, der, so klingt es auch andernorts durch, besser bei seinen Leisten geblieben wäre, als sich in theologische Dispute zu mischen. Immerhin, gibt er an einer Stelle zu, erhalte er selten Bücher wider sich in einem derart eleganten Latein. Welches Politikum die vermeintliche oder tatsächliche königliche Autorschaft zusätzlich war, gegen die sich der raubeinige Reformator so schonungslos und stellenweise beleidigend positionierte wie gegen jeden beliebigen anderen Autor, der ihm widersprach, zeigt schon die Tatsache, dass Emsers fürstlicher Herr Georg von Sachsen, also der gegnerische Nachbarregent und Verwandte des sächsischen Kurfürsten, von dem Moment an in die Sache verwickelt war, als Luthers deutsche Antwort erschien – eine erste freie Fassung, die um den 1. August veröffentlicht wurde, während Luther später noch einmal eine Direktübersetzung der profunderen lateinischen Schrift fertigte, welche erst Ende September erschien.* Georg von Sachsen also hielt Luthers „Antwort deutsch" am 6. August 1522 in Händen, und er empfand sie als Schmähung eines Verbündeten des Kaisers, worauf er sie umgehend dem Reichsregiment vorlegte. Am 17. August war auch Wolfgang Capito, der Berater des Erzbischofs Albrecht von Mainz, informiert und auf diesem Wege Erasmus. Also, der Disput zog schnell Kreise. Aber auch Luthers Freunde zeigten sich recht bestürzt über den rüden Ton, den Luther hier anschlug. Das war nichts Neues bei ihm, aber im vorliegenden Fall richtete sich der Disput doch immerhin gegen ein gekröntes Haupt, einen

---

* Möglicherweise hat Luther die verschiedenen Fassungen seiner Erwiderung, also die beiden deutschen Schriften und die lateinische Schrift, parallel verfasst und jeweils kurzzeitig unterbrochen. Die verschiedenen Datierungen und Kenntnisnahmen lassen diesen Schluss zu.

König. Für Luther war dieser aber ein Gegner – oder auch Stellvertretergegner, wie man es sehen mochte – wie jeder andere auch. Er schuldete es nach seinem Dafürhalten Gott und dem wahren Evangelium, für das er kämpfte, hier so schonungslos zu sein, wie er es immer war in seinem Kampf. Die außerakademischen Tiefschläge scheinen in diesem Fall allerdings noch einmal besonders pikant. In der ihm durchaus auch eigenen Maßlosigkeit waren sie stellenweise einfach rüde beleidigend. „Also viel Hirns ist in dieses Königs Kopf nicht", heißt es etwa in der hastig geschriebenen ersten Fassung des deutschen Textes. Oder auch: „Nun liegt dem Luther an dem Dünkel des Königs von England eben so viel, als an dem Dünkel des Kuckucks." Dass dieser Monarch sich gänzlich auf fremdem Terrain bewege und in eigener Sache eigentlich genügend Tätigkeitsfelder hätte, auf denen er sich rechtschaffen austoben könnte, ist das eine – sicher nicht unberechtigt. Etwas anderes ist es, ihm quasi jede Denkfähigkeit absprechen zu wollen. „Wie fein stünd's einem Könige an, daß er sein Land regierte, und ließe diese Sache treiben, die sie können? Was ist's, daß ein Esel will den Psalter lesen, der nur zum Sacktragen gemacht ist?" Luther bezeichnet den König von England als einen Esel. Und das hat keine Folgen. Sein Fall ist in der Tat in einer nahezu globalen Dimension exzeptionell. In der späteren deutschen Zweitfassung im direkten Anschluss an das lateinische Original, aus der in der Folge zitiert werden soll, kommen Ausfälligkeiten dieses Niveaus allerdings nicht mehr vor. Vielleicht haben seine Freunde, darunter der sanfte, immer konziliante Melanchthon, ihn doch zwischenzeitlich etwas in einem mäßigenden Sinne beeinflusst.

Luther beginnt – und das zieht sich immer wieder durch den Text – mit einem Rechenschaftsbericht, einer protestantischen Standortbestimmung, Varianten seines: „Hier steh' ich nun!", das für den Auftritt beim Wormser Reichstag nicht sicher bezeugt ist, sich aber in der einen oder anderen Form dem Duktus nach in Luthers schriftlichen Äußerungen wiederfindet. Seit Jahren also kämpfe er gegen Rom sowie für die Wahrheit auf dem Weg der Gelehrsamkeit. Niemand habe ihn bisher auf diesem Weg überwinden können. Stattdessen behaupte „das grimmige Papistenvolk" seit über drei Jahren, er, Luther, sei zu den Böhmen abgewandert, also der Ketzer sei zu den Ketzern geflohen. Auch der König von England, gegen den er sich ja hier wenden wolle, verbreite in seinem Buch neben vielen anderen Mären die Version seiner böhmischen Flucht. Davon abgesehen, dass man die Böhmen und den unschuldig verbrannten Hus zu Unrecht verurteile, hätten sie doch schon vor vielen Jahren die Wahrheit erkannt und die mörderischen und antichristlichen Papisten aus höchst gerechten Ursachen verlassen, so habe er, Luther, es gar nicht nötig, zu den Böhmen zu fliehen, und es sei auch ganz unziemlich, denn sein Platz sei hier, hier in Wittenberg, um für die Wahrheit zu kämpfen. Hier habe Christus ihn hingestellt, und seine Gegner sollten nur kommen; er erwarte sie kampfesmutig und siegesgewiss. Luthers Sprachwahl ist eindeutig. Die Papisterei ist eine Pestilenz, nichts Geringeres, und ihre Anhänger sind „die Kinder dieser in Purpur prangenden Hure". Aber jenseits solcher drastischer Feindbilder entlarvt er auch sehr allgemein und gewissermaßen voranstellend, bevor er sich überhaupt die Mühe macht, die königlichen Argumente auseinanderzunehmen, die Diskussionsführung der Vertreter des alten Glaubens, die eigentlich immer nur darauf hinauslaufe, die Dinge seien so, weil sie schon immer so waren, und deshalb sei es auch ganz ungebührlich, nach irgendwelchen Ursachen zu fragen oder gar wissen zu wollen, was genau von den Praktiken in der Bibel verbrieft sei. „Ich diskutiere über das Recht, und sie antworten mir von dem, was geschieht. Ich frage nach der Ursache, sie zeigen das Werk an. Ich frage: aus was für Macht thut ihr das? Sie sagen: weil wir so thun und so gethan haben.* Es stehe anstatt einer vernünftigen Ursache der Wille; statt der Macht der Brauch, statt des Rechts die Gewohnheit: und das in göttlichen Dingen." Wahrhaft entlarvend sei diese Simplifizierung und allzu bequeme Rechtfertigung. Der Reformator sieht aber den tieferen Grund dieser Haltung in einer durchaus komplexeren theologisch-methodischen Vorgehensweise, und hier

---

* Luthers Anmerkung hierzu: „*Sit pro ratione voluntas*. Das Sprichwort der Tyrannen."

schlagen mit Sicherheit nicht nur Luthers Vorbehalte angesichts der methodischen Operationen in seinem eigenen Fachbereich Theologie durch die Scholastik, die Schriften der Kirchenväter, zu Buche, sondern auch die Tatsache, dass er immerhin vier Jahre lang die Jurisprudenz studiert hat. Die Schule des „Beweises aus dem zu Beweisenden" durfte er hier bis zum Exzess durchexerzieren. Dieses auf göttliche Dinge zu übertragen in einem Verfahren exemplarischer Beweisführungen, bei dem das Ergebnis im Grunde schon feststeht, da es ja letztlich einer institutionellen Verteidigung gilt, ist ihm nichts weniger als das: Blasphemie.

Wörtlich schreibt er: „Sie haben selbst in ihren Schulen eine ganz fehlerhafte Art zu streiten, die man Beweis aus dem zu Beweisenden (*petitionem principii*) nennt. Das lernen und lehren sie, bis sie grau werden, bis ins Grab ... Wenn sie aber ihre Lehre gebrauchen sollen, da können sie nicht anders, als aus dem zu Beweisenden beweisen. So geschieht es, dass ich schreie: Evangelium, Evangelium! Christus!, Christus! So antworten sie: Väter!, Väter! Brauch!, Brauch! Satzungen!, Satzungen! Wenn ich aber spreche; Brauch, Väter, Satzungen hätten oft geirrt, man müsse mit festerem und gewisserem Ansehen dergleichen Dinge erhalten, Christus aber könne nicht irren; da sind sie stummer als die Fische." Da der unberufene König, oder wer auch immer die vorliegende Schrift in seinem Namen verfasst hatte, zu genau dieser Sorte der alten Schule gehörte, war es im Grunde ganz unnötig, sich an den einzelnen Punkten abzuarbeiten, da die Voraussetzungen des Argumentierens und Darlegens falsch waren. Und da der Verfasser ganz offenkundig zu dieser Sorte gehörte, griff Luther mit seiner Entgegnung auch keinen einzelnen Autor an, wer immer er in diesem Fall war, sondern das ganze System. Luthers Hauptvorwurf an Heinrich beziehungsweise den Ghostwriter: Heinrich sei ein verkappter Thomist. Schlimmer geht es nicht für Martin Luther. Die Lehren des Thomas von Aquin, die für die katholische Kirche konstitutiv werden sollten, bestanden wesentlich in der Anwendung der aristotelischen Logik und Metaphysik auf die christlichen Glaubensinhalte, was letzten Endes zu einer Trennung von Glauben und Wissen und somit zu einer Überwindung der Scholastik in ihrer spätesten Form führte. In seinem

Zeitalter hatte Luther in der theologischen Wissenschaft aber genau
jene extrem rationalistische Systematisierung kennengelernt, die
eigentlich schon Symptom einer inneren Auflösung war. Es blieb
dennoch eine Machtfrage und eine Deutungshoheit damit verbunden. In diese Leerstelle schlugen die Forderungen des Reformators
nach einer Rückbesinnung und Kehrtwende: *back to the roots*. Er
untermauert auch das mit der Heiligen Schrift: das Nicht-hören-
Können vor lauter unnützem Lärm, die ausbleibende Wahrnehmung der frohen Botschaft durch Ignoranz, mangelnde Offenheit
des Gemüts beziehungsweise eine dezidierte Kopflastigkeit, leere
Herzen, bei denen die Botschaft nicht ankommt. „Wie eine taube
Otter, die ihre Ohren verstopft, daß sie nicht höre die Stimme des
Beschwörers." Das galt Emser, das galt der gesamten altgläubigen
Welt, vor allem aber galt es den blutleeren Exegeten, die nicht müde
wurden, anhand von vorgegebenen Operationen die christlichen
Lehrmeinungen, die Sätze der Offenbarung oder des Glaubens einer
rein intellektuellen Beweisführung zu unterziehen. Für Luther war
das Sophismus, Scheinweisheit, Spitzfindigkeit. Und die von Thomas so wesentlich initiierte Trennung von Glauben und Wissen, die
doch so wegbereitend war für die Neuzeit, war für Luther als Theologe irrelevant. Wahrscheinlich sah er darin sogar ein Zeichen der
Dekadenz, der Zersetzung.

Dass er den König ständig „Heinz" nannte, auch „König Heinz",
„Junker Heinz" und so weiter, auch „Lügenkönig", und ihn auch
schon in diesem Vorspann wörtlich als königlichen Narren bezeichnete, war eine Unverschämtheit, eine aus seiner Position heraus eigentlich unsägliche Anmaßung – Hochverrat, wenn er im
Lande Heinrichs gelebt hätte. Es bleibt verwunderlich, dass allein
schon das keine Folgen für Luther hatte, und es ist nur mit den
territorialen Machtverhältnissen, Rivalitäten und Konstellationen
seiner Zeit zu erklären, letzten Endes aber mit der schützenden
Hand seines Kurfürsten, der sich selbst auch Erstaunliches von
Luther bieten ließ. Luther war alles andere als ein politischer Revo-
lutionär, wie wir ja im Verlauf seines Wirkens noch sehen werden.
Er verteidigte im Grunde die weltlichen Macht- und Rangordnungen, deren Gottgegebenheit und Zukunftsfähigkeit er letztlich nie

anzweifelte und in denen er als weltlicher Untertan auch seinen zugewiesenen bescheidenen Platz akzeptierte. Hier aber – und das erklärt auch sein monumentales Selbstbewusstsein – tritt er als Gotteskrieger auf, nur mit der Feder bewaffnet, im Vollbesitz seiner Sprachgewalt, und da ist gewissermaßen alles erlaubt. Hier erkennt er nur einen Herrn über sich an, und das ist Gott, für dessen Wort und gegen dessen Feinde er kämpft. Das eliminiert alle weltlichen Rangordnungen. Luther skizziert eine Art apokalyptischen Endkampf, den er geradezu prophetisch verkündet sieht, und seine Rolle darin ist so heldenhaft, wie die Rolle des anderen töricht ist, unvermögend und schwach. Da streitet einer „mit Heu und Stoppeln wider den Fels des Wortes", „daß man nicht weiß, ob die Tollheit selber mehr wüthen und die Thorheit selbst thörichter sein könne, als dieser unser Heinzenkopf, vielleicht um das Sprüchwort wahr zu machen. Es mußte entweder ein König oder ein Narr geboren werden. Denn welcher Schalksnarr dürfte so sagen: Ich will sieben Sakramente behaupten, will aber den Hauptgrund des Widersachers unberührt lassen? Man sollte denken, es hätte ein Erzfeind des Königs dieses Buch herausgegeben, zur ewigen Schande des Königs." Letztlich diente dieser eben „der purpurfarbenen Hure", also der Papstkirche, was alles, auch die Torheit, erklärt. An seiner, Luthers, Rolle, besteht aber nachgerade kein Zweifel. „Denn ich bin deß gewiß, daß ich meine Lehren vom Himmel habe, welche ich auch wider den siegreich erhalten habe, der in seiner äußersten Kralle mehr Kraft und List hat als alle Päpste, Könige und Lehrer, daß sie also nichts ausrichten, die mit leeren Blasen von Namen und Titeln gegen mich aufziehen, und Schriften unter königlichen Aufschriften anpreisen. Meine Lehren sollen bleiben, und der Papst fallen, wider alle Pforten der Hölle, wider die Gewaltigen der Luft und der Erde und des Meeres! Sie haben mich selbst zum Krieg herausgefordert, Krieg sollen sie haben! Gott wird ein Einsehen haben, wer erst müde werden soll, der Papst oder Luther." Dies nur zur Klärung am Anfang. Wörtlich streut der Gotteskrieger und Märtyrer auch schon seine eigene Asche über die Welt, in der aber hoffentlich auch das Papsttum im Endkampf zu Fall kommen wird. Aber Petrus hatte ja die Herauf-

kunft falscher Propheten vorausgesagt, und somit kann es tatsächlich nur heißen: Auf in den Endkampf zum Endsieg!

Der König, so muss Luther in der Heinzischen Schrift lesen, wirft
ihm vor, widersprüchlich in seinen Lehren zu sein und hier und da
auch das Gegenteil dessen zu behaupten, was er zuvor gesagt habe.
Der Reformator verwahrt sich dagegen. Das Einzige, was er bereue
und folglich auch widerrufe, sei die Tatsache, dass er jemals noch
etwas Gutes über das Papsttum gesagt habe und dass er dieses auch
lange noch lässlich behandelte – in der Absicht, es in der Art einer
weltlichen Herrschaft zu akzeptieren und einige Hoffnung auch in
vereinzelte Repräsentanten, etwa Leo X., zu setzen. Als er dann
aber die Wahrheit erkannte, dass das Papsttum des Antichrists
Reich ist, bereit, „den Leviathan zu erwecken", habe er sich eben
korrigiert. Und so Punktum. Im Übrigen könne er, Luther, auch gar
nicht widersprüchlich argumentieren, da er unmittelbar, also in
direkter göttlicher Inspiration Christi Lehre wiedergebe. Es sei
natürlich, so Luther, dass man, um zu einer Erkenntnis zu kommen,
gelegentlich frühere Erkenntnisstufen und somit auch Irrtümer
überwinde. Genau das sei die Stufenfolge der Heilswerdung in der
zunehmenden Gewissheit der Gottsuchenden. Nur die Thomisten
irrten sich nie. Sie folgten ja auch einem vorgegebenen Schema.
Töricht sei es indessen, dass seine Widersacher, und so auch der
Schalksnarr im Hermelin, König Heinrich, diese seine Lehre dahingehend verunstalteten und missdeuteten, er, Luther, habe verbreitet,
man solle keine guten Werke mehr tun, und böse Werke seien im
Umkehrschluss folgenlos und erlaubt. Noch einmal erklärt er der
Welt, und so auch dem Heinz, der sich wider ihn stellt, wie es mit
den guten Werken bei ihm gemeint ist: Natürlich solle man gute
Werke tun, aber das sei im Sinne der Menschen, denen man damit
diene. Als Rituale und Dienste an Gott verstanden, um zu größerer
Seligkeit zu gelangen, also verbunden gewissermaßen mit einer
Zwecksetzung, sei es nur leere Form, die den eigentlichen Glaubens-
inhalt verdecke. Und so würden die Menschen durch die falschen
Lehren der Papstkirche im Blick auf ihr Seelenheil fundamental in
die Irre geführt: Die Werke, die man gegen Menschen gebrauchen
solle, böten sie Gott dar und den Glauben, durch welchen man allein

Gott diene, reichten sie den Menschen dar. Das seien alles ganz gräuliche Irrlehren. Dass man sie aber nicht korrigiere, liege an der sträflichen Ignoranz derer, die die Kirche vertreten. Ihre Antworten seien demnach im Geiste den Ausführungen von König Heinrich vergleichbar: „Es muß so sein. Der Brauch ist nicht anders. Es ist eine lange Gewohnheit. Ich glaube so. Die Väter haben so geschrieben. Die Kirche hat es so geordnet." Etcetera. Träge und einfallslose Repliken in einem automatisierten Verfahren. Nichts gegen Glaubensartikel und Praktiken, die von Menschen gemacht und erdacht wurden. „In christlicher Freiheit" sollen diese durchaus, wenn es denn opportun sei und dem einzelnen Gläubigen wohltue, weiter praktiziert werden und damit auch gelten für den, der es mag. Diese Freiheit aber gefangen zu nehmen und dergleichen Menschensatzungen als notwendige oder gar biblisch fundierte Glaubensartikel verkaufen zu wollen, das eben sei nicht opportun, sondern sträflich und gottfeindlich. Luther verweist auf einen einzigen Christus-Satz in Matthäus 15,9, mit dem er eigentlich meint, Heinrich ohne weitere Einlassungen von vornherein widerlegen zu können: „Vergeblich dienen sie mir mit Lehren und Geboten der Menschen."

So lästig es ihm auch fällt und so überflüssig er es im Grunde erachtet, geht Luther letztlich doch auf ein Thema, das Heinrich ausbreitet, näher ein, und das ist das Altarsakrament. Sonderbar sei es ja in der Tat, dass man davon nur einen Teil praktiziere, nämlich das Brot, und den anderen weglasse, nämlich den Wein, der den Laien gottloserweise vorenthalten werde, aus welchen Gründen auch immer. Dabei hätten die Evangelisten durchgehend und einhellig überliefert, dass Christus beide Gestalten eingesetzt habe, für alle, die auch zukünftig sein Gedächtnis begehen. Darauf sage der närrische König, wie so oft – nichts. Und wenn es denn gar so wäre, dass Christus allein den Geistlichen das Sakrament im Abendmahl gegeben hätte, dann dürfte man den Laien weder das eine noch das andere geben, sondern schlichtweg gar nichts davon. Wenn man wiederum hier und da etwas wegnehmen oder hinzufügen könne, so gälte dies ebenso gut für die Taufe, die Buße und alle anderen Sakramente. Wenn aber nicht, dann eben auch nicht den ausgewie-

senen ersten Teil des Altarsakraments als Pars pro Toto. Alles strotze
vor Widersprüchen, vermeldet Luther gegen Heinrich VIII. Da aber
Christus gesprochen habe, sein Blut werde vergossen zur Vergebung
unserer Sünden, so sei es, als wenn man den Menschen diese Vergebung versagen wolle, wenn man ihnen hier das biblisch verbriefte
Zeichen versage: Brot *und* Wein. Nur was in der Bibel stehe, sei gültig, verbindlich, alles andere Menschenwerk. Luther kann das gar
nicht oft genug wiederholen. „Mein König aber, um alle Tollheit zu
übertreffen, beweist durch eine Thatsache, die gar nicht dazu gehört, daß die Schrift aufzuheben sei. Denn daß Wasser in den Wein
gemischt werde, ist so wenig wider beide Gestalt des Sakraments als
wider die Schöpfung und die Geburt Christi. Wenn nun der König
recht schließt: Wein wird, ohne Schrift, mit Wasser vermischt, also
muß man die Schrift in Bezug auf ein Stück des Sakraments verlassen; so muß auch der Schluß richtig sein: Wein wird mit Wasser
vermischt ohne Schrift, also muß man die Schrift in Bezug auf die
Schöpfung, in Bezug auf die Geburt Christi abschaffen." An solchen
Stellen führt Luther den König geradezu vor – so, als könne er nicht
bis drei zählen. Dabei geht es dem Reformator namentlich darum,
zu zeigen, dass nur das streng hermeneutische Vorgehen der Auslegung einzelner Bibelstellen als ausschließliche Methodik gültig
und anerkannt ist und dass die Nutzung anderer Textquellen oder
Gedankenspiele unweigerlich auf Abwege führt. Andererseits
brandmarkt er damit aber auch den verhassten Thomismus und
seine formalistischen Grundlagen philosophischer Provenienz, womit man formallogisch alles beweisen kann, und sei es noch so un-
sinnig. „Wenn einer so disputirte, daß er bewiese, etwas geschähe
wider die Schrift, darum müßte die Schrift weichen, zum Beispiel,
ein Ehebruch geschieht, also ist das Gesetz, das den Ehebruch ver-
bietet, ketzerisch, so glaube ich, daß ein solcher meinem Könige,
obwohl er sehr toll ist, dennoch toll vorkommen würde." Aber zurück zu den Inhalten, auch wenn es Luther offenbar schwerfällt.
Seiner Meinung nach sind die katholischen Glaubensartikel, die ja
nach seiner Auffassung größtenteils Menschenwerk sind, zu sehr
auf Äußerlichkeiten des Rituals ausgerichtet, als dass sie wirklich
eine Relevanz haben für die Heilswirklichkeit des gläubigen Men-

schen. Zu welchen Zeiten man also faste, bete, beichte oder die Messe halte, ob man das Beten und Beichten mit vollem oder mit leerem Magen tue, bei Sonnenaufgang oder bei Sonnenuntergang, im Sonntagsgewand oder in Alltagskleidung, das sei Gott letztlich gleichgültig – „wenn nur der Glaube da ist." Hingegen könne es aber eben auch sein, dass jemand gesundheitliche Probleme beim Fasten habe oder im nüchternen Zustand bei der Messe und beim Beichten einen Schwindel bekomme, und dann solle er eben in drei Gottes Namen etwas essen, bevor er zum Gottesdienst gehe, oder das Fasten ganz weglassen, denn das werde Gott bestimmt nicht beleidigen. Er soll, anders ausgedrückt, mit einem offenen, frommen Herzen zu Gott gehen und nicht unter Zwang oder mit einer willentlich malträtierten Gesundheit. Dass in der Papstkirche so viel Wert auf solche Äußerlichkeiten der Rituale gelegt werde, habe, meint Luther, dazu geführt, dass der eigentliche Inhalt des Glaubens und das Ringen der Seele darum über all diese Dinge vernachlässigt wurde. Luther als Purist. Er ist der Erfinder der deutschen Innerlichkeit.

Was nun das Geheimnis der Wandlung betrifft, die ominöse Transsubstantiationslehre, so führt Luther ‚seinen' Paulus gegen die „elenden Brotverwandler" mit ihren spitzfindigen Theorien ins Feld. Heinrichs Ausflug ins Reich der Grammatik (dass es also, wie wir gelesen haben, laut Heinrich, bei Christus eindeutig heiße „*Hic est sanguis meus*", „*Hic* est corpus meum", „*Dies* ist mein Blut", „*Dies* ist mein Leib", nicht: „Mein Leib ist *darin*" („*Hoc*")) kommentiert Luther dahingehend, dass im vorliegenden Satze das Fürwort sich aufs Subjekt beziehe und nicht auf das Prädikat. Nur ein Sophist könne hier einen derartig konstruierten Vorgang der Wandlung vermuten. Richtig ist aus Luthers Sicht: Das Brot *ist* der Leib, nicht aber: Das Brot wird verwandelt in Christi Leib. Ein wenig macht er sich noch darüber lustig, dass nach der Wandlungslehre das Brot gewissermaßen unwürdig sei, Christi Leib zu verkörpern, und daher erst noch einen aufwendigen Vorgang der Transsubstantiation durchlaufen müsse. „Schön, herrlich, recht Thomistisch und Heinzisch! Wenn des Brodes Unwürdigkeit es nicht zuläßt, daß es der Leib Christi sein kann, so ist doch dieses Grundes Würdigkeit sehr würdig, daß sie in keinen anderen als Thomistischen Köpfen und solchen Eseln wohne und gelte." Das Brot müsse also nach der Heinzischen Theorie weichen, damit nicht ein so unwürdiges Wesen mit dem schöpferischen Wesen vermischt werde. Wenn man so argumentiere, dann könne man gleichermaßen auch sagen, dass Gott nicht Mensch sein könne, weil das menschliche Wesen unwürdig sei, mit der Hoheit einer so großen Majestät verbunden zu werden. Das aber, diese Verbindung von Gott und Mensch, ist ja gerade das Wunder, und für Luther braucht es dazu keine Wandlungen oder Vermittlungsvorgänge, und so ist nach Luther eben auch kein Mittler nötig zwischen Christus und Mensch, Mensch und Gott. „Darum kann ich sagen: daß der Leib Christi so im Sakrament ist, daß dem Brod nichts abgehe, wie das Feuer im Eisen ist und doch des Eisens Wesen bleibt." Luthers Verständnis der Eucharistie fasst er hier noch einmal bündig zusammen: Das gesegnete Brot ist die Gemeinschaft des Leibes Christi, und wir feiern diese zu seinem Gedächtnis.

Im Anschluss betont Luther noch einmal sein Verständnis von der Messe. Sie sei ein Testament und eine Verheißung, kein Werk oder Opfer. In diesem Zusammenhang gelangt er ganz nahtlos zu der konfessionell wegscheidenden Differenzierung von Wort und Sache, Glaube und Werk. Auch die Rolle des Priesters wird hier in seinem Sinne geklärt. Für das Testament und die Verheißung ist er nach seinem Verständnis ganz unwesentlich, während er nach der altgläubigen Auffassung doch durch die Einsegnung eine zentrale Funktion innehat. Luthers Bemerkung dazu: „Aber das wird den Behaupter recht plagen, daß auf diese Weise nicht die Messe ein gutes Werk sein wird, wenn nicht der Einsegner gut ist. Denn ein Böser thut durch Einsegnen, das ist, Messe halten, wie es der König nennt, übel. Also wird kein böser Priester einsegnen dürfen, ja, auch nicht können, weil sie wollen, daß die Messe nothwendig ein gutes Werk ist. Und es wird zugleich die prächtige Theologie hinfallen, durch welche festgesetzt ist, daß die Messe auch eines bösen Priesters immer ein gutes Werk ist." Die Messe hingegen sei das Wort und Werk Christi allein, und der Gebrauch derselben könne nicht im Opfern und Tun, sondern nur im Nehmen und Leiden bestehen. Dem Reformator macht es anscheinend besonderen Spaß, Heinrichs Gedankengänge noch einmal auf eine besonders lächerliche Weise zu simplifizieren. So etwa (laut Heinrich, frei nach Luther wiedergegeben): Wer Holz haue, tue ein Werk, also, wer die Einsegnung verrichte, tue ein Werk; darum müsse auch die Messe ein Werk sein. Sei sie aber ein Werk, so sei es nicht ein böses und folglich ein gutes. „So schließt der prahlerische Behaupter der Sakramente." Luther seufzt: „O, ich armer Mann, daß ich mit solchen Ungeheuern der Thorheit die Zeit verderben muß, und nicht werth bin, daß Leute, die an Verstand und Gelehrsamkeit etwas vermögen, mit mir streiten!" Das war aber nun nicht anders gegeben. Wenn er dem König antwortete, dann antwortete er stellvertretend allen anderen Heinzischen Streitgegnern, allen Papisten, Thomisten, Sophisten und sonstig Unbelehrbaren, denen er in seiner Antwort zugleich pausenlos klarmachte, dass sie's eigentlich gar nicht wert waren, mit ihm zu streiten. Zugleich konnte er noch einmal besonders prägnant konstatieren, dass er nicht weiche, dass er so sicher stehe wie ein Fels in der Brandung, denn natürlich spreche er Gottes Wort aus, das ewig siegen werde, und er befinde sich dadurch auch unter einem höheren, höchsten Schutz. „*Hier stehe ich,* hier sitze ich, hier bleibe ich, hier rühme ich mich, hier triumphire ich, hier spotte ich der Papisten, Thomisten, Heinzisten, Sophisten und aller Pforten der Hölle, geschweige der Menschen Worte, so heilig sie auch sein mögen, oder der betrügerischen Gewohnheiten." Als er noch ein einfacher Klostermann war und mit sich und seinem Gott haderte, da hatte er von allen Todsünden nicht die Wollust oder den Neid, nicht die Völlerei oder die Habgier, nicht einmal den Stolz oder den Zorn, obwohl er zu beidem erheblich tendierte, als seine und der Menschheit Hauptsünde betrachtet, sondern die Trägheit, *accidia,* Trägheit des Herzens, die seiner Meinung nach auch für den Verfall der Kirche mitverantwortlich war. Sie betraf nicht nur ihre Repräsentanten, sondern auch im hohen Maße das Gros ihrer Schäfchen. Dass man sich so behaglich einrichtete in seinen Glaubensgewohnheiten und die Ursätze nicht mehr mit allen Fasern des Herzens zu erfassen, zu erringen trachtete, worauf eine Reihe der gängigen Praktiken mit der Zeit gleichsam von selbst obsolet würde, empfand Luther als ganz besonders verwerflich. Wenn er gegen die „Lauen" wetterte, die mit dem Herzen nicht richtig dabei waren, nicht richtig für etwas oder gegen etwas, sich mit dem Gegebenen aber so arrangierten, dann scheint es, als ob er diese in noch viel stärkerem Maße als seine Gegner empfand als seine erklärten Kontrahenten, die ja immerhin etwas verteidigten. Nach seiner Erfahrung war es ein schmerzreiches Ringen, das den Menschen zu Gott führte und das ihm selbst seine eigentliche Gotteserfahrung und schließlich seine *sola fida*-Lehre gewährt hatte, und etwas von diesem Ringen, zumindest aber die Bereitschaft dazu wollte er dann schon seinen Mitmenschen grundsätzlich abverlangen, ohne dass diese sich weiterhin mit hohlen Glaubensritualen begnügten.

*Sola fide* aber, dagegen fahre keiner auf, da es eben keiner, wie man ja sehe, widerlegen könne, bestimmt aber nicht der Heinz, den Luther an einer Stelle sogar als „unnützen Schwätzer" bezeichnet und als noch mehr. Der Heinz also habe seine *sola fide*-Lehre überhaupt nicht verstanden, denn sonst könne er nicht solche Dinge in den Raum stellen wie diese: Er, Luther, habe gelehrt, der Glaube ohne Werke sei die beste Vorbereitung zum Sakrament, und die Christen müssten nicht durch Gesetze gezwungen werden, es zu nehmen. „Denn es sind Worte eines Menschen, der da meint, daß die Menschen bei Gott durch Gesetze gut würden; da er doch nicht weiß, was Glaube und was Werke seien, und was Gesetze in den Gewissen der Bösen wirke; wie er denn ein großer unverständiger Block ist. Denn für Papisten gehört es sich nicht, dergleichen zu wissen, sondern, wie Petrus und Judas sagten, nur unerkannte Dinge zu lästern. Denn den Gewissen wird nicht mit Gesetzen, sondern allein mit der Gnade geholfen. Durch Gesetze, sonderlich durch Menschengesetze, werden sie jämmerlich zu Grunde gerichtet." Das richtet sich eben auch und folgenreich gegen die Macht der Institutionen und betont die von Gott gegebene und begnadete Moralkompetenz des Individuums. Es ist zugleich der Kern einer protestantischen Ethik, die sich in Deutschland durchsetzen wird. Wir tragen das Gesetz in uns selbst; Immanuel Kant nennt es das „Sittengesetz". Wenn wir es nicht zur Anwendung bringen, sondern missachten, dann wird letztlich auch kein äußeres Gesetz dieser Welt daran etwas ändern, denn wir wissen ja innerlich genau, wie es darum bestellt ist. Wenn von der Gegenseite, also der Papstkirche, immer die einigkeitsstiftende Macht des Papstes betont wurde, dann antwortet Luther darauf, diese angebliche Einigkeit sei nur eine ganz äußerliche. Eine Einigkeit der Herzen stifte der Papst ganz sicher nicht. Diese – man könnte auch sagen: Innerlichkeit – sieht Luther hingegen in einer völligen Übereinstimmung von Gotteswort und menschlichem Gemüt, menschlichem Herzen. „Der innerliche Geist, sage ich, macht allein, daß man einmüthig im Hause zusammen wohne; der lehrt einerlei glauben, einerlei richten, einerlei erkennen, einerlei prüfen, einerlei lehren, einerlei bekennen, und einerlei Dingen folgen. Wo der nicht ist, da ist es unmöglich, daß Einigkeit sei. Und wo sie etwa ist, da ist es nur eine äußerliche und getünchte." Damit wäre eigentlich die ganze Widerlegung der Heinzischen Schrift schon erledigt. Völlig überflüssig zumindest für Martin Luther, noch auf die fünf anderen Sakramente einzugehen, die Heinrich verteidigt. Denn es ist ja immer dasselbe: Es geht um Menschengesetze, um Menschenwort und -brauch, nicht um Gottesgesetze und Gottesworte, nicht um den Brauch des göttlichen Geistes. Was etwa noch über die Ehe oder über die Letzte Ölung zu sagen wäre, das schenkt sich Luther. Es hat für ihn keine Relevanz, nicht für den Grundansatz seiner Theologie, und wie es nun mit solchen Überlieferungen zu halten sei, das stellt er eigentlich den Menschen anheim. Das ist Freiheit innerhalb der göttlichen Bindung, Freiheit, so, wie er sie versteht. Mit den Vätern, allen außer Gott, hat er weitgehend abgerechnet, denn die braucht er nicht mehr. „Und es ist auch nichts Großes", so schreibt er zum Abschluss seiner Erwiderung, „wenn ich einen König der Erde verachte und beiße, da er sich nicht gescheut hat, den König des Himmels in seinen Reden zu lästern und mit den giftigsten Lügen zu entheiligen. Der Herr richtet die Völker mit Recht [Ps. 98,9]. Amen."

# „... ein scheißender und beschissener Schuft"

## Thomas Morus schaltet sich ein

Thomas Morus, auf Englisch: Sir Thomas More ist ein Heiliger und Märtyrer der römisch-katholischen Kirche. Das ist er naturgemäß deshalb, weil er für seinen Glauben starb; jedenfalls ist das die etwas verkürzte Version.

Sein König, und das ist Heinrich VIII., ließ ihm den Kopf abschlagen, weil sein ehemaliger Lordkanzler Morus sich weigerte, den Sukzessionseid zu leisten. Damit hätte Morus die Kinder aus Heinrichs Verbindung mit Anne Boleyn legitimiert und gleichzeitig die Annullierung der Ehe des Königs mit Katharina von Aragón bestätigt, die ihm der Papst nicht gewährt hatte, wonach es zum Bruch Heinrichs mit Rom kam. Morus spielte das ganze Spiel aber nicht mit. Vor allem missbilligte er zutiefst Heinrichs Entscheidung, sich zum Oberhaupt seiner eigenen Kirche zu machen. Mehr als seinem König müsse er Gott dienen, so ließ er ausrichten, bevor ihn der König verhaftete.

Das ist aber nun sehr weit nach vorne gedacht. Über weite Strecken seines Lebens hätte Morus es wahrscheinlich kaum für möglich gehalten, dass er einmal ein so hohes Staatsamt bekleiden und derart im Fokus der Öffentlichkeit stehen würde, dass er zu einem so prominenten Tod wie dem eines Hochverräters gelangte. Den Eid mussten nämlich nur die leisten, die ein öffentliches Amt innehatten, beziehungsweise diejenigen, welche der König verdächtigte, dass sie ihm insgeheim die Gefolgschaft verweigerten. Auch ein Konfliktpotenzial mit der Obrigkeit war auf dem Lebensweg Mores

Sir Thomas More (1478–1535), Hans Holbein d. J., 1527.

nicht unbedingt absehbar. Aber auch die unergründlichen amourösen, religiösen und politischen Wege des englischen Königs waren vormals nicht zu erwarten. Man lebte in unruhigen Zeiten.

Thomas More war der Sohn eines Richters und der Tochter eines begüterten Londoner Kaufmanns – Voraussetzungen, die es ihm ermöglichten, die berühmte Juristenschule Lincoln's Inn zu besuchen.

Seine Zeit als Page im Haushalt des Erzbischofs von Canterbury
und damaligen Lordkanzlers John Morton brachten ihn aber auch
frühzeitig mit humanistischer Gelehrsamkeit in Berührung, und so
ging seiner Juristenausbildung eine vom Erzbischof und Lordkanzler geförderte schöngeistige Studienzeit der klassischen Sprachen in
Oxford voraus. In Mores Leben zeichneten sich bald äußerst diver-
gierende Neigungen ab, die vermutlich zu einer gewissen Zerrissen-
heit führten. Da war zum einen die nach einer Interimsphase be-
gonnene Laufbahn als Anwalt und Unterhändler mit Hofnähe, die
eine glänzende Karriere und Weltrolle versprach. Ab 1500 begann
More aber auch in englischer und lateinischer Sprache zu dichten.
Die humanistische Bildungswelt nahm ihn nach seinen Studienjah-
ren in Oxford in ihren Bann, und er vertiefte sich in jeder freien
Minute in die griechischen und lateinischen Schriften. Eine dritte
Sphäre, die ihn gefangen hielt, war eine tiefe Frömmigkeit, und
diese bildete offenbar eine wirkliche Zerreißprobe, was seine innere
Ausrichtung sowie seine Stellung in der Welt anbelangte. Vier Jahre
lang lebte More als Laie – also ohne die Gelübde abzulegen – im
Kartäuserkloster in London, während er seinen Lebensunterhalt
mit juristischen Lehrveranstaltungen und Vorlesungen über den
Kirchenvater Augustinus bestritt. Dessen Hauptwerk „De Civitate
Dei" kannte er nach eigener Aussage stellenweise auswendig. Wie
Luther, der ja ebenfalls den Augustinus favorisierte, und zwar durch
alle Epochen seiner theologischen Denkwege, wurde auch More
regelmäßig von der Melancholie angefochten, die nach den Auffassungen der Zeit die Sphäre des Teufels war. More dachte weniger
konkret über den Teufel nach, wohl aber sehr viel über Heil und
Unheil des Menschen, über die Sünde, über das menschliche Endschicksal und über „die letzten Dinge". So lautet eine Schrift Thomas Mores aus den 1520er-Jahren, die sich titelgemäß mit dem Tod,
mit dem Jüngsten Gericht, mit den Qualen des Fegefeuers und mit
den ewigen Freuden des Himmels befasst. Morus geißelte sich im
wörtlichen und im übertragenen Sinn. Hier in der Schrift über die
letzten Dinge ging er der Reihe nach die sieben Todsünden durch,
und mit der Wollust, der in seiner Auflistung letzten Todsünde,
schien es eine besonders prekäre Bewandtnis bei ihm zu haben,

denn der Autor brach das Manuskript vorzeitig ab, deutete aber bei
den Sünden davor schon die besonders fatale Bedeutung der Fleischeslust an, indem er zum Beispiel reichlich akribisch beschrieb,
wie ein armer geplagter Mann sich durch teuflische Fantasien gezwungen sah, eine hübsche Frau mit Blicken auszuziehen und sich
vorzustellen, was sich unter ihrer Kleidung verbarg. Gebe man sich
der Völlerei oder der Trägheit hin, schlimmstenfalls noch im Zusammenhang mit der Trunkenheit, dann sei man in einem derart
benommenen Zustand, dass man gegen die letzte und schwerste
Sünde, die Wollust, quasi gar keine Widerstandskräfte mehr auf-
bringen könne. Das scheint ihn geplagt zu haben, den heiligen Thomas More. Als er sich mit sechsundzwanzig Jahren entschloss, zu
heiraten, hatte das sicher auch damit zu tun, dass er auf diese Weise
die höllische Wollust auf kirchlich sanktionierte Weise unter Verschluss brachte, also limitiert ausleben konnte. So dachten ja damals viele über die Ehe, auch Martin Luther. Seinem Freund Erasmus von Rotterdam soll More später gesagt haben, er habe damals
beschlossen, lieber ein keuscher Ehemann zu werden als ein lüster-
ner Priester. Also, die Mönchsoption, die ihn jahrelang umtrieb, war
damit zumindest erledigt. Als er sich im gleichen Jahr entschied,
Anwalt zu werden, da entschied er sich auch für einen weltlichen
Werdegang, worauf die Dichtung und die humanistischen Studien,
wenn sie auch nach wie vor einen großen Raum in seiner Gedankenwelt einnahmen, letzlich in den begrenzten Rahmen von Frei-
zeitaktivitäten gestellt wurden. Dank eines exzellenten Zeitmanage-
ments kriegte Morus das aber alles gut hin: die Anwaltstätigkeit,
dann die Hofkarriere mit zahlreichen Auslandsmissionen, ein aus-
geprägtes Familienleben im Rahmen eines gigantischen Haushalts,
ein ebenso gigantisches Werk, das ihn als großen Gelehrten seines
Zeitalters ausweist, und auch der Frömmigkeit blieb noch der ge-
botene Raum. Sie plagte ihn dennoch zeitlebens, verbunden mit
einem starken Sündenbewusstsein, wie man es noch bei so vielen
Menschen dieses Zeitalters sieht, obwohl sie, wie More, eventuell
schon einen dezidiert neuzeitlichen Geist ausbreiteten. Das Voran-
schreitende dieses Zeitalters, das den Menschen in seiner Würde
und in der Fülle seiner Möglichkeiten in den Mittelpunkt rückte,

war zum Teil auch sicherlich diesem Bemühen und diesem tieferen Antrieb geschuldet: einen Ausweg aus der stark empfundenen Sündenverstrickung zu finden. Er ging ins Diesseits, historisch betrachtet, in die offene und zu gestaltende Welt.

Überall in seinem humanistischen Werk finden wir bei More eine sokratische Ironie, eine Austarierung der Perspektiven, die ihn geradezu zu einem Ideal klassischer Ausgewogenheit und Weltweisheit macht. Er selbst bemühte sich auch sehr darum, diesen Eindruck zu festigen. Dass der Hofdienst ihm angetragen wurde, sich ihm gewissermaßen aufgedrängt habe, obgleich er niemals derartige weltliche Ambitionen gehabt haben will, ist eine feste Lesart seiner Biografie – nicht unwesentlich fundiert durch Erasmus, der auch immer wieder den klassisch ausgewogenen und weisen Morus hervorhob. Das ist der humanistische Geist, der über dem Weltgeschehen thront und daher auch den weltlichen Zwängen und Hierarchien quasi nicht unterworfen ist; eher ein Selbstbild und Wunschbild des wirklich neutralen Erasmus. In Morus' „Utopia", seinem berühmtesten Werk, mit dem Morus zeitlosen Ruhm erntete und für die folgenden Jahrhunderte die Gattung der Utopie-Romane erfand, kann man vieles und manches sehen, und man hat darin über die Jahrhunderte auch vieles und manches gesehen: eine beißende Zeitsatire, Sozialkritik, die tatsächliche Vision einer idealen und gerechten Gesellschaft, eine Form von propagiertem Frühkommunismus, die Warnung vor einer Total-Herrschaft der Vernunft oder sogar – mit dem Wissen um die Diktaturen des 20. Jahrhunderts gelesen – die Horrorvision einer komplett gleichgeschalteten und sogar doktrinär manipulierten Gesellschaft, wie sie ja gewissermaßen die Folge der institutionalisierten und auf die Spitze getriebenen Gleichheitsvorstellungen ist. Dinge, die man im 16. Jahrhundert kaum wissen, aber vielleicht mit einiger Intuition und einem weiträumig offenen Geist antizipieren konnte.

Der Name des Staates, der in Morus' Roman eine sehr ferne Insel bezeichnet, irgendwo auf den Weltmeeren, ist indessen schon bezeichnend genug: „Utopia" heißt wörtlich „Nirgendwo", „Nichtland". Es ist ein Gedankenspiel, vielleicht sogar eine Mahnung, wie es besser *nicht* sein sollte. Alles unterliegt in Utopia dem Ge-

meinschaftsgedanken, dem sich der Einzelne gnadenlos unterord-
nen muss. Jeder arbeitet eine abgemessene Zeit, niemand hat mehr
als der andere, und so gibt es auch eigentlich keine Konkurrenz
zwischen den Einwohnern dieser blühenden Landschaft. Die regionalen Machthaber werden von den Utopiern gewählt, und zwar
auf Zeit, außer dem Fürsten, der zwar auf Lebenszeit gewählt wird,
aber einer ständigen öffentlichen Kontrolle untersteht. Die Menschen in Utopia leben und arbeiten in mehr oder weniger großen
Sammelunterkünften und stark erweiterten Familienverbänden,
sie tragen alle die gleiche Kleidung, so wie ihre Städte und Häuser-
zeilen ebenfalls völlig gleichförmig sind, und auch ihre Freizeit-
gestaltung ist streng reglementiert. Es darf kein Müßiggang aufkommen, keine individualistischen Neigungen, und selbst das
Liebes- und Sinnenleben der Utopier scheint dem Funktionsge-
füge des Staates zu dienen, da zum Beispiel die Partnerwahl vor
allem nach den Kriterien der Ehrbarkeit und der Sitte erfolgt, nach
Verwertbarkeitsmaßstäben, nicht nach romantischen Gefühlen
oder gar nach sinnlichen Reizen. Solche nahezu satirisch anmutenden Szenarien werden allerdings von erstaunlich progressiven
Gedanken durchzogen, wie etwa der Tatsache, dass in Utopia religiöse Toleranz herrscht und dass auch Frauen zum Priesteramt zu-
gelassen werden. Überhaupt ist die Religion, die hier gepflegt wird,
sehr allgemein gehalten und kompatibel mit den meisten Weltreli-
gionen, wahrscheinlich sogar mit vielen Naturreligionen. Es gibt
einen nicht näher benannten Schöpfergott, und dieser hat einen
Weltplan, zudem wird eine Unsterblichkeit der Seele sowie eine
Belohnung und Bestrafung der menschlichen Taten im Jenseits vo-
rausgesetzt. Wie der Einzelne aber zu diesen Verheißungen und
zur endgültigen göttlichen Erkenntnis gelangt, scheint ihm selbst
überlassen. Seine Vernunft, heißt es, werde ihn schon früher oder
später zu den ewigen Wahrheiten führen. Eine reichlich gelassene
Einstellung – und so untypisch für Thomas More, dass wir an dieser Stelle allenfalls ein Bekenntnis unter sehr idealen (und schließlich utopischen) Gesellschaftsbedingungen sehen dürfen, denn
Thomas Morus war ganz sicher kein Verfechter der Toleranz, der
religiösen schon gar nicht.

Thomas Wolsey (1475–1530), Kardinal und englischer Lordkanzler, unbekannter Künstler, um 1520.

Der Lichtgeist, der Ausgewogene, der maßvolle und harmoniegerichtete Mensch, der war Morus vielleicht in seinen lateinischen und griechischen Stilübungen, und so wollte ihn auch der Erasmus gern sehen, da er selbst das ja alles verkörperte und für seine Humanistenzunft einforderte. Die karge Quasi-Klostergemeinschaft mit ihren restriktiven und anti-individualistischen Zügen, die der Autor Morus in „Utopia" beschreibt, scheint jedenfalls seinen Neigungen

und seinen Gesellschaftsvisionen weit mehr entsprochen zu haben
als das fröhlich-naive Sinnenleben projizierter Naturvölker auf fernen südlichen Inseln, die die Utopie-Romane späterer Jahrhunderte
schilderten. Es mag sein, und es ist sogar ziemlich wahrscheinlich,
dass Thomas More nicht aus persönlichem Ehrgeiz, aus Machtstre-
ben, Ruhmsucht und Eitelkeit eine Hofkarriere unter Heinrich VIII.
begann. (Er begann sie in Wirklichkeit schon unter Henrys Vater
Heinrich VII.) Er hat ja auch immer erbittert bestritten, dass er aus
Sinnenlust heiratete, und deshalb nahm er, so wird überliefert, die
unattraktivere Schwester eines viel hübscheren Mädchens zur Frau,
für das er sich ursprünglich interessiert hatte. Spätestens ab 1517 –
und das war zufällig das Jahr seiner Ernennung zum Mitglied des
Staatsrats, des Privy Council – hatte More aber einen guten Grund,
in die unmittelbare Einflusssphäre des Königs zu kommen, denn
von dort aus konnte er nicht nur ganz allgemein die Ketzerei, sondern konkret die skandalösen Machenschaften des Ketzers Luther
in ihren Auswirkungen auf England bekämpfen, die Thomas More
regelrecht umtrieben. Der Mann, der sich in seinem neuen Fami-
lienanwesen in Chelsea einige Flussmeilen südlich von London regelmäßig in eine kleine Gartenhütte zurückzog, um sich für seine Sünden zu geißeln, entwickelte in den kommenden Jahren einen Eifer,
das Ketzertum auszurotten, einen Säuberungswahn, der mit den
meisten Klerikern seines Landes in eine negative Konkurrenz treten konnte, stellenweise wohl weit radikaler war. Wolsey zum Beispiel, sein Vorgänger und aktueller Lordkanzler unter Henry, war in
religiösen Dingen recht lässlich. Der Kardinal, der auch lässlich mit
seinem eigenen Sinnenleben umging und selbstverständlich auch
eine Geliebte hatte, versuchte die Ketzerprozesse, die in seiner Verantwortung lagen, meist zu vertagen, soweit es ging, und die Betroffenen dann, sofern sie auch nur eine geringe Einsicht zeigten, zu
einem Widerruf zu bewegen, und damit waren die meisten Fälle
erledigt. Nicht so Thomas More. Er wollte die Ketzer brennen sehen,
und das veranlasste er auch, später, als Lordkanzler. Jetzt arbeitete
er Wolsey noch zu, effizient, unauffällig und eher im Hintergrund.
Sein Ruhm speiste sich aus seiner Gelehrsamkeit und aus seinem
literarischen Erfolgsstück, der 1516 publizierten „Utopia". Henry

schätzte ihn, Henry brauchte ihn, und es gilt auch als sicher, dass er ihn, unter anderem ihn, als wissenschaftlichen Berater für seine „Assertio" heranzog. Dass More selbst die „Assertio" im Namen des Königs verfasst haben könnte, diesem Gerücht widersprach More mehrfach mit Verve, auch und besonders in seiner Schrift gegen Luther, aber da musste er ja auch seinen König verteidigen. Er war absolut loyal gegenüber seinem Monarchen. Mit der „Geschichte König Richards III.", die er im selben Jahr schrieb, in dem die „Utopia" erschien, half er sogar, den Tudor-Mythos zu etablieren, indem der Vorgänger des ersten Tudor-Königs, der im Kampf nach der Invasion Henry Tudors besiegte König Richard III., als mörderisches Monster beschrieben und legendenhaft gegen die Lichtgestalt Henry Tudors abgesetzt wurde. Auch hier schon bediente er sich einer reichlich schemenhaften Schwarzweißmalerei. Der Text ist gespickt mit unverbrieften Gerüchten und Kolportagen, wie Volksmärchen klingenden Dämonisierungen des einen zugunsten der Heiligsprechung des anderen. Da findet sich wenig Distanz, wenig Maß, Mitte und philologische Redlichkeit, wie man sie von einem Humanisten erwarten würde. Keine mündlich überlieferte Volksmär könnte klischeehafter sein. So viel zu Thomas Morus als Lichtgeist.

Da sich der König nach Luthers ungehobelter Antwortschrift nicht mehr zu einer direkten Antwort herabließ, musste er andere Dinge veranlassen, um weiter Position zu beziehen und die Auseinandersetzung am Laufen zu halten. Er schrieb zunächst an die Kurfürsten in Luthers Einzugsgebiet und versuchte sie an ihre Regentenpflicht zu erinnern, in ihren Landen die Ketzerei mit aller Macht zu bekämpfen – nicht zuletzt, um ihre frommen und bislang noch keimresistenten Untertanen zu schützen. Dann forderte er, so ist wenigstens anzunehmen, den Morus auf, eine Schrift gegen Luther zu fabrizieren, die ähnlich obszön war wie die des polternden Reformators aus Wittenberg. Er konnte nicht ahnen, was er da anstieß und von welchen Tieflagen aus Morus agieren würde. Selbst Luther mochte da blass werden vor Entsetzen (und er hatte eine robuste Natur). Aber Luther bekam das Buch vielleicht nie zu sehen, jedenfalls nicht als eine Schöpfung des englischen Gelehrten Sir Thomas More, denn More veröffentlichte es unter dem Pseudonym

William Rosse. Das, also einen Decknamen zu wählen, hatte er auch schon bei der „Utopia" getan, jedenfalls indirekt, denn obwohl er natürlich als Autor des Buches auftrat, wofür er viel Ruhm erntete, gibt er in einem eleganten Vorwort einen mysteriösen Reisenden namens Raphael Hythlodäus (wörtlich heißt das: „Feind leerer Worte") als den Berichterstatter Utopias aus. Der Reisende nämlich hat die sagenhafte Insel irgendwo auf den Weltmeeren auf einer seiner Reisen kennengelernt, und er berichtet dem Erzähler davon. Das war ein literarischer Kunstgriff, nicht zuletzt auch ein Spiel mit Identitäten, kunstvoller Ver- und Enthüllung des Autors, denn der Globetrotter Raphael gesteht unter anderem seine Enttäuschung über die Fürsten und Könige, die völlig beratungsresistent seien und doch immer nur machten, was sie wollten, zum Beispiel sinnlose Kriege führen, und den Rat weiser Männer für nichts achteten. Nein, so der Globetrotter, er habe keine Lust mehr, den Fürsten zu dienen – und zur Veranschaulichung entwirft er ein wirklichkeitsnahes Szenario europäischer Politik samt englischer Anteile der unmittelbaren Vergangenheit. Auf diese Weise also übten die Humanisten auch dezidiert Zeitkritik, und die Fürsten der Zeit nahmen es hin. Wenn More aber jetzt von Beginn an ein Pseudonym wählte, um sein Buch über Luther drucken zu lassen, dann hatte das ganz sicher andere Gründe. Später redete er sich sogar, darauf angesprochen, heraus, indem er sagte, das Buch sei überhaupt nicht von ihm. Es ist wahrscheinlich, dass es dem König peinlich war an einigen Stellen und dass er es lieber in der Versenkung verschwinden ließ. In der More'schen Werkausgabe, erschienen bei der Yale University Press, bestehend aus zwei Buchbänden und parallel gedruckt auf Lateinisch und Englisch, nimmt es 654 Seiten ein. More schrieb es im Winter 1522/23. Im Mai 1523 wurde es unter dem erwähnten Decknamen veröffentlicht.

More beginnt mit der Wiedergabe von Luthers eigenem Vorwort, gerichtet an den Grafen von Passun und Herrn von Einbogen Sebastian Schlick, worin Luther noch einmal betonte, wie bereits dargelegt, dass er auch weiterhin zu kämpfen gedenke gegen die Pestilenz der Papisterei und dass er, wenn möglich, auch dazu beitragen wolle, dass der böhmische Name der Hussiten, der in Wahrheit ein

Ehrenname sei, wieder zu seinen Ehren gelange. Morus kommentiert das mit Luthers Prahlsucht und Größenwahn. Es sei Blasphemie, die böhmische Ketzerei mit dem Wort Christi vergleichen zu wollen, und noch größenwahnsinniger sei es, die eigene, Luther'sche Ketzerei mit den festen Säulen des katholischen Glaubens und seinen Institutionen vergleichen zu wollen. Luthers Ruhmsucht und Größenwahn macht More auch daran fest, dass er aus Schriften zitiert, die zwar unter einem anderen Namen herausgegeben wurden, die aber den „Honorigen Martin" derart peinlich zum Quasi-Heiligen und Helden erklärten, dass man daraus nur schließen könne, der heilige Martin schrieb diese selbst. Wer so hochmütig über sich selbst schreibe, der könne kein guter Christ sein und schon gar kein Auserwählter, um das Christentum zu verteidigen. Wenn Luther sich außerdem rühme, er sei unter Lebensgefahr gen Worms gezogen, um allda seine von Gott inspirierte Lehre der Welt zu verkündigen und allen Gefahren zu trotzen, so sei dazu nur zu sagen, dass auch das Prahlerei sei, denn als er nach Worms kam, da habe er nichts zu befürchten gehabt. Wie er selbst schließlich zugebe, kam er mit der festen Zusage freien Geleits, die ihm der Kaiser gegeben habe, um dieses Mönchlein, das ja eigentlich alle Strafe verdiene, mit kaiserlicher Vollmacht zu schützen. Dass der Kaiser ihm feindlich gesonnen sei, dass die deutschen Fürsten ihn bei jeder Gelegenheit betrügen, wie er sagt, und dass er das bei seiner Rückreise von Worms fürchten musste (also schändlich betrogen beziehungsweise getötet zu werden), obwohl er, „wie wir wissen", mit seiner Kutsche unzählige Meilen bei helllichtem Tage und ohne Verdeck auf einer öffentlichen Straße gefahren sei, ohne dass man ihm auch nur ein Haar krümmte, worauf er dann ja sogar selbst unbehelligt fliehen konnte, all diese Aussagen und Versionen zeigten nur, so Morus, dass Luther uns alle glauben lassen wolle, dass die folgende Bibelstelle auf ihn gemünzt sei: „Gott hat Seine Engel zu deinem Schutz ausgesandt; möge dein Fuß über keinen Stein stolpern." So viel Selbstüberhebung enthülle gewiss keinen frommen Mann, sondern vielmehr einen anmaßenden Blasphemiker und eitlen Unruhestifter, der mit Zwietracht und Aufruhr im Herzen die Gemüter verwirre und den Frieden zerstöre.

Und so verbiege Luther die Worte der Heiligen Schrift, um sie in
seinem gotteslästerlichen Sinne zu deuten. Er verhöhne die Autoritäten aller gelehrten Männer der Vergangenheit, er zerstöre den
Glauben so vieler Jahrhunderte, und er verfluche alles, was heilig
sei, um sein Privattheater im Publikum mit weiteren Schuften seinesgleichen zu füllen, die ihm dann nach gebotener Darstellung
„Bravo!" zuriefen. Als Luther dareinst noch mit Eck disputierte, da
sei die Sache noch eine andere gewesen, denn da hätten viele gläubige Menschen noch aufmerksam zugehört, was der reformbeflis-
sene Luther zu sagen hatte, in der Hoffnung vielleicht, mit den
neuen Ansichten Gottes Wort besser erreichen zu können. Auch
wenn sich darunter wohl manches befunden habe, so Morus, das
nicht ganz inakzeptabel sei (!), so sei man doch allgemein in seiner
Hoffnung betrogen worden, und so seien nun viele ehrbare und
fromme Männer und Frauen in Deutschland diesem Scharlatan
ausgesetzt, der sie auf krumme Wege führe. „Aber in unruhigen
Zeiten", so More wörtlich, „tritt der verrückte Pöbel notorischer
Unruhestifter stärker hervor als selbst die größere Zahl guter und
friedliebender Bürger." Da bringt der Berater des Königs in der
Häresiedebatte ein Argument vor, das ein staatliches Argument ist,
ein Argument quasi der inneren Sicherheit, worauf ja auch schon
der König in seiner Schrift gelegentlich einging. Für Fürsten sind
Häretiker immer Staatsfeinde, auch wenn sie keinerlei Umsturz-
gedanken hegen, politisch indifferent und auch sonst völlig fried-
liebend sind. Sie stellen Dinge infrage, und das allein ist schon gefährlich genug. Wenn Luther also, so More weiter, die Traditionen
der Menschen und der kirchlichen Institution eliminiere, dann eliminiere er zugleich die Überlieferung Gottes. Hier spricht Morus
für die altgläubige Kirche selbst, auch wenn er ein Laie ist und die
Institution nicht vertritt. Die Frage der Sakramente und der kirchlichen Riten ist für ihn demnach keineswegs eine Äußerlichkeit,
sondern das Herzstück des christlichen Glaubens. Die Zusammen-
hänge und die Belege dafür habe schließlich, so More, sein gelehrter
Monarch – und die ganze Welt wisse, wie ungewöhnlich gelehrt
Henry sei, nur Luther in Wittenberg wisse es offenbar nicht, weshalb er sich erdreiste, Henrys Urheberschaft infrage zu stellen –

minutiös nachgewiesen, und er müsse das an dieser Stelle nicht wiederholen. Dass der König überhaupt gegen einen solchen Possenreißer ins Feld ziehe, liege nur daran, dass er es zur Ehre Christi tue – was löblich und königlich sei. Wenn More also dem König schon sein ganzes Inventar zur Verfügung gestellt haben sollte, dann konnte er es sich schenken, es noch einmal auszubreiten, so könnte man schlussfolgern; man muss es aber nicht.

In der Tat bleibt Thomas Mores voluminöse Schrift gegen Luther sehr allgemein gehalten. An keiner Stelle weitet sie sich zu einer wirklichen theologischen Debatte aus, mit Bibelstellen und anderen Zitaten, Vergleichsstellen, Belegen und Positionen, wie sie sich in der Schrift des Königs befinden. More zitiert allenfalls Luther, und das teilweise ziemlich ausführlich, und anschließend empört er sich weitschweifig darüber, was dieser Schuft für ein gottloses Zeug von sich gebe. Etwa so – im Anschluss an die Zusammenfassung der Luther-Aussage, Christus allein sei der Fels und seine heilige Kirche der Geist, die der Autor dahingehend versteht, dass Luther sagen wolle, die Christen gehörten nur unter der Bedingung zur Kirche, dass sie selbst heilig seien und es auch blieben: „Ich frage dich, werter Leser, welche Art Kirche lässt er uns wohl auf Erden? Ist er nicht vielmehr dabei, jede Kirche, sei sie äußerlich oder innerlich, sichtbar oder unsichtbar, spirituell oder materiell, gänzlich abzuschaffen?!" Auch die Sache mit den guten Werken und mit der Gnade bei Luther scheint der Autor nicht so richtig verstanden zu haben. Immerhin entfaltet er da doch einen Hauch Ironie, wenn er sich nämlich in Luthers Positionen versetzt. „Ich ahne aber, was er meint", schreibt er. „Er meint, denke ich, dass jedes einzelne gute Werk eine Sünde ist, weil es zugleich die Gelegenheit zum Hochmut sein kann, und auf der anderen Seite kann ein schlechtes Werk eine Tugend sein, weil sie eventuell eine Gelegenheit ist, Demut zu zeigen. Und da jede Art des Bösen auch von einem Gläubigen verübt werden kann – ich meine damit einen Gläubigen, dessen Glaube noch nicht so deformiert ist wie der Glaube der Papisten, sondern dessen Glaube der Form gleicht, die Luther lehrt –, das heißt, indem man fest darauf vertraut, dass keine Sünde einen Christen verdammen kann, ausgenommen

allein der Mangel an Glaube –, dann wird das Böse, welcher Art es
auch sein mag, wenn nur der Glaube fest bleibt oder zurückkehrt,
gewissermaßen vom Glauben geschluckt, ohne Sühne, ohne Reue
und ohne Beichte; solange nicht jemand den Wunsch hegte, wie
Luther sagt, bei Frauen die Beichte abzulegen, um Trost zu finden.
Denn auch diese will Luther zu Priestern einsegnen. Für Luther
sind also alle guten Werke Sünden; und doch ist seine Kirche frei
von Sünden, denn nicht nur, dass sie für sie keine Sünden sind,
nein, die Sünden werden sogar noch belohnt. Sagt Luther doch,
dass für den Gerechten sich alle Dinge letztlich zum Guten wenden. Das heißt also, dass die guten Werke der Papisten, sprich die
Nachtwachen, Almosen, Gebete, die Keuschheit, das Fasten und
andere Dinge dieser Art nichts anderes als reine Sünden infolge
eines schwachen Glaubens sind, und zwar schon aus dem Grund,
dass die Papisten ja nicht darauf vertrauen, dass der Glaube allein
ohne gute Werke ausreichend sei. Hingegen die schlechten Werke
der Lutheraner, also Trunkenheit, Ehebruch, Raub, Gotteslästerung
und andere Dinge dieser Kategorie aufgrund ihres festen Glaubens
und weil sie darauf vertrauen, dass der Glaube ausreichend sei und
dass es keiner guten Werke bedarf, nichts anderes als reine Tugenden sind. Die Kirche Christi auf der anderen Seite, von der Luther
sagt, sie könne nicht sündigen, wird von Christus selbst in dem
Sinne belehrt, dass sie durch Gebete Abbuße leistet. Und so ruft
sie dann täglich: ‚Vergib' uns unsere Schuld!'" Dass Luther mit seiner Lehre munter zum Begehen von Sünden aller Art aufrufe, ist
eine weit verbreitete Version in den altgläubigen Kreisen, die gegen Luther mobil machten. Aber More wird in seinen Vorwürfen
gegen die Lutheraner noch wesentlich plastischer; das wird dann
auch an gegebener Stelle noch deutlich. Auch scheint er die Radi-
kalität zu überschätzen, mit der Martin Luther nach seiner Auffassung die Institution Kirche als lediglich schmückendes Beiwerk
und rein äußere Einrichtung charakterisiere, sodass sie nach Mores Verständnis von Luther gewissermaßen für diesen verzichtbar
sei. Es müsse aber doch, so Thomas More, einen Ort geben, an
dem eine bestimmte Kirche sich wiederfinde und den Menschen
Gewissheit gebe, als Versammlungsort aller Gläubigen, als Ort, wo

die wahren Schriften des Glaubens aufbewahrt werden und wo
der gläubige Christ Unterweisungen in seinem Glauben erhält.
Dass Luther die Petrus-Nachfolge des Papstes bestreitet, den er nur
noch als „Bischof von Rom" tituliert, ist für More hingegen schon
Nachweis genug, dass er die ganze Kirche abschaffen will. Wenn
Luther sich immer so auf die Bibel als einzige Quelle des Glaubens
berufe, dann, fragt sich More, verstehe er nicht, warum er zum
Beispiel Marias Jungfräulichkeit, über die, streng genommen,
nichts in der Bibel stehe, einfach so als gegeben annehme. Die Kir-
che habe im Übrigen die Kraft und die Macht, Gottesworte von
Menschenworten zu unterscheiden; dazu schließlich sei sie ja da.
Also auch diese Luther'sche Differenzierung, die auf eine Hinter-
fragung der Institution und der Autoritäten abzielt, ist nach Auffassung Mores eine überflüssige Setzung, die nur Luthers privaten
Nahkämpfen dient.

Amüsant ist ein fingierter Dialog Luthers mit einem Gesprächspartner, der ihm kritische Fragen stellt – etwa bezüglich der Sicherheit seiner Lehrmeinungen, ihrer Herleitung, ihren Quellen –, anders gesagt: woher er sie nimmt, wie er sie ableitet, warum er ihrer
so sicher ist und wie er annehmen kann, sie seien unmittelbar göttlichen Ursprungs. „Weil ich sicher bin", lautet die Antwort auf die
Frage, warum er mit seiner Lehre im Recht sei, „dass ich meine
Lehre vom Himmel habe." Darauf die Frage: „Aber aus welchem
Grund seid Ihr sicher, dass Ihr Eure Lehre vom Himmel habt?" und
die Antwort: „Weil Gott mich ausersehen und mich inmitten dieser
Turbulenzen platziert hat." „Wie könnt Ihr wissen, dass Gott Euch
ausersehen hat?" „Weil ich sicher bin, dass meine Lehre von Gott
kommt." „Und wie wisst Ihr das?" „Weil Gott mich ausersehen hat."
„Wie könnt Ihr das wissen?" „Weil ich sicher bin." „Und warum seid
Ihr sicher?" „Weil ich es weiß." „Und warum wisst Ihr es?" „Weil ich
sicher bin." Und so weiter. Luthers überbordendes Selbstbewusstsein wird hier zumindest auf humoristische Weise ein kleiner Stachel versetzt, auf dass er sich selbst einmal wieder ein wenig mit
christlicher Demut befasse.

Mores Fazit am Ende des zweiten Buches ist äußerst vernichtend,
denn da zählt er noch einmal Luthers sämtliche Untaten auf, sein

nach seiner Meinung gottloses Wirken. Wie der König also bereits gezeigt habe, lästere Luther die Heiligen und alle Schriftgelehrten, welche mit ihren Arbeiten Licht über die Heilige Schrift gebracht hätten. Er lästere den Apostel Paulus, er lästere den Apostel Johannes, er lästere die christliche Kirche sowie die christlichen Sakramente, die er zu reinen Erfindungen des Menschen erkläre. Er lästere gar Christus selbst, dessen erstes Sakrament, das doch der Eingang zu allen anderen sei, er zu nichts anderem mache als zu einer Lizenz für sämtliche denkbare Untaten. Er lästere den Heiligen Geist, denn was auch immer über diesen außerhalb der Heiligen Schrift verbreitet worden sei, entziehe er dem Glauben, als sei dieses vollkommen falsch. Am Ende lästere Luther sogar die Heilige Dreifaltigkeit, zu deren ewig gültigem Testament er die unvermeidliche Notwendigkeit aller Übeltaten hinzufüge.

Das mag man so stehen lassen. Es ist der Standpunkt der Tradition, polemisch zugespitzt im Rahmen eines gerüsteten Kampfes mit Feder und Tinte. Es war der übliche, halb-öffentliche Debattenstil innerhalb von Rede und Gegenrede, Schriften und Gegenschriften – immerhin handelt es sich ja hier um die Gegenschrift auf die Gegenschrift auf die Gegenschrift auf Luthers reformatorische Hauptschriften –, und wie so häufig, wenn es um Glaubensfragen geht, um persönliche Überzeugungen, bleibt der splendide Autor, der sonst in seinem humanistischen Wirken zu stilistischen und intellektuellen Höchstleistungen imstande ist, hier doch deutlich hinter seinen Möglichkeiten zurück. Wie er schreibt und argumentiert, ist reichlich konventionell – so, als hätte die Schrift eben doch ein unspektakulärerer Mann verfasst als Thomas More. Zum Beispiel ein Herr William Rosse. So weit, so gut. Befremdlich sind an dem Buch allerdings eine Reihe anderer Stellen, die partiell und mit großen Abständen in die beiden voluminösen Bücher eingestreut sind, denn hier verbreitet der heilige Thomas More Obszönitäten, die ihresgleichen suchen. Er toppt damit auch bei Weitem noch den ebenfalls nicht empfindlichen und derben Luther. An ihnen möge man dann auch erkennen, dass More ein religiöser Fanatiker war, jemand, den das Luthertum mitten ins Herz traf, ins Herz seines Glaubens, und der zu fast allem bereit war, so scheint es, um dieses

Übel an der Wurzel zu packen. Er war ein Inquisitor im Geiste. Seiner Meinung nach konnte man solche Verirrungen wie die Lutherei nur mit der reinigenden Kraft des Feuers bekämpfen. Die quasi-erotische Fantasie des Autors, die sich besonders genüsslich im Fäkalbereich austobte, ist angesichts dieser Textstellen besonders bemerkenswert.

More bezeichnet Luther als „lausigen kleinen Klosterbruder", „schmutziger als ein Schwein und dümmer als ein Esel", der bestenfalls fähig sei, „mit seiner Frontseite das Hinterteil eines weiblichen Maultiers zu lecken". Dieser „scheißende und beschissene Schuft" (die Bezeichnung bildet gewissermaßen das Schlusswort) gewinne den Applaus seiner Anhänger nur „durch die schmutzigsten Gesten und obszönsten Worte". Er besudele die Menschheit mit seinen Auswürfen, nehme er doch aus freien Stücken einen solchen Schmutz und Kot in den Mund, den andere angewidert ausspeien würden. Er selbst sei eine Art Auswurf in Menschengestalt. „Der Orkus [also die Unterwelt] hat dich als grässlichste Menschheitsplage auf die Erde gespeit." Dieser „Trunkenbold", „Narr" und „Zuhälter" verdiene nur den Beifall von „Juden, Türken und anderen Ungläubigen", und in Wirklichkeit sei er ja ohnehin ein Unterstützer der Türken. Er solle den Schmutz, mit dem seine Zunge und seine Feder benetzt seien, wieder hinunterschlucken und nicht auf die arme Menschheit ergießen. Den Lesern von Luthers Schriften gibt More die Empfehlung, die ganze Ansammlung von „Mist und Scheiße", die sich darin befinde, wieder in Luthers schmutzigen Mund, der ein „Scheißhaus" sei, zurückzustopfen, sowie die stinkenden Kloaken, die Luther aus seinem faulen Munde erbreche, über seinem Kopf auszuleeren. Luthers Anhänger aber sind nach Meinung des Autors auch nicht weniger schmutzbesudelt als Luther selbst, bewegten sich diese doch gleichermaßen in den von ihm zutage geförderten Exkrementen. Zu diesen hatte der Autor offenbar ohnehin ein delikates Verhältnis, denn immer wieder ist in der Schrift vom „Scheißen" die Rede. Uns Heutigen muss erklärt werden, dass man seinerzeit – und auch noch weit über das 16. Jahrhundert hinaus – mit Fäkalthemen erheblich freier umging als heute, während der eigentlich sexuelle

Bereich tabuisiert war. Mores Ausfälligkeiten rechtfertigt das aber
sicherlich nicht. Sie zeugen vielmehr von einem einigermaßen ge-
stauten Innenleben in Verbindung mit seinen religiösen Exzessen,
das sich hier in diesen völlig enthemmten Fantasien entlud. Ohne
uns die Quellen seiner Informationen zu nennen, kolportiert More
unter anderem das damals kursierende Gerücht, die Lutheraner
würden sich in den Kirchen in wüsten Orgien ergehen, eine Art
Gruppensex unter dem Christuskreuz und angesichts der Bilder
der Heiligen praktizieren. Morus, dessen Fantasie hier erstaun-
liche Blüten trieb, ergänzt diese Vorstellungen noch um das bri-
sante Detail, die lutheranischen Kirchen- und Christusschänder
würden die Christuskreuze noch vor ihrer Verbrennung und einer
entsprechenden, enthusiastischen Zelebration mit ihren eigenen
Exkrementen besudeln. Da haben wir sie also wieder, die Exkre-
mente. Mit billigem Populismus habe sich Luther, der „lausige
Klosterbruder", der heute ein „Zuhälter" sei (Details dieser seiner
Tätigkeit erhalten wir leider nicht), diese Filzlaus also, habe sich in
Ermangelung wirklicher Argumente seine schäbige Anhänger-
schaft zusammengescharrt, um so viel öffentlichen Wirbel wie
irgend möglich in durchweg niederen Sphären darum zu machen.
„Dann schwärmen sie aus in verschiedene Richtungen, jeder an
den Ort, den ihm sein Geist eingibt …: in Badehäuser, Bordelle,
Barbierläden, Tavernen, Hurenhäuser und Spinnereien, zu den Ab-
orten und Kloaken. Da beobachten sie dann also alles sehr fleißig
und tragen es in ihre Notizbücher ein, was immer ein Kutscher an
Zoten von sich gibt oder ein Diener an Unverschämtheiten, ein
schmutziger Pförtner, ein Parasit, eine Hure, ein Zuhälter, ein obs-
zöner Scheißer." Das konnte wohl nur Bezug nehmen auf Luthers
Ausspruch, er wolle „dem Volk aufs Maul schauen", um eine
authentische Bibelsprache für seine Übersetzung zu finden. Zumal
es so sicherlich nicht gemeint war, hatte Martin Luther wohl auch
ein wohlwollenderes Volks- und Menschenbild als Thomas More.
More führt weiter aus: „Nachdem sie also auf diese Weise einige
Monate auf die Jagd gegangen sind, haben sie all ihre Lästereien
zusammengetragen, all ihren skurrilen Spott, ihre Liederlichkei-
ten und Obszönitäten, den Schmutz, den Mist und die Scheiße, all

das Abwasser, das sie in den stinkenden Kanal von Luthers Brust füllten. Und all das erbrach er dann über seinen stinkenden Mund in sein Lästerbuch." Das klingt bedenklich. Der Autor musste sich hier offenbar abreagieren, wenngleich es hierfür vielleicht geeignetere Methoden gegeben hätte. Der König, der ob dieses Fanatismus – sofern er denn Morus' Buch und die zitierten Textstellen kannte – wahrscheinlich eher irritiert gewesen sein dürfte, hatte indessen auch tatsächlich nicht ahnen können, was seine schöne „Assertio", mit der er sich seine akademischen Sporen verdiente und mit der er als königlicher Ritter die heilige Mutter Kirche verteidigte, für Reaktionen und Tiefschläge auslöste – auf beiden Seiten. Die Tatsache, dass Mores umfangreiche Schrift in dieser Zeit nicht veröffentlicht wurde, obwohl der Streit und das Thema in aller Munde waren, deutet jedenfalls darauf hin, dass sie dem König zu weit ging. Da musste sich ja die Welt in der Tat fragen, mit welcher Art Leuten er sich in seinem Staatsrat umgab. In all den Schlammschlachten, die sich nun Bahn brachen, hatte im Übrigen einzig der nicht promovierte König einen gemäßigten akademischen Stil beibehalten.

Luther also, so Mores Schlusswort, sei im Bund mit der Hölle, und er habe ein neues Schisma, eine Kirchenspaltung hervorgerufen. More sieht in ihm eine große Müdigkeit, Symptome eines Verfalls, die nach seinem Empfinden zugleich Ausdruck einer höllischen Fremdherrschaft sind – einer Teufelsbesessenheit, so wird man sagen müssen. Umso erstaunlicher ist Mores Diagnose, dass es durchaus Möglichkeiten der Umkehr bei Luther geben könne. Sollte er wider Erwarten die Kraft haben, sich seines höllischen Einflusses zu entledigen, dann sei es auch denkbar, dass er seine öffentliche Würde, seine Reputation wiedererlange und dass man anschließend auf eine ernsthafte Weise mit ihm in einen Diskurs treten könnte. „Wenn er aber fortfährt, in der Weise den Hanswurst zu spielen, in der er begonnen hat, zu rasen und zu verleumden, wie ein Wütender aus dem Tollhaus unbedeutenden Unsinn zu verbreiten, sich die Hanswurstiaden zum Sport zu machen, seinen Mund mit nichts anderem als Abwasser, Kot und Unflat zu füllen, dann mögen andere tun, was sie wollen. Wir für unser Teil wollen zeitnah beraten, ob wir mit dem Phrasendrescher entsprechend seiner Tugenden Umgang pflegen und selbst mit seinen Farben malen, oder ob wir dieses verrückte Mönchlein, diesen schmutzig gesonnenen Schuft in seinem Rasen und Wüten allein lassen, in seinem Schmutz und seinen eigenen Ausscheidungen, scheißend und beschissen." So weit also der große Humanist Sir Thomas More.

# „Defensor Fidei"

## Heinrich an die sächsischen Fürsten
## und die Fürsten an Heinrich

Bereits in seiner ersten deutschen Fassung der Antwortschrift auf Heinrichs „Assertio" hat sich Martin Luther über den Titel mokiert, den der Papst dem englischen König zum Dank für seinen Kirchenkampf mit der Feder verliehen hatte: „Defensor Fidei", „Verteidiger des Glaubens". Die „Assertio" war die redliche Arbeit eines in Glaubensdingen hoch engagierten Königs. Die Titelvergabe als Dank war aber auch grundsätzlich nicht ganz so weit von der üblichen Praxis der bündnispolitischen Koalitionen mit Leistung und Gegenleistung entfernt, in die der römische Papst ebenso involviert war wie die weltlichen Mächte Europas. Gekaufte Titel, Ämterschacher, Verwandtenversorgung bei Bischofssitzen, Bestechungen, kriegführende Päpste und die Kirche repräsentierende Fürsten, das alles bewies nur den eklatanten Mangel an Gewaltenteilung und Machtkontrolle und am Ende die Korruptheit des gesamten Systems. Dass nun ausgerechnet dieser lebenslustige König, der bislang vor allem durch ein prächtiges Hofleben und ebenso opulentes Freizeitverhalten, sportliche Heldentaten, amouröse Eroberungen und Kriegslust gegen seinen französischen Herrscherkollegen brilliert hatte, den Glauben verteidigen sollte, war für Martin Luther eine Kuriosität mit allerdings besorgniserregendem Hintergrund, denn waren nicht die wirklich bibelkundigen Theologen die Einzigen, also wenn überhaupt, die sich das Recht anmaßen konnten, Kirche und Glauben zu verteidigen? Immerhin konnte man den amüsanten Gehalt dieser neuerlichen Kuriosität Roms im Kommentar aufgreifen. „Ich

höre auch sagen", schreibt Luther, „man habe zu Rom dem Könige
von England einen Titel zu Lohn geben, daß er soll Defensor Ecle-
siae heißen, ein Schutzherr der Kirche, und [daß man] Ablaß aus-
theilet [denen], die sein Buch lesen. Und ich bestätige den Titel und
Ablaß auch, und dünkt mich des Büchleins werth sein. Aber ich
gebe kein Ablaß meinen Lesern, und bitte Gott, daß er mich ja nicht
lasse in der Kirche sein, da der König von England Schutzherr ist.
Denn wenn ich zu Wittenberg bin, und er in England, oder wenn er
schläft oder sonst etwas anders schafft, wo sollte meine Seele die-
weil hie bleiben? Der Papisten Kirche, die an Gott verzagt und
Christum verleugnet, soll solchen Schutzherrn haben." Nein, das
war wohl kaum ernst zu nehmen. Es zeigte vielmehr, wie es um die
kranke Papstkirche, die er bekämpfte, bestellt war.

Das Problem war, dass Luthers Souverän, Kurfürst Friedrich,
dieser Papstkirche im Grunde seines Herzens und auch äußerlich
eng verbunden war. Er verehrte die Heiligen und besaß eine Reliquiensammlung, die im ganzen Reiche berühmt war. In jungen
Jahren hatte er eine Wallfahrt nach Jerusalem unternommen.
Friedrich war von altem wettinischem Adel, Erzmarschall des
Heiligen Römischen Reiches Deutscher Nation. Bis zur Teilung
Sachsens zumindest hatte sein Haus zu den einflussreichsten und
mächtigsten Dynastien des Reiches gehört. Kaiser Maximilian,
mit dem er befreundet war, hatte ihn 1507 zum Reichsverwalter
ernannt. Mehr wollte Friedrich aber politisch nicht werden, wenngleich er es wohl gekonnt hätte. In der erst wenige Jahre zurück-
liegenden Kaiserwahl hatte man ihn hoch gehandelt, auch Papst
Leo X., der ihn favorisierte. Friedrich lehnte aber die Kaiserwürde
bereits im Vorfeld der Wahl ab und unterstützte lieber den jungen
Habsburger Karl, auf dessen Wohlwollen er künftig zählen konnte.
Friedrich von Sachsen war ein würdevoller Reichsmarschall und
Repräsentant des ältesten deutschen Kurfürstentums, aber er war
kein Mehrer des Reichs, kein Imperator. Friedrich mochte absolut
keine Kriege. Auch keine Auseinandersetzungen. Das geschickte
Lavieren an mehreren Fronten zugleich war seine Stärke. Vielleicht hat man ihn deshalb den „Weisen" genannt. Dass Luther da-
vonkam und unbehelligt in der Residenzstadt seines katholischen

Friedrich der Weise (1463–1525), Kurfürst von Sachsen, Lucas Cranach d. Ä., 1532.

Papst Leo X. (1475–1521), Raffael, 1518/19.

Kurfürsten weiteragieren konnte, ohne dass der Souverän die vom
Kaiser ausgestellte Reichsacht auch nur zur Kenntnis nahm, ver-
dankt sich im Wesentlichen dieser Mehrfrontendiplomatie Friedrichs des Weisen, die aber immer den eigenen Vorteil in den Grenzen seines kleinen Landes im Blick hatte. Als er 1517 in Kursachsen
den Ablasshandel verbot, geschah dies nicht aus Sorge um das

Seelenheil seiner Landeskinder, sondern weil er diesen Schacher ‚ausländischer' Ablasshändler missbilligte, die das Geld seiner Untertanen außer Landes trieben und seinem eigenen Ablasshandel inform seiner staunenswerten Reliquiensammlung Konkurrenz machten. Friedrichs Reliquien, darunter ein Strohhalm von der Krippe zu Bethlehem, ein Fetzen Windel des Jesuskinds, Milch und Haare von der Jungfrau Maria, durften in der Schlosskirche gegen Bares bestaunt werden, und die Besucher erhielten alsdann auch Nachlass von Sündenstrafen beim Betrachten oder Berühren der heiligen Gegenstände. Im Laufe der Jahre hatte Friedrich nahezu 20 000 Reliquien zusammengetragen, und diese brachten an die zwei Millionen Jahre Fegefeuererlass. Was sie dem Landesherrn im diesseitigen Leben pekuniär einbrachten, ist nicht erfasst, aber es war wohl nicht unbeträchtlich und ganz sicher ein Teil seiner Kalkulationen. Er hat es geflissentlich ignoriert, wenn Luther all diese Praktiken brandmarkte und später sogar ausdrücklich von seinem Landesherrn forderte, sie im Kurfürstentum abzuschaffen: die Heiligenverehrung, das Sammeln von Reliquien, etwa auch die Fronleichnamsprozessionen. Der kühne Professor hatte Friedrichs Universität weltberühmt gemacht, und Luthers Agieren kam auch seinem eigenen Trachten zugute, die landesherrlichen Rechte zu stärken und sich gegen die kaiserliche Zentralgewalt zu emanzipieren. Er hat ganz wesentlich dazu beigetragen – und das war vielleicht wirklich seine politische Lebensleistung –, dass Kaiser Karl vor Beginn seiner Kaiserwahl die von Friedrich entworfene Wahlkapitulation unterschrieb, die eine stärkere Einflussnahme der Reichsstände sicherte. Das waren die Rahmenbedingungen für Luthers Agieren. Auf Luther angesprochen, dem er nie persönlich begegnet ist, außer in großer Versammlung beim Reichstag zu Worms, soll der Kurfürst einmal geäußert haben, der Mensch sei ihm zu kühn – oder, sächsisch, „zu giehne". Wie er die Dinge begleitete, war das aber wohl durchaus auch anerkennend gemeint.

Auch auf Luthers Antwort auf Heinrichs Antwort gab es wieder eine ganze Reihe von Gegenantworten, darunter die des spanischen Beichtvaters der (spanischstämmigen) englischen Königin

Katharina, eines Mannes mit dem klangvollen Namen: Don
Alphonso de Villa Sancta. Don Alphonso brandmarkte den frechen
Ketzer aus Deutschland ebenso wie Luthers vormaliger Ingolstäd-
ter Diskursgegner Dr. Johannes Eck, dem Luther zuletzt vor dem
Wormser Reichstag begegnet war. Eck schrieb jetzt eine engagierte Verteidigung des „unbesiegbaren Königs von Engelland
gegen die Verleumdungen des gottlosen Luther". Doch auch in
Henrys Reihen gingen die Schriftkriege weiter. Der Priester
Edward Powell etwa gehörte zu Luthers Schriftgegnern sowie der
Bischof John Fisher, der insgesamt vier Anti-Luther-Schriften veröffentlichte, darunter die 1523 in Antwerpen erschienene „Asser-
tionis Lutheranae"; zwei weitere erschienen in den folgenden Jahren in Köln. Sowohl Powell als auch Fisher wurden im Übrigen
später zu sprichwörtlichen und leibhaftigen Opfern von Henrys
sonderbarer Reformation. Die katholische Kirche hat dann auch
Fisher, den der König 1535 exekutieren ließ, im 19. Jahrhundert
heiliggesprochen. Jetzt aber, gleich im Anschluss an Luthers Antworten, machte sich in deutschen Landen der elsässische Franzis-
kaner Thomas Murner ans Werk. Murner war ein hoch produkti-
ver Schriftsteller, der von Kaiser Maximilian zum *poeta laureatus*
gekrönt worden war. Er dichtete, und er schrieb theologische, historische, juristische und didaktische Schriften. Besonders aber gefiel er sich als Satiriker nach dem Vorbild Erasmus'. Wenn Murner
nun auch gegen Luther die Feder erhob, dann war dies eigentlich
zunächst in mäßigender und in gemäßigter Absicht. Wie so viele
von Luthers Gegnern war auch der Straßburger Murner jemand,
der sich der kirchlichen Missstände im vollen Maße bewusst war
und der sogar selbst gegen sie angeschrieben hatte, bevor Luther
auftrat, bei dem er allerdings gefährliches revolutionäres Potenzial
witterte. Nicht wenige dieser humanistisch gebildeten Menschen,
die selbst am Vorabend von Luthers Reformation literarisch zu
Felde gezogen waren gegen die Missstände Roms, fühlten später
eine Mitverantwortung für den von Luther evozierten Aufruhr
und für die Umstürze, worauf sie ihre von eigener Reue durch-
zogene Gegnerschaft immer klarer formierten; im Fall Thomas
Mores bis zum gegenreformatorischen Radikalismus. Murners Be-

fürchtungen, was den Aufruhr anbelangt, waren berechtigt, und zwar in seinem höchsteigenen Umfeld. Er erlebte 1524 die Straßburger Reformation, und bei dieser wurden seine Druckerei zerstört und seine Wohnung geplündert, also im Grunde die ganze Existenz zunichtegemacht. Das war es sicher nicht, was die Humanisten sich vorgestellt hatten: ein Schwertkampf zwischen einander feindlichen Lagern.

Murner also verfasste im November 1522 eine Schrift mit dem Titel „Ob der könig uß engelland ein lügner sey oder der Luther" – eine Frage, auf die die Antwort gewissermaßen gleich mitgeliefert wurde, und zwar allein schon der Tatsache geschuldet, dass Luther wider natürliches Recht, so jedenfalls Thomas Murner, den durchlauchtigsten frommen König, der zum Gedächtnis aller frommen Edelleute sein Buch schrieb, gelästert habe. Ein niederer Mensch sei das, welcher der Majestät eines Königs keinen Respekt zolle. Ein solcher konnte quasi per definitionem keine wie auch immer geartete Wahrheit verkünden. Ein Mönchlein, was sei der? Und wie komme er dazu, einen König zu schmähen? Er solle sich schämen und vor Scham erblassen. Er liege, niedrig, wie er sei, im Staube und verschmähe das Christentum. „Nun bistu doch ein rechter unflat", heißt es an einer Stelle, „das du einem christlichen kung so schantlich antwortest." Für billigen Applaus seiner Anhänger verbreite Luther widerwärtige Reden und Lügen. Er rede vom Antichrist und vom Teufel, sei aber selber einer. Er reite den Teufel, so Murners Anschauung, also, er sei vom Teufel besessen. Wenn also er, Luther, die Bibel verdeutsche, dann sei in Wahrheit der Teufel der Dolmetscher. Er sei ein Erzlügner, und sein Buch sei ein Lügenbuch – lateinisch gesprochen ein „Liber mendatiorum Lutheri". Murner argumentiert, da Luther vom Papst gebannt worden sei, sei ihm schließlich gar nichts anderes übrig geblieben, als sich zum erklärten Feind des Papsttums zu machen. Nicht hohe Gotteserkenntnis und Bibelstudien hätten ihn demnach also zum Gegner des Papsttums gemacht, sondern seine reale politische Situation. Recht sinnig stellt Murner aus Luthers Schriften die zweierlei Naturen des Menschen gegeneinander, man könnte auch sagen: den inneren und den äußeren christlichen Menschen. Für

den inneren Menschen stünden demnach Glaube, Liebe, Hoffnung
und Gottes Gnade, Leiden und Kreuz, Gottes Gesetz, Himmel und
Hölle und das Jüngste Gericht, das Altarsakrament, Sterben und
gute Werke – allerdings in vollständiger Übereinstimmung mit
dem inneren Menschen, also nicht nur als äußere Tathandlungen.
Fürs äußere Christentum und daher entsprechend für den nach
außen gerichteten christlichen Menschen (den Luther ablehne)
stehen das Papsttum, die Heilige Messe, der Ablass, das Fegefeuer,
die Artikel der Konzilien, die Bischöfe und die Gelübde, die Sakramente. Murner setzt sich ausgiebig mit Luthers Setzung eines „innerlichen" Menschen auseinander und erklärt, davon ausgehend,
Luthers Theologie. Das beweist nicht nur, dass er sie gut verstanden hat, sondern dass er ihr wohl auch mehr Sympathien ent-
gegenbrachte, als er sich vielleicht eingestand. Der innerliche
Mensch, so Murner respektive Luther, fasse den Glauben als das
Fundament seines Lebens. Nur er könne selig machen. Daraus
allein resultiert seine Freiheit. „Der innerliche mensch", so Murner
wörtlich, „wie er in krafft seins glaubens alle ding ist", mache nicht
nur fromm, sondern auch aller anderen Tröstungen oder äußeren
Weihungen nicht mehr bedürftig. „Wenn du allein ein innerlich
mensch werest und gantz geistlich und innerlich worden", dann
wäre man sozusagen eine vollkommene Schöpfung – und hier beginnt Murners kritischer Ansatz –, das aber geschehe auch nicht
bis zum Jüngsten Gericht. Damit mache man sich als Mensch zu
einem Ebenbild Gottes, und das sei sträflich, hoffärtig. Es über-
steige die menschlichen Grenzen und die von Gott geforderte
Demut, sei doch selbst ein Bischof, der etwa in der Heiligen Schrift
als der Beste seiner Art beschrieben werde, eben der Beste seiner
Art, aber kein göttliches Spiegelbild. Der von Luther gesetzte
innerliche Mensch – in Übereinstimmung von Innerlichkeit und
Gottesgesetz – müsste ein „exemplar hominis christiani" sein, das
keiner guten Werke mehr bedarf, weil es ja innerlich schon ganz
spiegelrein ist. Das sei Anmaßung. Hochmut. Reine *superbia*.
Offenbar traut Thomas Murner dem innerlichen Menschen so viel
Konkordanz mit dem göttlichen Wirken und Wollen nicht zu. Er
beurteilt solche Gedanken und Ansätze als Ausdruck mensch-

licher Selbstüberhebung. Nicht so weit entfernt von Überlegungen dieser Art war ein paar Jahre zuvor auch der Kardinal Cajetan, der den Augustinermönch Luther in Augsburg zur Vernunft bringen wollte. Ein Einzelner könne doch irren, so der Kardinal damals zu Luther, und zwar auch in der Kraft seines Glaubens. In den unergründlichen Labyrinthen des menschlichen Geistes fänden sich Fallstricke, Irrtümer, Zweifel, und die Kirche in ihrer Vollmacht nehme das suchende Individuum dann an die Hand. Ein Einzelner könne irren. Darauf Luther (vielleicht für sich gesprochen): Ich nicht. Er hatte die Zweifel und Irrtümer hinter sich.

Ein weiterer Kritikpunkt an Luthers Lehre ist aus Murners Sicht ein moralischer Relativismus, worauf seiner Meinung nach nicht nur die *sola fide*-Lehre hinausläuft, sondern auch die Auffassung, dass ein getaufter Christ seine Seligkeit nicht willentlich verlieren könne, was immer er auch an Sünden begehe. Das sei Gotteslästerung. Es würde bedeuten, es gibt keine Verdammung, selbst bei schwerster Sünde nicht. Alles hinge vom Menschen ab und läge letzten Endes in seinem Ermessen. Diesen emanzipatorischen Ansätzen fügt sich nach der Sichtweise des kritischen Autors auch nahtlos der Ansatz zu einer ebenso gotteslästerlichen Demokratisierung des Glaubens an, wenn Luther die Priester als überflüssig erachtet oder wenn er die Bedeutung der Heiligen Messe verleugnet. Dass jeder und jede jederzeit und überall Priester sein könne, wenn er/sie nur glaube, das beurteilt Murner nicht ganz zu Unrecht als potenziell und allgemein aufrührerisch. Nicht auszudenken, was dem noch folgen mochte. In seinem letzten Vorwurf kommt Murner wieder ganz nah an den englischen König heran, wenn er Luther nämlich mit der Verleugnung der Sakramentenlehre einer sträflichen Entmystifizierung bezichtigt. Wenn man die göttlichen Dinge ihrer geheimnisvollen Weihe entkleide, dann nehme man ihnen nicht nur ein Äußeres, sondern einen zentralen Gehalt. Das äußere Zeichen verweise darauf, sei aufs Engste mit dem Geheimnis verbunden und stehe also nicht nur für sich. Das versteht Luther nicht, meint Thomas Murner. Zitat: „Das aber sacramentum oder misterium heißt eigentlich in der geschrifft ein geheimnis oder verborgen ding." Und das darf man nicht preisgeben. Murner stand

damit ganz auf der Linie der durchlauchtigsten Majestät auf der
Insel, die er verteidigte.

Der König Engellands setzte sich indessen am 20. Februar 1523
hin und schrieb einen ausführlichen lateinischen Brief an die deutschen Fürsten im Luther'schen Territorium, genauer gesagt: an
Luthers Landesherrn Kurfürst Friedrich von Sachsen, an dessen
Bruder und Mitregenten Johann, mit dem Friedrich sich die ver-
streuten Territorien des sächsischen Kurlandes teilte, und an Herzog Georg, den rechtgläubigen und konservativen Nachbarregenten
und Vetter der beiden, der fest an der Seite Habsburgs und Roms
stand. Schon die Tatsache, dass der König den Brief an alle drei richtete, zeigt, dass er nur unzureichend über die Feinheiten der Macht-
und Rivalitätsverhältnisse innerhalb der deutschen Regionalfürsten
informiert war, denn das spannungsreiche politische Konkurrenz-
verhältnis zwischen Georg und Friedrich hatte nicht erst mit dem
Fall Luther Einzug gehalten. „Den durchlauchtigsten und vor-
trefflichsten Fürsten", seinen „allerliebsten Oheimen" also, teilte der
Briefschreiber mit, dass ihn das alles keineswegs berühre, was der
gottlose Luther auf unverschämteste Weise wider ihn, den König,
geplaudert habe. Das nehme er gewissermaßen gar nicht zur Kenntnis. Was ihn verdrossen habe und immer wieder verdrieße, seien
allerdings „die Lästerungen, damit er den Kaiser und andere deutsche Fürsten mit seiner allergiftigsten Zunge geschmäht hat". Das,
so Heinrich, dürfe man niemals durchgehen lassen, denn in Kombi-
nation mit Luthers gottloser Lehre hätten diese Unverschämtheiten
das Potenzial, das gemeine Volk zum Aufstand gegen die Fürsten zu
animieren, und das würde doch wohl keiner von ihnen wollen.
„Und weil er mit den göttlichen Sachen dermaßen handelt, so er-
gießt er, wie eine Schlange vom Himmel geworfen, auf die Erde das
Gift, erregt in der christlichen Kirche Empörung, tut alle Gesetze
ab, schwächt alle Obrigkeit, hetzt die Laien an die Pfaffen und sie
beide wider den Papst und die Völker wider die Fürsten." Nichts
anderes als das habe der Ketzer vor: zu erreichen, dass die Deutschen ihre Herren bekriegten, „in Gegenwart und mit Gelächter der
Feinde Christi." Er, Heinrich, würde sich in der Tat wundern, wenn
die Deutschen Derartiges von ihm litten – große Fürsten von einem

kleinen Mönch, der so viel Gewalt über sie haben sollte, dass sie sich
seiner nicht erwehren könnten. Er habe die Deutschen stets für ein
frommes Volk und ihre Fürsten für Männer von Ehre gehalten. Ketzereien und Aufstände habe es schließlich immer gegeben. Er selbst,
Henry Tudor, konnte allein in seiner jungen Dynastie wahrlich ein
Lied davon singen. Dagegen helfe aber nur eine starke Hand. „Und
weil dem so ist, so kann ich nicht zweifeln, Ihr werdet mit Fleiß darum bemüht sein, auf daß nicht das wilde Tier, das Eure Voreltern
eingesperrt haben, durch Eure Unachtsamkeit lebendig werden
möge, daß es durch Sachsen schleiche und ganz Deutschland er-
obere sowie durch ein schädliches Anblasen das höllische Feuer ent-
zünde und den Brand entfache, den die Deutschen mit ihrem Blut
so oft auslöschen wollten." Die Hussitenkriege hatten sich allerdings
weiträumig im Deutschen Reich ausgebreitet, bis nach Schlesien,
Bayern, ja selbst bis an die Gestade der Ostsee, und besonders in
Sachsen hatten sie heftig gewütet. Die meinte Henry vermutlich,
wenn er die Fürsten vor neuerlichen Aufständen warnte. Es war auf
jeden Fall eine Warnung im Sinne von: Wehret den Anfängen! Man
durfte die politische Sprengkraft dieses Klosterbruders und seiner
Aktivitäten nicht unterschätzen. Aber um die theologische Wahrheit ging es dem König schon auch, und das macht er in seinem
Schreiben an die sächsischen Fürsten ebenfalls deutlich. Er findet
Luthers Ansprüche anmaßend – und da war er bestimmt nicht der
Einzige –, wenn dieser von sich behauptete, den einzigen wahren
Zugang zum christlichen Glauben zu haben; alles andere sei Blasphemie, und vor allem alle bisherigen Autoritäten seien unermäch-
tigt und verbreiteten falsche Lehren. „Denn wiewohl der unnütze
schwatzhafte Mensch an mehr als einem Ort schreibt, daß er dazu
von Gott erwählt sei, daß er diese Lehre, die er allein evangelisch
nennt, dermaßen ausbreiten und predigen soll in der Welt, wie er
angefangen hat, so vermerkt doch Eure Weisheit leichtlich, daß der
Luther nichts aufbringt, warum man es dafür halten soll." Vielleicht
habe er die evangelischen Worte, meint Henry, nur falsch verstanden. Das freilich war für Luther mit Sicherheit völlig undenkbar.
Also, kurz und gut, er, Henry, empfehle sich mit der neuerlich aus-
gesprochenen Mahnung, ja, mit dem inständigen Flehen, so viel

den Fürsten auch immer möglich sei, dafür zu tun, „daß die ver-
fluchte lutherische Secte gedämpft werde." Ohne Mord, ohne Blut-
vergießen, wenn's möglich sei, solle man dieses bewerkstelligen.
Man solle aber der Sekte auf jeden Fall Einhalt gebieten.

Die Fürsten antworteten, wie zu erwarten, getrennt. Friedrich
und Johann, wahrscheinlich unter Friedrichs Federführung, beeilten sich zu versichern, dass sie die Sorgen des englischen Königs
teilten und munter auf Abhilfe drangen. Ja, es sei ihnen auch leid, so
die Fürsten, dass der Luther so einen Unfrieden über die Christenheit bringe und dass sich möglicherweise in diesen ihren Zeitläuften Irrtümer des heiligen christlichen Glaubens ausbreiteten. Sollte
dem tatsächlich so sein, dann wäre es nahezu unverzeihlich, wenn
sie, die Landesherren, diese Irrtümer auch noch beförderten und
somit zu ihrer Verbreitung beitrügen. Deshalb, so beeilten sich
beide zu betonen, hätten sie sich auch nie unterfangen, „des Luther
Lehre, Schreiben und Predigen zu vertreten, sondern es alles in seinem Werth und bei seiner Verantwortung gelassen." Das stimmte
wohl. Geschickter als Kurfürst Friedrich konnte man sich der Sache
überhaupt nicht entziehen, während man gleichzeitig die Sicherheit
seines Schützlings gewährleistete und ihn von allen Angriffen ab-
schirmte. Aber, so Friedrich sinngemäß im Schreiben an Heinrich,
was solle er machen, der Luther sei bockig und sehr schwer zu bän-
digen. So habe er sich zum Beispiel auch gegen seinen, Friedrichs
ausdrücklichen Willen nach Wittenberg begeben. Von da, wo er
vorher war (auch jetzt erwähnt der Kurfürst die Wartburg nicht),
sei er abgehauen; also, was solle er machen. Er wiederum habe damals, um keinen Verdacht zu erregen, dass er den Luther beschütze
und seine widerrechtliche Rückkehr begünstige, dem kaiserlichen
Regiment zu Nürnberg unverzügliche Meldung davon gegeben,
dass sich der Luther „wider unser Wissen und Willen gen Wittenberg gethan". Ihm, dem Kurfürsten, könne man also keine Vorwürfe machen, dass er etwas Unrechtmäßiges decke und billige. Sie
beide, Friedrich und Johann, seien demütige christliche Fürsten,
und als solche wollten sie denn auch weiterhin Gott dienen und
ihrem Lande obwalten. Anders lautenden Gerüchten – in Bezug auf
ungläubige Umtriebe etc. – solle der englische König keinen Glau-

ben schenken, sondern auf fürstliches und verwandtschaftliches Wohlwollen vertrauen sowie der gerade erhaltenen Zusicherung ewiger Freundschaft. Gott möge ihnen allen Gnade verleihen. Gerade in Anbetracht der wieder virulent werdenden Türkengefahr sei Einigkeit in der Christenheit höchlich geboten, und im Übrigen sei Gott ja ein „Fürst des Friedens", was der König von England auch in seiner Regentschaft immer bedenken solle. Und so verbleiben die Oheime und Freunde Anno Domini 1523 etcetera.

Herzog Georg reagierte naturgemäß ein wenig anders. Nach einer längeren Anrede an den „unüberwindlichsten" König von England, Frankreich und Irland zieht Georg noch einmal ein Resümee des Falls Luther aus seiner Sicht, das zugleich seine eindeutige Stellung gegen den Aufmüpfigen und seine Lehre bekunden soll. Eines aber vorab: Ja, die Anhänger der lutherischen Lehre breiteten sich aus in deutschen Landen. Sie würden immer zahlreicher, und das sei schimpflich und nichtsdestoweniger auch gefährlich, denn die aufrührerischen Absichten Luthers, die er mit dem Schein der evangelischen Lehre entschuldigen wolle (also ummäntele), seien unverkennbar vorhanden. Mit seiner Kühnheit, die er deutlich zu erkennen gebe, treibe es den Aufrührer permanent um, „wie die Christenheit zur Verachtung der Gesetze und der göttlichen und menschlichen Verordnungen in allen Ständen gebracht, vermittelst einer ungezähmten Freiheit des Pöbels durch bürgerliche und einheimische Kriege zerrüttet werden und durch Mord und Todtschlag sich selbst aufreiben möge." Da sei wirklich der entschlossene und tatkräftige Widerstand aller Fürsten gefordert. Das Problem sei auch, meint der Herzog, dass sich die ketzerischen Umtriebe, die sich ja schon seit mehreren Hundert Jahren ereigneten, nicht selten durch den ehrbaren Schein gelehrter und redlicher Männer in der Bevölkerung ansiedelten, und wenn der Keim einmal da sei, dann lasse er sich nur sehr mühsam ausrotten. Immerhin aber sei es doch so: Vier Jahre seien verflossen, da sich der Dr. Eck mit Luther und Karlstadt in einem gelehrten Kampf „in unserer Universitätsstadt Leipzig" ergangen habe, und zwar zu dem Zwecke, auf eine ehrbare Weise von beiden Seiten die Argumente zu untersuchen, um am Ende die Wahrheit über die lutherische Lehre ans Licht zu bringen, beziehungsweise den Richtspruch zu bestätigen, den ja vorher schon die hohen Schulen von Paris und Erfurt wider den Luther ausgesprochen hätten. Dieser aber sei ganz unbelehrbar gewesen, und bestrebt, wie er nun einmal sei, überall Verwirrung und Tumulte zu stiften, habe er noch vor dem richterlichen Urteil auf eigene Initiative Triumphlieder angestimmt und neue Schriften veröffentlicht, auf welche die Triumphlieder seines vermeintlichen Siegs sich bezogen. „Und gewiß", schreibt Georg, „wenn es in unserer Gewalt gewesen wäre, hätten wir die Ausgabe der nachher von ihm verfertigten Bücher den Buchdruckern nimmermehr ungestraft hingehen lassen, angesehen wir gar bald einsehen lernen, was der Mann aufrührerischer Weise vorhabe und wohin er endlich, wenn man sich ihm nicht widersetzte, verfallen werde." Unter seine Kritik an den Missständen der Kirche und der Strenge des alten Gottesdienstes, für die viele Wohlmeinende wohl ein gewisses Verständnis äußerten, habe dieser Wolf im Schafspelz gewissermaßen die Inhalte seiner tückischen Lehre gemischt. Aber der Wolf ist dem Herzog als Bild noch nicht tückisch genug. Er nennt Luther einen „Fuchs", der sich unter einem Schafspelz verstecke. Hoch gefährlich auf jeden Fall, da er ja eben die Menschen aufwiegele. Tatsache sei aber leider, dass er, der Herzog, gegen ihn nichts unternehmen könne, da Luther schlichtweg keinen Wohnsitz habe in seinem Herrschaftsgebiet. Das sei das Herrschaftsgebiet seines Vetters, wo Luther wohne, und von dem seinigen halte der Ketzer sich geflissentlich fern. Also, was tun? Herzog Georg verwahrt sich gegenüber dem englischen König davor, eventuell eine Mitverantwortung dafür zu tragen, dass sich das Luthertum wie ein Lauffeuer so rasant ausbreite. Alle müssten da auf jeden Fall mithelfen, das Feuer zu löschen. Das müsse dann aber so eine Art Fürstenallianz gegen den Luther sein, eine fürstliche Solidargemeinschaft. Georg sieht alle Fürsten (wahrscheinlich der Welt) in dieser Pflicht. Und er zeichnet ein düsteres Szenario, falls es den Potentaten der Welt, und seien es auch nur deutsche Duodezpotentaten, nicht bald gelingt, das ansteckende Übel im Keim zu ersticken. „Welche Dinge", meint er, „da sie von der Beschaffenheit sind, daß sie das gemeine Wesen der ganzen Welt, wir wollen nicht sagen unser Deutschland umkehren können, und schon vormals an den Weltweisen und Wycliffiten verdammt und durch einen allgemeinen Fluch verworfen worden: so erinnern Sie, theuerster König, gar wohl, daß man sie mit allem Fleiß verbieten, aber wenigstens im böhmischen Gebirge einge-schlossen behalten sollte." Das also ist Georgs Vorschlag: Man möge die Ketzer alle einfangen und im böhmischen Gebirge aussetzen und da irgendwie unter Verschluss bringen (vielleicht durch einen Zaun?). Da schließlich, nach Böhmen, scheint er zu meinen, gehören sie hin, und da können sie zumindest keinen großen Schaden mehr anrichten. „Unsere Vorfahren", so Georg, hielten es sich zur Ehre, mit Waffen aller Arten und sogar mit Gefahr ihres Guts und Lebens die Hussitengefahr einzudämmen, und im gleichen Maße entschlos-sen sei er nun auch, der ketzerischen Gefahr zu Leibe zu rücken. Luthers Schriften zum Beispiel, sofern er ihrer habhaft werden konnte, habe er in seinem Land umgehend konfisziert, und er werde dies auch weiterhin tun. Indem Luther etwa auch das Neue Testa-ment ins Deutsche übersetzt habe, sei es ihm gelungen, seine Lehre auf eine indirekte Weise auch „dem Pöbel in die Hände (zu) liefer(n)". Das Problem mit staatlich unerwünschten, da aufrührerischen Druckerzeugnissen lag für die deutschen Landesfürsten in der Kleinstaaterei, die so etwas wie eine Quasi-Pressefreiheit gewähr-leistete. Was in einem Lande verboten war, war im angrenzenden erlaubt, zumindest nicht ausdrücklich untersagt respektive zensiert, und so fanden sich immer Mittel und Wege, die Schriften im Lande unter die Leute zu bringen. Da war Herzog Georg nicht der Einzige, der dies beklagte.

Fatal findet Georg ein Detail der Luther'schen Lehre, die im Dis-put mit Erasmus von Rotterdam noch eine zentrale Streitfrage wer-den sollte: die Freiheit beziehungsweise Unfreiheit des mensch-lichen Willens, die Luther behauptet. Zu Recht hat Georg diesen Punkt als äußerst wichtig für Luthers Lehre erkannt. Er macht zu-gleich deutlich, dass der Protestantismus im Kern viel determinisi-scher ist als die altgläubige Variante. Calvin in Genf hat hier eine besonders einschlägige Ausdeutung in Bewegung gebracht. Nach Meinung eines Soziologen des 20. Jahrhunderts führte dies kurio-serweise zu einem Wirtschaftsboom in den protestantisch geprägten Ländern und zu einem fulminanten Aufstieg der Mittelschicht, einer Leistungsethik, die im Wesentlichen darauf gegründet war, dass man unbedingt herausfinden wollte, ob man die Gnade Gottes auf seiner Seite hatte und also auch die sichtbaren Zeichen des Erfolgs und des finanziellen Gewinns.* Also: Man kann Weltanschauungen, und sogar fatalistische, durchaus unterschiedlich deuten und umsetzen. Auf einer Säkularebene, sofern Webers These stimmt, hat sich die Geisteshaltung der aufstiegsbeflissenen Mittelschicht ohnehin irgendwann von den theologischen Koordinaten, vom angeblichen unfreien Willen und von den Gnadegedanken emanzipiert – falls sie denn damit je wirklich verknüpft waren. Wenn also, so Georg, die Notwendigkeit des Guten wie auch des Bösen nach Luther allein von Gott abhänge, so werde man erfahren, „daß alle Kraft des menschlichen Verstandes, aller Anschlag, alles Recht, nach welchem den Guten eine Belohnung und den Bösen eine Strafe zuerkannt wird, umsonst und vergeblich sei." Es sei schädlich, anzunehmen, „daß der freie Wille nichts sei", denn dann würde es sich gleichsam erübrigen, nach guten Taten zu trachten, Recht und Gesetz einzuhalten, Gutes zu tun und Böses zu lassen. Alles, die größten Untaten eingeschlossen, könne man dann mit der göttlichen Vorsehung legitimieren. Viele haben damals so argumentiert. Es war ein Kernvorwurf gegen Luther, den zu entkräftigen er noch reichlich Energien an den Tag legen musste. Die Frage stand, wie gesagt, auch im Zentrum seiner Auseinandersetzungen mit Erasmus von Rotterdam etwa zwei Jahre später, und da war sein Gegner kein Duodezfürst aus Deutschland, dessen akademische Bildung eher ein Luxus als eine Selbstverständlichkeit war und sich in seinen Kreisen auch meistens in Grenzen hielt, sondern der größte Gelehrte Europas. Herzog Georg von Sachsen blieb einstweilen nichts anderes, als dem englischen König, dessen Beleidigungen durch Luther ihm peinlich waren, fest zu versichern, dass er alles

---

* Max Weber: Die protestantische Ethik und der Geist des Kapitalismus. Erstmals veröffentlicht im Jafféschen Archiv für Sozialwissenschaft und Sozialpolitik, Bd. XX und XXI, 1904 bzw. 1905.

tun werde, was er vermöge, um die Gefahr Luther zu bannen. Wenn aber nun wider alle guten Vorsätze und trotz aller Bemühungen die Kirche doch am Ende durch Luthers Umtriebe unwiederbringlich geschädigt sei, dann habe es seinerseits zumindest nicht am guten Willen gelegen, sondern nur am Vermögen. Das ist dann durchaus auch von einem Hauch Determinismus durchzogen.

# „Von der Freiheit eines Christenmenschen"

## Luther, die Freiheit und das Gewissen

Seine wohl wichtigste reformatorische Schrift hatte Luther vor drei Jahren dem Pontifex persönlich gewidmet. Das mag kurios anmuten, war er doch, als er die Schrift verfasste (im Oktober 1520), schon davon überzeugt, dass der römische Papst der Antichrist sei. Gleichwohl legte er seiner Freiheitsschrift mit der päpstlichen Widmung auf dem Vermittlungsweg über den sächsischen Kammerherrn Karl von Miltitz einen Sendbrief an Leo X. bei, in dem er nicht nur seine Motive und inneren Antriebe zur Schrift im Besonderen und seinem Wirken im Allgemeinen erläuterte, sondern dem Pontifex auch dezidiert klarmachte, dass er nicht widerrufen werde. Das nämlich hatte Leo in seiner Bannandrohungsbulle „Exsurge domine" vom 15. Juni 1520 von Luther gefordert. Innerhalb von sechzig Tagen solle Luther einundvierzig der in seinen Werken vertretenen Thesen zurücknehmen, sonst drohe der Bann, also der wirkliche Bann, die unwiderrufliche Exkommunikation. Wie zu erwarten, tat Luther das nicht, sondern verfasste auf Anraten Miltitz' eine komprimierte, persönlich grundierte und die Kernthesen seiner Theologie enthaltende Schrift, mit der er sein Tun wortreich rechtfertigte. So ist diese Antwort, die im besten diplomatischen Sinne seitens des kursächsischen Hofes als Brückenschlag der Versöhnung gedacht war, auf dass man die Verbannung vermeiden könne, auch die etwas merkwürdig anmutende Trotzreaktion eines verlorenen Sohnes, der seinem Vater erklärte, dass er ja eigentlich gar nicht abtrünnig sein wolle und vielleicht nie geworden wäre, hätte er, der ehrwürdige Vater auf dem Heiligen Römischen Stuhl, nur seinen Laden besser im Griff. „Dem in Gott allerheiligsten Vater, Leo dem Zehnten, Papst zu Rom", so beginnt der Brief, „alle Seligkeit in Christo Jesu, unserm Herrn. Amen." Der Handel und Streit, in dem er sich jetzt nun schon seit drei Jahren „mit etlichen wüsten Menschen" befinde, zwinge oder veranlasse ihn, zuweilen nach ihm, dem Heiligen Vater, zu sehen, nicht zuletzt, da man ja großräumig kolportiere, der Streit Luthers gelte hauptsächlich dem Heiligen Vater in Rom – was nicht richtig sei. Er, Luther, gedenke Leos mitunter gleichwohl ohne Unterlass und habe ihm auch immer das Beste gewünscht. „Wahr ist es, daß ich die, so bisher mit der Höhe und Größe deines Namens und Gewalt zu drohen sich bemühet haben, gar sehr zu verachten und zu überwinden mir vorgenommen habe." Man könnte es auch so ausdrücken: Er, Luther, verachtet den ganzen großen Haufen der Nachrangigen, die kleinen und größeren Satelliten um die päpstliche Sonne herum, die sich anmaßen, in seinem Namen zu sprechen und über ihn, Luther, zu richten. Die sind alle nicht seinesgleichen, zumal sie allesamt Schmeichler sind, Speichellecker. Der einzig Ebenbürtige ist ihm der Heilige Vater selbst. Mit dem will er sich gerne bereden, und den will er vor allen Dingen auf rechte Wege führen, denn sein Schiff ist, wie gesagt, aus dem Ruder gelaufen, in seinem Umfeld tummeln sich lauter Unwürdige, und um ihn herum tobt der Sittenverfall.

Luther nimmt Leo selbst von der Bestandsaufnahme aus, ob aus Diplomatie, Schmeichelei, Wunschdenken, mangelnder Kenntnis oder aus der latenten und vielleicht imaginären Gedankenführung heraus, wenn ein Ehrenmann auf dem Römischen Stuhl säße, der auch moralische Maßstäbe setzte, könnte man das System reformieren und alles beim Alten lassen, einige theologische Neudefinitionen freilich inbegriffen, die er, Luther setzte. „Es ist ja dein Ruf und deines guten Lebens Name", schreibt er, „in aller Welt bekannt", von vielen Hochgelehrten gepriesen und über alle Zweifel erhaben. Umso erschreckender sei der Kontrast zwischen ihm, Leo, der Lichtgestalt, und dem gänzlich verkommenen Rom. „Denn das ist dir selbst jedenfalls nicht verborgen, wie nun viel Jahre lang aus Rom in alle Welt nichts anderes als Verderben des Leibs, der Seelen, der

Güter, und aller bösen Dinge allerschädlichste Exempel gleichsam hineingeströmt und eingerissen sind. Welches alles öffentlich am Tag jedermann bewußt ist, wodurch die Römische Kirche, die vorzeiten die allerheiligste war, nun geworden ist eine Mordgruben über alle Mordgruben, ein Hurenhaus über alle Hurenhäuser, ein Haupt und Reich aller Sünde, des Todes und der Verdammnis, so daß man sich nicht gut denken kann, wie die Bosheit hier noch zunehmen könne, wenngleich der Antichrist selber käme." Dass dieser der Papst sei, der Antichrist, davon ist hier keine Rede, und umso seltsamer scheint es, dass Luther diesen Medici-Papst, den Sohn Lorenzos des Prächtigen, der sich nicht unbedingt durch Ehrbarkeit oder theologische Gelehrsamkeit auszeichnete, wenn es auch sicher schlimmere Päpste vor ihm und nach ihm gegeben hat, quasi als unschuldiges Opfer in einer intriganten Umgebung herausstellt, der eher noch Gefahr laufe, dem Giftmord anheimzufallen, als sich mit seinen ehrenwerten Anlagen in der Mordgrube durchsetzen zu können. Luther schreibt: „Indes sitzest du, Heiliger Vater Leo, wie ein Schaf unter den Wölfen und wie Daniel unter den Löwen und mit Ezechiel unter den Skorpionen. Was vermagst du einzelner wider soviel wilde Wundertiere; und ob dir schon drei oder vier gelehrte Kardinäle zufielen, was wäre das unter solchem Haufen? Ihr müßtet eher durch Gift untergehen, ehe ihr begännet, der Sache aufzuhelfen." Allerdings sieht der Reformator das Schicksal Roms schon im Zeichen des Untergangs, einer vorgezogenen Apokalypse, wenn man so will, und da scheint das Individuum Leo X. schon völlig unerheblich zu sein, verschluckt gleichsam von der verkommenen Institution, die er ja repräsentierte. „Es ist aus mit dem Römischen Stuhl, Gottes Zorn hat ihn überfallen ohn Aufhören. Er ist feind den allgemeinen Konzilien, er will sich nicht unterweisen noch reformieren lassen und vermag doch nicht, sein wütendes, unchristliches Wesen zu hindern, womit er erfüllet, was gesagt ist von seiner Mutter, der alten Babylon, Jer. 51(9): ‚Wir haben soviel geheilet an der Babylon; dennoch ist sie nicht gesund geworden, wir wollen sie fahren lassen.'" Es ist also hoffnungslos mit dem Römischen Stuhl. Seine Zeit ist vorbei. Dass Luther den Papst nicht als Verantwortlichen dieser Missstände zeichnet, sondern gewissermaßen als

Opfer, mag Diplomatie sein, ein Entgegenkommen möglicherweise gegenüber seinen kursächsischen Vermittlern, die ihm ja helfen wollen, seinen Kopf aus der Schlinge zu ziehen – ein Entgegenkommen, wie es dem finster entschlossenen Reformator gerade noch möglich ist, indem er den Papst, den er persönlich nicht kannte und mit dem er auch noch keine direkten Streithändel hatte, als politische Wunschfigur projizierte. Diese Wunschfigur war ein liebender Vater, der nicht nur über den Streithändeln thronte, über den Niederungen von Disputen in Einzelfragen der Theologie, sondern der in geradezu olympischer Weisheit und Überschau alle Fragen von Gott und Mensch, Heil und Unheil, Vergebung, Sünde und Gnade verinnerlicht hat. Dass dies eine Wunschfigur war, durfte ihm wohl bewusst sein, und deshalb machte er dem Papst in persona auch kurz darauf in seinem Sendschreiben klar, dass er dem „süßen Ohrensingen" keinen Glauben schenken solle, mit dem seine Schmeichler ihm einreden wollten, er sei kein bloßer Mensch, sondern ein hohes Wesen, „vermischt mit Gott, der alle Dinge zu gebieten und zu fordern habe". Dem sei nicht so. Er sei vielmehr „ein Knecht aller Knechte Gottes und in einem gefährlicheren, elenderen Stand als irgendein Mensch auf Erden", da er ja eben in seiner hohen Position eine herausgehobene Verantwortung habe, als Gottes Stellvertreter auf Erden – eine Position, die nach Luther eigentlich niemand ausfüllen kann.

Und das ist dann eigentlich auch seine ehrliche Antwort an diesen Pontifex, von dessen persönlicher Qualifikation für sein hohes Amt er vielleicht gar nicht allzu viel wissen wollte, weil er sonst diesen halb-diplomatischen Ton nicht hätte anschlagen beziehungsweise durchhalten können. Giovanni de Medici, wie der gegenwärtige Papst mit Geburtsnamen hieß, hatte immerhin Theologie und Kirchenrecht in Pisa studiert. In seiner Bannandrohungsbulle setzte er sich aber in keinem einzigen Satz mit Luthers Thesen auseinander, und das tat er auch später nicht. Luther, der von der Welt forderte, dass sie dies tat, um ihn gegebenenfalls durch die Schrift widerlegen zu können, die für ihn einzig anzuerkennende Quelle und Autorität, konnte nicht anerkennen, dass hier nur eine Institution wirksam war, deren Macht nicht auf Kenntnis des Gotteswortes, sondern lediglich auf ihrer tradierten und etablierten Position und daraus abgeleiteter Deutungshoheit beruhte. Leo X. war ähnlich prachtliebend wie sein prächtiger Vater, und als er starb, hieß es, wegen seiner hohen Schulden hätten nicht einmal die Kerzen zu seiner Bestattung bezahlt werden können. Er machte Rom zu einem Zentrum von Kunst und Kultur, liebte prächtige Feste und Karnevalsumzüge, und er besaß einen indischen Elefanten namens Hanno, den ihm der portugiesische König geschenkt hatte. Er selbst hatte den Ablasshandel gefördert, um den Neubau des Petersdoms bezahlen zu können, und unter seiner verzweigten Sippschaft, der Medici, haben die Auswüchse von Nepotismus und Simonie in Rom eine sprichwörtliche Form angenommen. Es gab also wenig Grund, diesen Papst als Schaf unter Wölfen, als Unschuldslamm unter lauter korrupten Raubtieren bezeichnen zu wollen. Dass Luther es dennoch tat, zeigt vielleicht, dass er durchaus noch eine Vision hatte von einem Heiligen Vater als moralische Repräsentanz, die das Gotteswort nicht nur weitergab, sondern trug. Seiner Selbsteinschätzung gemäß konnte das aber nur, streng genommen, er selbst sein. Allen Ernstes schlägt er dem Papst in seinem Sendschreiben vor, seinen verkommenen Römischen Stuhl zu verlassen, sich von ihm, Luther, an die Hand nehmen zu lassen und ihm auf dem Weg der Erneuerung zu folgen. Dafür wäre es dann freilich ganz sinnvoll, meint Luther, wenn der Papst finanziell unabhängig wäre und zum Beispiel von seinem väterlichen Erbe leben könne, um diesen Weg der Erneuerung unbeschwert mit ihm gehen zu können. Man befinde sich in einer Art Endzustand, einer Krisis der Entscheidung gewissermaßen, und bevor sich Gottes Zorn auch auf ihn, Leo, ausgießen könne, solle er sich seiner Feinde entledigen, den Sündenpfuhl Rom hinter sich lassen und lieber ihm, Luther folgen. Im Übrigen sei es ihm auch gar nie in den Sinn gekommen, gegen den „Römischen Hof" zu rumoren, aber er könne nicht anders, das müsse Leo jetzt schon verstehen. Rom, welches vorzeiten eine Pforte des Himmels war, sei bedauerlicherweise ein weit aufgesperrter Rachen der Hölle geworden, und dagegen vorzugehen, sei seine Gottespflicht; da seien ihm jetzt wirklich die Hände gebunden. Abgesehen davon, würde er ja auch Ruhe geben, wenn nur seine

Widersacher ebenfalls Ruhe gäben. Das aber sei nicht der Fall. Auch wie sein, Leos Legat (Cajetan) ihn in Augsburg behandelt habe, das sei wirklich schändlich gewesen. Den juckte nichts anderes als der Kitzel zeitlichen Ruhms. Desgleichen der Eck, der noch vor allen anderen. Auch der suchte Ruhm, nicht die Wahrheit. Nur er, Luther, suche die Wahrheit, und da er derart von ihr durchdrungen sei, könne er ihm, Papst Leo, nur noch einmal anbieten, sich ihm ganz zu überlassen und auf diese Weise den Römischen Stuhl wieder zu hohem Ansehen zu bringen. Es sei wirklich die reine Fürsorgepflicht, wenn er, Luther, sich anmaße, den Papst zu belehren. Kurz und gut und zum Schluss: Er bringe mit sich „ein Büchlein, unter deinem Namen ausgegangen, als einen guten Wunsch und Anfang des Friedens und guter Hoffnung, daraus deine Heiligkeit schmekken kann, mit was für Geschäften ich gerne wollt' und auch fruchtbarlich könnte umgehn, wenn mir's angesichts deiner unchristlichen Schmeichler möglich wäre. Es ist ein klein Büchle, wenn das Papier wird angesehen, aber dennoch ist die Summa eines christlichen Lebens darin begriffen, wenn der Sinn verstanden wird. Ich bin arm, hab nichts anderes, womit ich meinen Dienst erzeige, auch bedarfst du lediglich der Mehrung an geistlichen Gütern. Damit befehle ich mich deiner Heiligkeit, die ihm behalte ewig Jesus Christus. AMEN. Zu Wittenberg. Sixta Septembris, 1520." Auf Bitten des Vermittlers Miltitz wurde das Briefdatum und somit auch die Entstehung der Schrift rückdatiert, da beim Pontifex nicht der Eindruck entstehen sollte, beides sei als unmittelbare Reaktion auf die Bannandrohungsbulle entstanden, von der Luther erst Ende September erfuhr. Die letzten Zeilen des Briefes zusammengefasst, heißt das: Er, Luther, sei nur ein armer Mönch, aber im Besitze der göttlichen Wahrheit. Er, Leo, der Heilige Vater, sei reich und mächtig, aber der göttlichen Wahrheit bedürftig. (Luther nennt es: „der Mehrung an geistlichen Gütern".) Das sei ein gerechter Tauschhandel, dass er, Luther, jetzt ihm, dem Papst, diese Schrift zueigne, in Erwartung eines nicht weltlichen, aber im Sinne der asymmetrischen Positionen der beiden Beteiligten geistlichen Lohns – will sagen: Aufhebung der Verbannung (von der Luther ja offiziell noch nichts weiß) sowie der Bereitschaft des Pontifex, sich geistlich fortan von Luther führen zu lassen. Es scheint unvorstellbar, dass Luther glauben konnte, der Papst würde sich auf ein derartiges Tauschgeschäft einlassen, seine Verwerfungen der römischen Kirche ganz bestimmt nicht persönlich nehmen und am Ende – nach intensiver Lektüre der Luther'schen Schrift, versteht sich – sogar seine geistliche Führung annehmen. So unglaublich scheint dies, dass man nur mutmaßen kann, Schrift und Sendbrief bezeichnen eine endgültige Wegscheide und offizielle Trennung von der Institution des Römischen Stuhls, und zwar selbstbewusst seinerseits, bevor die andere Seite ihn verbannen und exkommunizieren konnte, außerdem auch nur vordergründig der Diplomatie folgend, die die Kursachsen forderten, und auch eben nur so, wie Luther es konnte. Er war nun einmal ein deutscher Haudegen, kein Höfling, kein Schmeichler und kein Diplomat. Und er war im Recht. Da war er sich vollkommen sicher.

„Von der Freiheit eines Christenmenschen" basiert auf zwei nahezu gegenläufigen Sätzen, die der Autor mit gewohnt großer Wucht an den Anfang des Textes platziert, und die da lauten:

> „Ein Christenmensch ist ein freier Herr über alle Ding und niemand untertan."

sowie:

> „Ein Christenmensch ist ein dienstbarer Knecht aller Ding und jedermann untertan."

Luther führt sie zurück auf die Unterscheidung des inneren und äußeren Menschen. Freiheit und Dienstbarkeit entsprechen der Differenzierung seines geistlichen und leiblichen Wesens. Er ist also von zweierlei Natur, und demgemäß unterscheiden sich seine unterschiedlichen Daseinsweisen, nicht aber seine Wesensbestimmung. „Nach der Seele wird er ein geistlicher, neuer, innerer Mensch genannt, nach dem Fleisch und Blut wird er ein leiblicher, alter und äußerer Mensch genannt." Das ist die Geschichte vom Alten Adam und vom diesen überwindenden (neuen) Menschen, die der Apostel Paulus lehrt. Adam ist das Haupt, also der Stammvater der alten, sündigen Menschheit, während Christus gewissermaßen der

Stammvater einer neuen, erlösten Menschheit genannt werden
kann. In diesem Sinne fasst jeder einzelne Mensch einen alten und
einen neuen Anteil in sich, und sein Leben verläuft innerhalb dieser
einander widersprechenden Divergenzen. Es ist zugleich eine Forderung an den alten, sündhaften und unvollkommenen Menschen,
sich dem von Christus vorgegebenen Erlösungs- und Vollkommen-
heitsideal immer mehr anzunähern; eine Forderung und zugleich
eine Mahnung zur Umkehr, kann es doch bedeuten, ein neues, gott-
gefälligeres Leben zu beginnen. Luther schreibt: „Und um dieses
Unterschieds willen wird in der Schrift einander Widersprechendes
gesagt, wie ich jetzt gesagt habe, von der Freiheit und Dienstbarkeit."
Frei ist der Mensch in seinem Glauben an Gottes Verheißungswort,
dienstbar hingegen in seinen zeitlich-historischen Daseinszusam-
menhängen, seinem immerwährenden Miteinander mit anderen
Menschen, auf die sich seine Dienstbarkeit richten soll. Diese Setzung steht in engem Zusammenhang mit Luthers Auffassung, dass
der Bereich der „guten Werke", die ja als Dienst am Nächsten zu
verstehen sind, nicht in den innerlichen Bereich der Freiheit gehören, sondern ausschließlich äußerer Natur sind. Sie machen weder fromm noch frei, da dies allein durch den Glauben geschieht.
Gleichwohl stellen sie eine Verpflichtung dar, da der Glaube sich in
ihnen als Dienst der Liebe alltäglich bewähren muss. Die Freiheit
also existiert nur in der Bindung ans Gotteswort und an den daraus
hervorgehenden Dienst an den Mitmenschen. Als Wert an sich ist
sie bei Luther nicht existent.

Luthers Freiheitsbegriff hat wenig oder gar nichts mit dem zu
tun, was wir heute mit dem Begriff assoziieren. Er meint nicht Ent-
scheidungs- und Handlungsfreiheit oder Selbstverwirklichung, individuelle Entfaltung, ein Leben ohne Vorschriften, Einengungen,
Fremdbestimmung, gesellschaftliche oder staatliche Gängelung.
Es ist auch nicht der Freiheitsbegriff, wie ihn die Aufklärer zwei-
hundert Jahre nach Luther verstanden. Es ist keine institutionell
verstandene Freiheit, die im Zusammenhang steht mit unseren
heutigen Vorstellungen von Rechtsstaatlichkeit und Demokratie.
Es ist überhaupt keine politisch verstandene Freiheit, und Bindungslosigkeit ist damit schon gar nicht gemeint. Luthers Freiheit

ist ein rein religiöser Begriff – zu übersetzen vielleicht passender mit dem Begriff der Erlösung, die mit der Bindung an Gott fest zusammenhängt. Denn um die Freiheit im Luther'schen Sinne zu haben, bedarf es des Glaubens, sonst aber gar nichts. „Glaubst du, so hast du, glaubst du nicht, so hast du nicht." Da steht Licht gegen Dunkelheit, eine Rettung aus der Befangenheit. Die Glaubens-erfahrung als Gotteserkenntnis ist eine Befreiung – nicht nur von den Sünden, sondern auch von den seelischen Schlacken, von Zweifeln, Ängsten und seelischer Not. Sie kann aber nicht erlangt und erworben werden, und deshalb sind die „guten Werke" auch nur eine Folge des Glaubens und nicht seine Ursache. Sie zu tun mit der Hoffnung auf fromme Belohnung, ist nicht nur wider-sinnig, sondern auch ineffizient. Alles „leibliche" Beten, Fasten und Wallfahren hat nach Luthers Verständnis nichts mit der Freiheit der Seele zu tun. Das sind gegebenenfalls rein äußere Werke, die auch ein schlecht gesinnter Mensch tun kann, also ein Gleisner und Heuchler. Ein solcher kann sich auch mit heiligen Gegen-ständen umgeben, wie er nur will, er wird dadurch doch nicht zu einem frommen „inneren" Menschen – und das ist der, der „mit Gott eins" ist. Die guten Werke tut man den Menschen zu Ehren, nicht um der göttlichen Gnade willen, denn dessen bedarf es nicht, und sie ist auf diesem Wege auch nicht zu erlangen. Der Mensch, der mit Gott eins ist, hat auch die Gesetze und Gebote verinner-licht. Er muss sie sich nicht unentwegt vergegenwärtigen oder aber bewusst ausüben, in einem mehr oder weniger latenten Ge-gensatz zu seinem eigenen Wünschen und Wollen. Auf diese Weise wird der gläubige „innere Mensch" zu einem „Selbsttäter und Werkmeister", und die äußeren Praktiken seines Glaubens werden dahinter immer schemenhafter und letztlich unwesent-lich. „Denn wer das erste Hauptgebot erfüllet, der erfüllet gewiß-lich und leichtlich auch alle anderen Gebote. Die Werke aber sind tote Dinge, können nicht ehren noch loben Gott, wiewohl sie kön-nen geschehen und sich tun lassen Gott zu Ehren und Lob. Aber wir suchen hier den, der nicht getan wird, wie die Werke, sondern den Selbsttäter und Werkmeister, der Gott ehret und die Werke tut. Das ist niemand denn der Glaub des Herzens, der ist das Haupt

und ganze Wesen des Frommseins, darum ist es eine gefährliche,
finstere Rede, wenn man lehret, die Gottesgebote mit Werken zu
erfüllen, da die Erfüllung vor allen Werken durch den Glauben
muß geschehen sein und die Werke nachfolgen der Erfüllung."
Diese prägnante Betonung einer inneren Selbstgewissheit, die über
alle Rituale und rein äußeren Glaubensformen erhaben ist, am
Ende sogar der äußeren Vorgaben völlig entbehren kann, hat in
der Tat eine gewaltige Wirkung auf die Entwicklungen der folgenden Jahrhunderte entfaltet. Die protestantische Ethik ist eine davon. Auch hier hat das Individuum das Gesetz tief verinnerlicht,
welches da lautet: *Handle so, dass die Maxime deines Wollens zu
einem allgemeinen Gesetz werden könnte!* Dieses Gesetz ist, so wird
es verstanden, göttlichen Ursprungs, aber es ist uns idealerweise
„in Fleisch und Blut übergegangen", sodass wir die Divergenzen
zwischen Wollen und Sollen irgendwann gar nicht mehr spüren.
Der Mensch in seiner Selbstverantwortung wird hier viel stärker
in den Vordergrund gerückt, und es ergibt sich daraus auch ein
deutlich erhöhter moralischer Anspruch, da einem diese Selbst-
prüfung eben niemand mehr abnehmen kann und kein Ritual dieses ersetzt oder auch nur ergänzt. Diese „Wendung nach innen"
führte aber auch zu einer erhöhten Reflexionstätigkeit, in ursprünglich moralischer Absicht und ausschließlich im religiösen
Raum angesiedelt, irgendwann aber auch in alle Tiefen und Un-
tiefen der menschlichen Seele hineinführend, und das bald auch
ohne Gott. Alles machte das Individuum fortan mit sich alleine
aus. Und wo kein Gott mehr war, da war es seinen inneren Dämonen, seinen individuellen Leichen im Keller irgendwann schutzlos
ausgeliefert. Es ist fraglich, ob es die Psychoanalyse gegeben hätte
ohne den Umweg über den Protestantismus. Das entfallene Beicht-
sakrament ersetzte zunächst die im 18. Jahrhundert ins Kraut
schießende Bekenntnisliteratur, die Autobiografien und andere
Formen der literarischen Innerlichkeit. Tabulos wurde die vermeintliche Selbst- und Seelenerforschung, als spätestens mit der
Psychoanalyse der Mensch – seit der Aufklärung qua Vernunft ein
autonomes Subjekt – gleichsam vom Kopf auf die Füße gestellt
wurde. Im 20. Jahrhundert erhielt das Ganze dann einen exhibitio-

nistischen Zug, die allgegenwärtige, auch profan ausgelebte Psychologie immer im Hinterkopf, und heute gilt es nahezu als unanständig, wenn nicht jede Person des öffentlichen Lebens etwas von ihrem Innenleben zu erzählen hat, sei es der Wirtschaftsminister oder die Skispringerin. Ohne Skrupel, Brüche und Abgründe keine Authentizität, scheint die allgemeine Auffassung zu sein. Und bevor dieses Innenleben nicht gründlich geklärt ist, kann es auch keine Gewissensentscheidungen geben. Ohne Luther hätte das Gewissen, auf das er sich in den spannungsreichen und entscheidenden Momenten seines Wirkens berief, niemals eine solche Prominenz eingenommen, um dem Individuum damit auch eine neue und konstitutive Würde zu geben. Sein „Hier steh' ich nun, ich kann nicht anders", ob er es nun vor dem Wormser Reichstag äußerte oder nicht, findet sich – nahezu wortgleich – an mehreren Stellen seiner Schriften und Briefe wieder, und es ist Ausdruck seiner absoluten Selbstgewissheit als einzig erhebliche moralische Rechtfertigung. Es ist keine wirklich definierbare oder gar objektivierbare Instanz, aber es ist ein edles Gegengewicht zu den Gesellschaftszwängen, in denen wir alle mehr oder weniger leben, da wir eben soziale und mehr oder weniger auch politische Wesen sind. Gegebenenfalls ist es auch ein Kulminationspunkt, der unser Handeln entscheidet. Das Gewissen ist ein politischer Luxus. Wehe der Gesellschaft, die ihm keinerlei Raum lässt.

Zurück zu Luther und seinem Freiheitsbegriff. Was er meint, ist Freiheit mit Bindung, mit göttlicher Rückkopplung. Ohne diese könnte der Mensch das Gesetz gar nicht tragen sowie die Selbstgewissheit, die es hervorbringt. Er geht damit völlig auf der göttlichen Spur, und seine Herrschaft ist ein „geistliches Königreich", an das kein äußeres Ding und auch keine irdische Herrschaft, kein einziger Zwang von außen heranreichen kann. Insoweit lebt er in Freiheit, der Christenmensch – gemäß dem Christuswort: „Mein Reich ist nicht von dieser Welt." Ob diese Haltung nun eine innere Emigration ist oder eine wirkende, tätige Anwendung und Übertragung der Christusworte und -werte auf dieses irdische Leben, mag eine Entscheidung im Einzelfall sein sowie eine Bedingung der Möglichkeit jeweiliger Konstellationen und Lebensverhältnisse. Wenn Luther aber vom „fröhlichen Wechsel" spricht, dann gibt das der christlich gedachten Dialektik von Freiheit und Bindung eine maßgebliche Urerzählung zur Grundlage, auf die auch die menschliche Seinsbeschaffenheit in diesem Sinne verweist. Obwohl er frei war, ist Christus um der Menschen willen zum Knecht geworden. Der Gottessohn entäußerte sich seiner göttlichen Herrlichkeit und nahm in der Welt der Sünde Gestalt an, um die von Sünde gezeichneten Menschen zu retten. Der „heilige Tausch" ist das Erlösungsgeschehen. Christus nahm die menschliche Schuld auf sich, und der Mensch erhielt dafür die göttliche Gnade. Freiwillig gab der Gottessohn seine göttliche Freiheit auf. Freiwillig lebt der innere Mensch, der mit Gott eins ist, in der Dienstbarkeit an den Nächsten und setzt so das Werk fort, das Christus vorlebte. „Obwohl der Mensch inwendig nach der Seele, durch den Glauben genugsam gerechtfertigt ist und alles hat, was er haben soll, ohne daß derselbe Glaube und Genüge muß immer zunehmen bis in jenes Leben, so bleibt er doch noch in diesem leiblichen Leben auf Erden und muß seinen eigenen Leib regieren und mit Leuten umgehen. Da heben nun die Werke an, hier darf er nicht müßig gehen, da muß fürwahr der Leib mit Fasten, Wachen, Arbeiten und mit aller mäßiger Zucht getrieben und geübt werden, daß er dem inneren Menschen in dem Glauben gehorsam und gleichförmig werde, ihn nicht hindere noch widerstrebe, wie seine Art ist, wenn er nicht gezwungen wird; denn der innere Mensch ist mit Gott eins, fröhlich und lustig um Christus' willen, der ihm soviel getan hat, und steht alle seine Lust darin, daß er wiederum auch *möchte Gott umsonst dienen in freier Liebe.*"\* Freiheit heißt: freiwillig dienen und sich somit in völliger innerer Einheit befinden mit Gott. Jesus Christus lebte das vor, ist er doch, „obwohl er frei war um unsertwillen ein Knecht geworden." Dass Luther die Fröhlichkeit dieses Tuns so betont – eine Eigenschaft, die nun nicht gerade augenfällig aus seinem überlieferten Wesen oder aus seinen sonstigen Schriften und Äußerungen hervorgeht –, hängt

---

\*   Eigene Hervorhebung.

damit zusammen, dass er den Zwang vieler bisheriger Praktiken ablehnte: die Selbstkasteiungen, die Rituale um ihrer selbst willen, Glaubenspraktiken mit getriebenem Leistungscharakter – ein Weg, der doch, wie er weiß, nie zu Gott führen kann. Wenn man die Gnade hat, ist alles ganz einfach, und man muss sich nicht anstrengen. Alles ist „freie Liebe". Was aber, wenn man sie nicht hat, die göttliche Gnade? In der Freiheitsschrift ist vom „Überfluß" dieser göttlichen Liebe die Rede, von Fröhlichkeit, „fröhlichem Wechsel", von Wahrhaftigkeit, vom freien Herzen. Indem ein jeglicher sich seines Nächsten so annehme, als wäre er selbst dieser Nächste, erlebt er sie wirklich, die Freiheit des Herzens. Papst Leo, dem Luther die Schrift ja gewidmet hat, kann, wenn er will, nun noch folgendes Fazit lesen (unwahrscheinlich, dass er es tat): „Aus dem allen folgt der Beschluß, daß ein Christenmensch lebt nicht in sich selbst, sondern in Christo und seinem Nächsten, in Christo durch den Glauben, im Nächsten durch die Liebe. Durch den Glauben fähret er über sich in Gott, aus Gott fähret er wieder unter sich durch die Liebe und bleibt doch immer in Gott und göttlicher Liebe, gleichwie Christus sagt Joh. 1(51): ‚Ihr werdet noch sehen den Himmel offenstehen und die Engel auf- und absteigen über den Sohn des Menschen.' Siehe, das ist die rechte, geistliche, christliche Freiheit, die das Herz frei macht von allen Sünden, Gesetzen und Geboten, welche die andere Freiheit übertrifft, wie der Himmel die Erde."

Luthers Freiheitsbegriff ist aufs Engste verbunden mit seiner These vom unfreien menschlichen Willen. Schon deshalb ist er unserem Freiheitsverständnis eigentlich diametral entgegengesetzt. Die Gnade kommt nur von Gott. Anders als Erasmus von Rotterdam billigt Luther dem menschlichen Willen nicht einmal eine noch so geringe Mitwirkung an seinem eigenen Seelenheil zu. Damit bleibt er eigentlich bei der paulinischen Differenzierung, dergemäß man entweder „nach dem Geiste" oder „nach dem Fleische" lebe. Nichts anderes ist Luthers Bild vom menschlichen Reittier, das entweder von Gott oder vom Teufel geritten werde. Die Wahl fürs eine oder fürs andere hat er jedenfalls grundsätzlich nicht.

Wir können sagen, dass nicht Luther, sondern die humanistische

Gegenrichtung in dieser Frage unsere Geistesgeschichte bestimmt hat. Wenn Erasmus als Reaktion auf Luthers Theologie die Freiheit des menschlichen Willens verteidigt, dann ist das weniger eine theologische Verteidigung des altgläubigen Lagers als ein humanistisches Plädoyer für die Würde des Menschen und die Gestaltungskraft seines Geistes – in einem Worte: *humanitas*.

# „Vom freien Willen"

## Erasmus von Rotterdam gegen Luther

Desiderius Erasmus von Rotterdam wurde 1466 oder 1467 oder 1469 geboren, vermutlich am 28. Oktober und vermutlich in Rotterdam. Genau weiß man das alles nicht. Man weiß nur, dass er Holländer war und dass seine Eltern Holländer waren. Den Beinamen „Desiderius" gab sich Erasmus, dessen erster Vorname (wörtlich: „der Liebenswürdige") schon recht positiv besetzt ist, in seiner bereits vielversprechenden ersten Lebenshälfte selbst, und er benutzte ihn auch in seinen Korrespondenzen und Publikationen. „Desiderius" heißt „der Ersehnte" und deutet traditionell, vor allem in der frühchristlichen Zeit, als der Vorname sehr populär war, das Verlangen nach dem Erlöser an, nach Jesus Christus. Die Geburt des Erasmus von Rotterdam stand allerdings unter einem Makel, und das setzte ihn quasi naturgemäß in ein gewisses schiefes Verhältnis zum klerikalen System, dem er aber doch qua Geburt auch verbunden war, und zwar lebenslang. Er war der illegitime Sohn eines Priesters und einer Bürgerstochter, und die Tatsache, dass Erasmus noch einen drei Jahre älteren Bruder namens Peter hatte, mit dem er erzogen wurde, spricht dafür, dass die Affäre seiner Eltern, aus der er hervorging, kein einmaliger Ausrutscher war, sondern offenbar eine wirkliche Liebesverbindung. In diesem Sinne war er wohl „der Erwünschte", ein Kind der Liebe. Aber das alles durfte ja schließlich nicht sein. Eine nach außen hin lebbare Form dafür gab es nicht, und die Sprösslinge wurden bei wohlmeinenden Verwandten und schließlich im Schoß der Kirche untergebracht. Von 1478 an besuchte Erasmus die Lateinschule der Brüder vom gemeinsamen Leben in Deventer. Das Haus dieser Glaubensgemeinschaft war der

Erasmus von Rotterdam (ca. 1467–1536), Hans Holbein d. J., 1523.

Ort einer gelebten Reformtheologie, an dem Erasmus auch den Schriftsteller Rudolf Agricola kennenlernte – ein erstes und großes Vorbild seiner frühen Ambitionen im Bereich der schönen Wissenschaften und der antiken Gelehrsamkeit. Innerhalb des klerikalen Systems stieg Erasmus schnell auf – wahrscheinlich unfreiwillig. Er wurde Regularkanoniker im Kloster der Augustinerchorherren in Steyn bei Gouda. 1492 wurde er zum Priester geweiht, verließ aber im Jahr darauf als Sekretär des Bischofs von Cambrai das Kloster, das er nie mehr betrat. Erasmus hasste das Klosterleben, über das er sich auch immer abschätzig äußerte. Seinem geistigen und leiblichen Freiheitsbedürfnis und seinem Bedürfnis nach vornehmer Absonderung war diese Lebensform völlig entgegengesetzt. Noch Jahrzehnte nach diesen Klosterjahren klagte er über die kalten Klosterzellen, die zugigen Gänge, das schlechte Essen, die Unreinlichkeit und die erzwungenen Gemeinschaften. Die geistigen Einengungen waren ein Thema für sich, und alle anderen Realitäten und Widersprüche des geistlichen Lebens, auch wenn sie ihn keineswegs alle betrafen, kannte er ebenfalls aus eigener Anschauung. Die fast vier Jahre Theologiestudium an der Sorbonne in Paris, unterbrochen von mehreren Reisen in seine niederländische Heimat, schlossen sich da nahtlos an. Auch hier behielt er die unbequemen Lebensverhältnisse, die groben Sitten der Mitstudierenden, die Unsauberkeit, verdorbenes Essen und Ungeziefer in den Schlafsälen in nachhaltiger Erinnerung – und diese wurde durch die Enggeistigkeit der scholastischen Lehre, die er vermittelt bekam, durchaus nicht gehoben.

Längst war Erasmus ein unabhängiger Geist mit schriftstellerischen Aktivitäten, die ihm der noch junge Buchdruck ermöglichte. Während er sich vom scholastischen Formalismus abwandte, indem er fortfuhr, die Quellen des Glaubens erschließen zu wollen (womit er der Reformation den Boden bereitete), sammelte er zum Zeitvertreib lateinische Sprichwörter und schulte daran seine Stilsicherheit. Er trieb Philosophie auf eine spielerische Art und übte Zeitkritik im antiken Gewand. Die stilistische Eleganz seiner Werke und die entsprechende Resonanz mochten ihn hoffen lassen, mehr als ein Zubrot mit seinen Publikationen verdienen zu können. Was

aber entscheidender war für seinen wunschgemäßen Werdegang
als freier Schriftsteller und weltgewandter Gelehrter mit permanent
wechselnden Wohnorten, war die Tatsache, dass es ihm immer gelang, reiche und mächtige Gönner zu finden, die auf ihn aufmerksam wurden und offenkundig auch seinen eloquenten Charme
schätzten – eine Freundschaft wie die noch in den Pariser Jahren zu
dem jungen Lord Mountjoy, der ihn später an den Hof Heinrichs VIII. von England brachte, durfte darauf wohl aufbauen. Er
begann als Stipendiat des Bistums Cambrai und als Nebenerwerbs-
lehrer zweier Lübecker Kaufmannssöhne (unter anderem diesen),
und er endete als der berühmteste Gelehrte Europas, nach dem
nicht umsonst heute die europäischen Austauschstipendien der
Universitäten benannt sind, im Austausch und im Kontakt mit
Päpsten und Kardinälen, Fürsten und Königen. Das allerdings verabsäumte er auch nie zu erwähnen, und während er diese ganzen
splendiden Kontakte auflistete, betonte er zugleich, dass er sie gar
nie gesucht habe, auch die Ehrbezeigungen nicht, auch die Pfründe
nicht, nein, ganz bestimmt nicht das Geld, nicht das Geld und auch
nicht den Ruhm. In einem Brief an den jungen Mönch Servatius
Rogerus entwarf Erasmus 1514 eine Art Selbstporträt: „Meine Bücher will ich nicht rühmen, Ihr verachtet sie vielleicht. Aber viele
bekannten, durch ihre Lektüre nicht nur gebildeter, sondern auch
besser geworden zu sein. Geldgier hat mich nie berührt, Ruhmsucht
nicht ein bißchen. Sklave des Vergnügens, mag ich auch einmal
dazu geneigt haben, bin ich nie geworden. Rausch und Gelage habe
ich stets verabscheut und gemieden." Das tat er schon deshalb, weil
er unglaublich empfindlich war – gegen Lärm, Zugluft, schlechte
Gerüche (davon wurde ihm übel), schlecht gekelterten Wein (davon
bekam er Nierensteine), zu schweres, zu fettes Essen (Verdauungs-
probleme), klamme Räume und überheizte Räume und wogegen
man sonst noch so alles empfindlich sein konnte. Der immerwäh-
rende Fischgeruch in den Hauseingängen ließ ihn schließlich sogar
Abstand nehmen zu seiner niederländischen Heimat, und bezüglich
der Fastenzeit äußerte Erasmus, obwohl er zum altgläubigen Lager
gehöre, sei sein Magen wohl lutheranisch. Er ließ sich vom Fasten
und vom freitäglichen Fischessen wie von manch anderem sonst

suspendieren, und dem Medici-Papst Leo X. war er schon deshalb
zu tiefem Dank verpflichtet, weil er ihn 1517 von den Ordensgelübden
entband. Dem jungen Mönch Servatius Rogerus schrieb er übrigens
ziemlich feurige Briefe, aber Weiteres wissen wir nicht. Ihm auf die
selbst gestellte Frage antwortend, warum er sich nirgendwo dauerhaft niederlassen wolle, äußerte er, die Wanderschaft gehöre quasi
zum Handwerk des Denkers. Solon sei ein Wanderer gewesen, desgleichen Pythagoras oder Platon. „Die Apostel wanderten auch,
namentlich Paulus." Und was solle er schließlich auch machen,
wenn alle ihn liebten und alle ihn haben wollten? „Da bin ich von
den Anerkanntesten anerkannt und von den Gelobtesten gelobt
worden. Überall in Spanien, Italien, Deutschland, Frankreich, England, Schottland hat man mich eingeladen. Und wenn ich auch
nicht von allen anerkannt werde (danach strebe ich auch gar nicht),
so finde ich doch bestimmt den Beifall der Prominenten. In Rom
war kein Kardinal, der mich nicht wie einen Bruder aufnahm, obwohl ich durchaus nicht nach Derartigem gierte ... Und diese Ehre
galt nicht dem Reichtum – den habe ich bis zur Stunde nicht und
verlange auch nicht danach –, nicht dem Ehrgeiz, der mir stets ganz
fernlag, sondern nur der Wissenschaft, die die Unsrigen verlachen,
die Italiener anbeten. In England gibt es keinen Bischof, der sich
nicht über einen Gruß von mir freute, mich nicht an seiner Tafel, in
seinem Hause zu sehen wünscht. Sogar der König [Heinrich VIII.]
hat mir kurz vor dem Tode seines Vaters, als ich in Italien war, ei-
genhändig einen sehr liebenswürdigen Brief geschrieben und redet
jetzt so ehrenvoll und liebenswürdig wie möglich von mir ... Die
Königin wollte mich als ihren Lehrer haben. Jedermann weiß, wie
viele Pfründen ich bekommen könnte, wenn ich nur wenige Monate
am königlichen Hof leben wollte; aber meine Muße und wissenschaftliche Arbeit geht dem allem vor." Auch eine dauerhafte Bindung an eine Universität vermied Erasmus von Rotterdam, weil
auch dies seine geistige Freiheit eingeschränkt hätte. Im Zuge der
Reformationsstreitigkeiten ergab sich dann tatsächlich die sonderbare Situation, dass das altgläubige Lager ihn wegen seiner Kirchenkritik der geistigen Unterwanderungen und des ketzerischen Sym-
pathisantentums verdächtigte, während die Reformatoren ihn des

Opportunismus mit den altgläubigen geistlichen und weltlichen Mächten brandmarkten. Doch weder sie noch die Gegenseite konnte ihn letztendlich für ihre Sache gewinnen. Erasmus blieb *homo per se*. „Keinem will ich angehören", so sagte er. „Nulli concedo."

Es war auf einer seiner zahlreichen Reisen – der Rückreise von Italien nach England im Jahre 1509, um dem jungen König Heinrich VIII., Hoffnungsträger der europäischen Humanisten, auf seine Einladung zu folgen –, als Erasmus die Idee zu einem Buch über die Torheit entwickelte. Er realisierte das Buch schließlich, in England angekommen, in sehr kurzer Zeit im Hause seines Freundes Sir Thomas More. Das „encomium moriae" – zu Deutsch: „Das Lob der Torheit", das noch zu Lebzeiten des Erasmus sechsunddreißig Auflagen erhielt, war eine beißende Zeit- und Gesellschaftssatire, die nahezu alle Stände und Gesellschaftsverhältnisse karikierte und somit auch auf die Spitze führte, wie es bestellt war um Adel und Klerus, um Fürsten und Päpste und deren Spießgesellen, seien es die „Affen im Purpur" (die Kardinäle) oder die „Esel [in] Löwenhaut" (kriegführende Könige), aber auch um die mittleren und unteren Gesellschaftsklassen, um Krämer und Handwerker, Soldaten, Gelehrte und Kaufleute, Männer und Frauen, Arme und Reiche, Gescheite und Dumme. Denn die Welt ist ein Narrenhaus, und sie wird regiert – von der Torheit, nicht von der Göttin Vernunft. Das Gespräch ist ein Selbstgespräch der Göttin Torheit, die eine Art weise Närrin ist, welche sich umfangreich selbst lobt – was schließlich auch eine Voraussetzung für ein gelingendes Leben sei, so die Göttin, also Selbstannahme, Selbstliebe (häufig die schwierigste aller denkbaren Lieben). Alle stünden sie in ihren Diensten, doziert die Torheit, aber besonders gefragt sei ihr Dienst freilich da, wo das Geld herrsche, und so sei schließlich ihr Vater Pluto, der Reichtum, Vater der Götter und Menschen. „Nach seinem Willen zeigt und bewegt sich heute wie einst alles Geistliche und Weltliche. Seiner Entscheidung unterliegt alles, Kriege, Friedensschlüsse, Reichsgründungen, Verfassungen, Gerichtsbeschlüsse, Wahlen, Heiraten, Verträge, Bündnisse, Gesetze, Künste, Spiel, Ernst, kurz – mir geht schon der Atem aus –, jede private und öffentliche Tätigkeit unter Menschen." Und selbst die Geisteserzeugnisse, die freien Künste, die Musen: „Ohne seine Hilfe wäre das ganze Volk poetischer Geister, frei herausgesagt, sogar die höchsten Götter selbst, entweder einfach nicht vorhanden, oder sie führten ein nüchternes, wenn nicht karges Leben." Die Torheit aber, insbesondere mit der Hilfe des Pluto, verspreche eine Insel der Seligen, und um diese bereits zu Lebzeiten erreichen zu können, seien die Menschen gleichsam zu jedem Pakt mit der Torheit bereit. Ihre Trabanten seien die Schmeichelei und die Eigenliebe, die Trägheit und das Vergessen, desgleichen aber auch der Siebenschläfer, die Ausgelassenheit, der Wahnsinn, das (kurze) Vergnügen und das Ergötzen. Diese vielfältigen Formen kann das menschliche Gemüt offenbar annehmen, wenn es unter der Herrschaft der Torheit steht, der es sich willentlich unterordnet, verspricht diese doch so wunderbare Genüsse und Köstlichkeiten, wie es die langweilige und vernünftige Weisheit niemals vermag. Man wolle ein Beispiel aus dem alltäglichen Leben? Nun denn: Welcher Mann, fragt die Torheit, würde den Kopf unter das Joch des Ehestands beugen, wenn er in einem weisen Abwägen die Nachteile mit den Vorteilen in Vergleich brächte? Welche Frau würde sich wohl einem Manne hingeben, wenn sie die Mühen und Gefahren der Geburt oder die Last mit der Erziehung der Kinder von vornherein mitbedächte? Für ein so flüchtiges Vergnügen wie den Beischlaf nähmen offenbar beide Geschlechter enorme Misslichkeiten und Konsequenzen in Kauf, als da seien: Schwangerschaft und Geburt, lebenslange Verpflichtungen, Gezänk und Unfrieden im immer unrosiger werdenden Ehealltag, unendliche Kosten, Unfreiheit und noch viel mehr. Da musste offenbar jedes Mal die Göttin Vergessen einspringen, dass sich ein solcher Vorgang nur ein einziges Mal wiederholte – und ohne sie wäre sowieso die Menschheit längst ausgestorben. Sie sei aber wirklich omnipräsent im Leben der Menschen, die Torheit. Ohne sie könne kein Zusammenleben von Menschen bestehen, ohne all die kleinen Schmeicheleien und Lügen, Selbsttäuschungen, Schäkereien und Irrtümer, die uns das Leben mit den anderen immerhin etwas erträglicher machten. Ansonsten heißt es: „Das Volk erträgt den Fürsten nicht lange, der Herr seinen Knecht nicht, das Gesinde keinen Herrn, der Lehrer keinen Schüler, der Freund keinen Freund, der

Gatte seine Gattin nicht, der Eigentümer keinen Pächter, der Haus-
genosse keinen Hausgenossen und der Tischgenosse keinen Tisch-
genossen, wenn sie nicht gemeinsam bald irren, bald schmeicheln,
bald einander weise durch die Finger sehen, bald sich gegenseitig
den Honig der Torheit ums Maul schmieren." Schließlich aber sei
die Torheit auch eine wunderbare und die eigentliche Würze des
Lebens, ohne die alles kalt und karg wäre, unwirtlich und banal.
Wohin die Weisheit führe, erkenne man hingegen recht eindrücklich am Schicksal besonders weiser und kluger Männer: Sokrates
führte sie auf die Anklagebank und zum Schierlingsbecher – ein
schönes Ergebnis. Seinesgleichen sei ohnehin zum praktischen Leben vollkommen ungeeignet, und wie unrealistisch ein Philoso-
phenstaat sei, also ein von Weisen gelenktes Staatswesen, wie es
sich Platon erträumte, das sehe man an den nicht gerade nach-
ahmenswerten Beispielen politisch tätiger Philosophen – den beiden Cato, aber durchaus auch Brutus, Cassius, den Gracchen und
Cicero, „der dem römischen Staat nicht weniger Unheil bescherte
als Demosthenes dem athenischen Staat." Um auf Platon zurückzu-
kommen und sein Höhlengleichnis zu aktivieren, so mag es dem
Weisen, meint die Torheit, eine intellektuelle Befriedigung bringen,
dass er die wahren Urbilder der Dinge sehe oder sie doch immerhin
ahne. Die in der Höhle Verbleibenden, die nur die Schattenbilder an
der Höhlenwand sehen und diese fälschlicherweise für die Wirklichkeit halten, sind aber am Ende eventuell besser bedient, denn sie
erfahren gegebenenfalls die Torheit in ihrer Gestalt als „liebenswürdige Täuschung", und da bringe sie einfach viele Annehmlichkeiten
des Lebens mit sich, da die Täuschung etwa auch von vielen Sorgen
und Ängsten befreie. Die anderen aber erlebten Unschuldsverluste,
und diese sind immer der Anfang von Aufwiegelungen, der Beginn
aller Unzufriedenheiten des Menschengeschlechts. Manchmal weiß
man in dem Vexierspiel des stilistisch versierten Autors nicht so
genau, wo er die Trennlinie zieht zwischen der Torheit als weiser
Närrin oder der Entlarvung der wirklichen Narrheit, die sich in der
schonungslosen Darstellung des Satirikers über alle Gesellschafts-
schichten erstreckt. Aber das ist wohl auch so gewollt. Die Grenzen
sind fließend – und hier hat einfach die olympische Höhe des Hu-

manisten und der schillernde Realismus und zugleich Relativismus des satirischen Schriftstellers eine umfassendere, da menschlich vielschichtigere Durchdringungskraft als die meist eindimensionale Sicht des Moraltheologen. Da wird vom Ansatz her auch schon klar, warum Luther und Erasmus in theologischen Fragen entgegengesetzte Standpunkte einnehmen mussten. Erasmus hat sich lange gesträubt, sich überhaupt auf dieses Terrain zu begeben und mit Luther auf ein Schlachtfeld zu treten. Der Musensohn war keine Kämpfernatur, und in seiner schönen und schillernden Welt der *humaniora* war Eindeutigkeit gewissermaßen verpönt. Doch die Zeit hatte sie nun einmal zu geistigen Gegnern bestimmt, und also musste das Gefecht auch irgendwann stattfinden.

Brisanter als das „encomium moriae" ist im Vorfeld der Luther-Debatten ein anderes satirisches Werk des Erasmus, das zwar mittlerweile in die erasmischen Werkausgaben aufgenommen ist, zu dessen Lebzeiten aber anonym blieb, wobei man sich lange über die tatsächliche Autorschaft uneinig war. Dass Erasmus selbst die Autorschaft an dem Text zeit seines Lebens bestritt, ist nicht allzu erheblich, denn diese zuzugeben, hätte dem unangreifbaren (manche sagen auch: aalglatten) Humanisten tatsächlich erhebliche Schwierigkeiten einbringen können, karikierte er hier doch den Heiligen Vater in Rom in Gestalt des jüngst verstorbenen Papstes Julius II., auf wirklich nie dagewesene Weise. Aber das Pontifikat Julius II. war auch bei allem, was die römische Kirche bislang an fragwürdigem Amtsverständnis ihrer Oberhäupter aufzubieten hatte, ein reichlich erstaunliches Phänomen. Simonie, Nepotismus, Prunk- und Verschwendungssucht, moralische Scheinheiligkeit oder sexuelle Entgleisungen waren das eine; quasi das Übliche. Julius aber, auch genannt der „Soldaten-Papst", regierte wie ein italienischer Territorialfürst. Er war höchst aktiv und auch ambitioniert in den zu seiner Zeit virulenten italienischen Kriegen. Sein größtes Ziel war es, die italienische Halbinsel zu vereinen und unter päpstlicher Führung zurückzuerobern. Das aber schaffte er nicht. Er starb siebzigjährig am 21. Februar 1513 in Rom. In der Satire „Julius exclusus" („Julius vor der verschlossenen Himmelstür"), verfasst und erschienen im selben Jahr, begehrt der verstorbene Papst Einlass an Petrus'

Himmelspforte, aber Petrus gewährt ihn ihm nicht. Ob das Schloss kaputt sei oder ausgewechselt wurde, fragt der verblichene Papst nach vergeblichen Versuchen, die Pforte zu öffnen – darauf Petrus: Mit dem Schlüssel für eine seiner Geldkassetten, dem Schlüssel der Macht, funktioniere es nicht. Ein schwebender Genius, der aber auch eine äußerst dubiose Figur zu sein scheint, wie man an späteren Stellen erkennt, bezeichnet die päpstlichen Bullen als „Seifenblasen", und diejenigen, die den Pontifex einen Heiligen nennen, nennt Petrus korrupte Schmeichler. Im Übrigen sehe er keinen Einzigen in seinem Gefolge, der ein christliches Ansehen habe. Alles nur „Larven des Tartarus", die nun auch noch darauf aus seien, ihre Kriege im Himmel weiterzuführen. Das ist ein Kommentar zu dem martialischen Soldatengefolge, das Julius mit sich führt. Es bleibt also dabei: Julius erhält keinen Einlass. Als der Ex-Papst Petrus daraufhin mit dem Bannstrahl droht, mit dem er einst die mächtigsten Könige und sogar ganze Reiche in Angst und Schrecken versetzt habe, antwortet dieser ungerührt, hier im Himmel sei dieser Schwindel wirkungslos. Er müsse Verdienste vorweisen, um Einlass zu finden – besonders, wenn er sich auch noch als Oberhirte bezeichne, der selbst über ihm, Petrus stehe, mit seiner Christus-Nachfolge und obersten Schlüsselgewalt. Wie es also darum bestellt sei. Ob er als Vorbild für ein heiliges Leben viele Menschen für Christus gewonnen habe? Mitnichten. „Die meisten wohl eher für die Hölle." Ob er Wunder getan habe? „Wie altmodisch du sprichst." Ob er eifrig und mit ganzem Herzen gebetet habe? Keine Rede davon. Was also sonst? Julius zählt auf: Er habe die päpstliche Kasse beträchtlich aufgefüllt, und zwar unter anderem, indem er Bischofssitze verkaufte ohne den Umweg über die Simonie. Er habe Bologna erobert und das nie zuvor besiegte Venedig zermalmt. Den Herzog von Ferrara habe er nach den Qualen eines lange andauernden Krieges ins Verderben gelockt. Ein schismatisches Konzil habe er durch ein Scheingegenkonzil köstlich verhöhnt und, „wie man so sagt, ein Übel durch ein anderes vertrieben". Er habe die Franzosen aus Italien verjagt und hätte am Ende auch noch die Spanier vertrieben, hätte man ihn nicht vorher der Erde entrissen. Als er dann schon im Sterben lag, habe er indessen noch eifrig dafür gesorgt, dass die

Kriege, die er auf der ganzen Welt angestiftet habe, nicht beigelegt würden. Er habe ein großes Heer unterhalten, herrliche Spiele veranstaltet, an vielen Orten prächtige Bauten errichtet und fünf Millionen Dukaten bei seinem Tod hinterlassen. Ob das nicht endlich reiche, um ihm Einlass in den Himmel zu geben. Petrus ist nicht überzeugt. Auf seine Frage an Julius, ob es nicht etwa rechtens sei, einen Papst abzusetzen, und zwar mit dem belegten Vorwurf zahlreicher Verbrechen und Untugenden, antwortet Julius, es gebe nur *einen* rechtmäßigen Grund im Kirchengesetz zur Absetzung eines Papstes, und zwar Häresie. Und was das sei, bestimme er selbst. Schließlich macht Petrus dem Einlassbegehrenden einen Vorschlag, um die Sache zu einem Ende zu bringen. Mit seinen Soldaten und seinen Geldmitteln, und da er ja auch ein trefflicher Bauherr sei, sei er ja wohl imstande, sich irgendwo sein eigenes Paradies zu errichten. Das solle er dann aber auch gut verteidigen, damit es nicht die Dämonen erobern oder gar wieder in die Nähe des Himmels rücken und Schaden anrichten. Jeden Beliebigen lasse er, Petrus, in seinen Himmel, aber nicht so einen Unhold. „Denn wir sind ja alle von dir exkommuniziert."

Auf solchem Terrain tummelte sich Erasmus von Rotterdam, um mit seinen Mitteln die unübersehbaren Missstände der römischen Kirche zur Sprache zu bringen. Er bewegte sich in leichteren, heiteren Sphären, um dieser Kirchenkritik seinen Ausdruck zu geben. Aber er wollte eine Kirchenreform von innen. Ein Schisma musste vermieden werden, so dachte er; um fast jeden Preis. Den Bierernst, den Luther pflegte in seinen Glaubenskämpfen und Gewissensbekundungen, seine teutonischen Kraftausbrüche und diplomatischen Ungeschicklichkeiten, alles noch mit einer latent kampfbereiten und erbitterten Miene verfochten, konnte der vornehme Weltgelehrte und Weitgereiste, der elegante Stilist, der an den Höfen Europas verkehrte, gar nicht goutieren. So gesehen, war die Sache auch eine Frage unterschiedlicher Temperamente und Wesensveranlagung. Lange hielt sich Erasmus aus den Luther-Debatten völlig heraus. Der Baseler Theologieprofessor Wolfgang Capito hatte zur Zeit von Luthers Ablassthesen einen gewissen Kontakt zwischen den Wittenbergern und dem Humanistenfürsten initiiert und

Luther auch mitgeteilt, Erasmus habe seine Ablasskritik positiv aufgenommen. Aber der Kontakt lief letztendlich ins Leere. Erasmus
bekam auch bald empfindlich zu spüren, dass er Schwierigkeiten
mit der Universität Löwen bekam, weil diese begann, seine Arbeiten mit den Thesen Luthers in Verbindung zu bringen. Es behagte
ihm überhaupt nicht, dass einige von Luthers Schriften, die im
Turbo-Tempo entstanden und unter die Leute gebracht wurden, bei
*seinem* Verleger Froben in Basel erschienen, da er mit Luther nicht
identifiziert werden wollte. Als schließlich die Pamphlete und
Gegenpamphlete im Anschluss an die „Assertio" des englischen
Königs die Runde machten, war für Erasmus endgültig klar, dass er
mit dem deutschen Tölpel, der einen König so anging, absolut nichts
gemein haben wollte – wiewohl er ihn früher gelegentlich auch verteidigt hatte, als er Gefahr lief, als angeklagter Ketzer eines gewalt-
samen Todes zu sterben. Luther wiederum war der Meinung – und
diese verfestigte sich –, dass der Weltgelehrte in seiner Stilsicherheit
und seiner schönen unverbindlichen Neutralität, die er immer wieder bekundete, gar nicht die Kompetenz habe, über theologische
Fragen entscheiden zu können, da ihm Herz, Mut und Sinn dafür
fehlten, sicherlich nicht Intellekt. Aber der war bei Fragen des Glaubens ja auch nicht das Entscheidende. Er, Luther, der schließlich
glaubte, im Besitze der göttlichen Wahrheit zu sein, wollte nichts
hören von Neutralität, so wenig wie von einem rein humanistisch-
philologischen Zugang zur Heiligen Schrift, wonach die Bibel den-
selben Auslegungsprozeduren ausgesetzt wäre wie jede andere gelehrte oder literarische Schrift. Kein Vorwurf wiegt bei Luther
schwerer als der, einer sei „lau" beziehungsweise neutral. Seine
Feinde, die Altgläubigen, die Papisten, waren ja von ihren Irrlehren
wenigstens überzeugt und verteidigten diese mit ihren Mitteln, mit
Verve und Herzblut. Die hatte Satan im Griff. Das war bedauerlich,
aber nicht ihre Schuld. Dagegen konnte man ankämpfen, und man
tat damit ja sogar noch ein gutes Werk, um die Irrlehren auszumer-
zen. Die „Lauen" aber, die entzogen sich jedem Zugriff. Sie schlüpf-
ten jemandem wie ihm aus der Hand. Luthers Feindbild Erasmus
hatte mit solchen Bildern und Vorbehalten zu tun. Wenn jemand
behauptete, er, Luther, sei ein ungebildeter Tölpel und könne sich

mit dem großen Fürsten der Humanisten an Geist und Bildung nicht messen, dann zuckte er wohl nur verächtlich die Schultern. Bildung war ihm kein Selbstzweck. Sie diente ausschließlich dazu, die göttliche Wahrheit zu finden.

Es war unter anderem Heinrich VIII., aber zum Beispiel auch Herzog Georg von Sachsen sowie einige andere, die in die Auseinandersetzungen der letzten Zeit involviert waren, die Erasmus dezidiert dazu aufforderten, sich gegen Luther zu positionieren, also eine entsprechende Schrift zu verfassen. Gleichzeitig verdächtigte die Universität Löwen ihn der Ketzerei, während Teile der Humanisten, die ins reformatorische Lager übergegangen waren, sich enttäuscht zeigten, dass Erasmus sich ihnen nicht anschloss. Seine Schrift über die Willensfreiheit, die sich gegen zentrale Thesen von Luthers Theologie richtete, entstand wohl in dieser Gemengelage unter anderem auch in der Absicht, seine Authentizität zu verteidigen und zu zeigen, dass er sich unter keinen Umständen vereinnahmen ließ. Die „Unterredung über den freien Willen" erschien im September 1524 bei Froben in Basel. Das Thema der Willensfreiheit beziehungsweise die Frage, inwiefern – falls es den freien Willen des Menschen überhaupt gibt – dieser in Beziehung steht zur göttlichen Gnade, war ein uraltes Thema der christlichen Theologie, an dem sich auch die Kirchenväter seit Jahrhunderten aufrieben. „De libero arbitrio" lautet der lateinische Titel der erasmischen Schrift, und an dieser Stelle ist es wichtig, in der Tradition zwischen zwei verschiedenen Willensbegriffen zu differenzieren, für die es in der deutschen Sprache keine Pendants gibt. *Arbitrium* heißt wörtlich: „Wahlfreiheit", „Wahlvermögen", während *voluntas* in etwa dem Wunsch, der Begierde entspricht. In der Philosophie der Aufklärungszeit wurde es üblich, vom ‚guten Willen' zu sprechen; eine Begriffskopplung bei Immanuel Kant. Der Wille war demnach vernunftgeleitet und bezeichnete eine positive moralische Kategorie. Erst im 19. Jahrhundert hielt der *voluntas*-Gedanke wieder Einzug in den Willensbegriff, indem man dem (irrationalen) Willen den Vorrang vor der intellektuellen Erkenntnis erteilte (A. Schopenhauer). Der Titel des erasmischen Buches müsste demgemäß korrekt als „Vom freien Wahlvermögen" übersetzt werden. Das war die

Frage, die These und zugleich eine Provokation, denn Luther hatte dieses Wahlvermögen in seiner Gnadentheologie schlichtweg bestritten. Nach dem Sündenfall gibt es für Luther kein Wahlvermögen des Menschen, und die Frage seines Heils ist seiner Meinung nach ausschließlich ein Akt der göttlichen Gnade. Er kann nichts befördern und nichts unterbinden, nicht durch Taten und nicht durch Bemühungen. Derartige ‚freie' Willenshandlungen betreffen immer nur den äußeren Menschen und haben mit dem göttlichen Gnadenweg überhaupt nichts zu tun.

Dieser extremistischen Position setzt Erasmus eine differenzierende und relativierende, eine verschiedene Lesarten und Traditionen vergleichende, am Ende aber eine vor allem dem Menschen, seiner wirksamen Vernunft und seinem Autonomiestreben gewisse Spielräume gewährende Sichtweise entgegen. Aber schon seine Einleitung musste Luther eigentlich provozieren, und es kann durchaus sein, dass er da erst einmal Schluss machte und nicht mehr weiterlas. Er sei kein Freund fester Behauptungen, so der Erasmus („non delector assertionibus"), und er sehe mit einem gewissen Unbehagen auf die, die sich einmal auf eine feste Meinung eingeschworen und sich ihr dann so maßlos verschrieben haben, dass sie nichts mehr neben sich gelten ließen und ignorant würden (so ist es wohl zu verstehen) gegen andere Lehrmeinungen, so fundiert und gelehrt sie auch sein mögen. Luther endlich – da wird er nun deutlich und immer sarkastischer – sei ja ganz „unbelastet" vom vorgängigen Urteil der Gelehrten – „zumal du Luther sehr wenig Wert auf Bildung und sehr viel Wert auf den Heiligen Geist legst, der bisweilen einiges dem geistig Schwächeren einträufle, was er den Weisen versage." Das saß! Außerdem zeigt sich hier der Elitarismus des Humanistenfürsten, für den der eigentliche Mensch erst begann, wenn er Griechisch beherrschte, zumindest aber Lateinisch, der nicht viel auf „das Volk" gab und dem es auch demzufolge nie eingefallen wäre, eine „Volksbibel" für alle auf den Weg bringen zu wollen, weil er nicht glaubte, dass die Massen zu bilden waren oder dass sie die Aufnahmefähigkeit besaßen für das Wesentliche der Bildung. Dessen ungeachtet macht er sehr wohl einen Unterschied zwischen den Glaubensdingen und den Inhalten der humanistischen Bildung. Mit der Bibel, so meint er, sei es eine erhabene Sache, und es seien sehr viele dunkle und unzugängliche Stellen darin, die wir alle (!) niemals zur Gänze ausdeuten könnten, die wir vielleicht erst begreifen würden in der anderen Welt der göttlichen Herrlichkeit, und dies sollten wir doch dann auch einfach so stehen lassen. Gott wolle nicht, dass wir das alles zur Gänze begreifen, und daher mache es auch gar keinen Sinn, feste Behauptungen zu vertreten, wie Luther das tue. Das beweise nur umso mehr die unendliche Differenz zwischen Gott und Menschen, nämlich „die unerforschliche Erhabenheit der göttlichen Weisheit und die Schwäche des menschlichen Geistes". Ein bisschen argumentiert Erasmus hier so wie Luther in Bezug auf die Transsubstantiationslehre. (Ja, das sei ein geheimnisvoller, ein mystischer Vorgang, aber darauf eine philosophische Theorie anzuwenden, sei eine Kopfgeburt und der Sache nach überflüssig; es zeige am Ende nur die Unfähigkeit eines menschlichen Zugangs dazu.) Demnach sind jegliche Überlegungen, inwieweit der Mensch einen aktiven Beitrag zu seinem Heil zu leisten vermag, ebenfalls überflüssig. Entscheidend sei, so Erasmus, dass es das göttliche Heilsversprechen gebe und dass der Mensch dazu angehalten sei, den Weg der Frömmigkeit immer weiterzugehen, Gutes zu tun und Böses zu lassen. Ohne die Barmherzigkeit Gottes wäre weder der Wille des Menschen noch sein Streben am Ende wirksam. „Dieses zu wissen, so wollte ich sagen, genügt meines Erachtens zur christlichen Frömmigkeit und man hätte nicht mit unfrommer Neugierde eindringen sollen in jene abgründigen, um nicht zu sagen überflüssigen Fragen, ob Gottes Vorherwissen mit einer Nicht-Notwendigkeit [menschlichen Tuns] vereinbar ist, ob der menschliche Wille etwas beitragen kann zu dem, was Einfluß hat auf unser ewiges Heil, oder ob er nur hinnehmen muß die handelnde Gnade und ob wir alles, was wir tun, Gutes wie Böses, aus reiner Notwendigkeit tun oder vielmehr erleiden." Die Vorstellung (Letztere) ist ihm unsympathisch, das merkt man dem Humanisten schon an. Und er glaubt aber auch nicht an eine derartige passive Auslieferung. Schon der Glaube selbst, vermerkt Erasmus dann im ersten Teil seiner Beweisführungen, „durch den wir zur Seligkeit eingehen", sei ja bereits eine unverdiente Gnade Gottes, was aber im Umkehrschluss nicht heiße, dass wir dieser Gnade (respektive Ungnade) vollkommen passiv ausgeliefert sind und keinen eigenen Beitrag leisten können, dass sie sich erfüllt. Selbst gesetzt den Fall, dass es stimmt, was Luther oder auch Wyclif sagen, dass nämlich alles, was wir tun, nicht aus freiem Willen, sondern aus reiner Notwendigkeit geschehe – welche Wirkung würde diese Bekanntgabe wohl auf die Volksmassen haben? Nicht auszudenken. „Welch ein großes Fenster würde die Bekanntgabe dieser Meinung unzähligen Menschen zur Gottlosigkeit öffnen, zumal da die Menschen durchweg geistig schwerfällig und beschränkt, dazu boshaft und ohnehin zu jedem gottlosen Frevel unverbesserlich geneigt sind. Welcher Schwache würde hinfort noch aushalten den dauernden und mühevollen Kampf gegen das eigene Fleisch? Welcher Böse würde hinfort noch sein Leben zu bessern trachten? Wer könnte sich überwinden, von ganzem Herzen einen Gott zu lieben, der die Hölle heizte mit ewiger Pein, um dort für seine eigenen Missetaten armselige Menschen zu bestrafen, als freute er sich an ihren Foltern? So nämlich würden sich die meisten die Sache zurechtlegen. Die Menschen sind ja durchweg ungebildet und weltlich gesonnen; sie neigen ohnehin zum Unglauben, zu Freveln und zu Gotteslästerung, so daß man nicht noch Öl ins Feuer zu gießen brauchte." Der Humanist, der die Krone der Schöpfung, den Menschen, in einer so außerordentlich erhabenen Bestimmung im Weltorbis sieht, macht offenbar einen gehörigen Unterschied zwischen ihren begnadeten Eliten und dem Gros einer niedrig gesinnten Volksmasse, die mehr oder weniger unverbesserlich ist und schlicht eine strenge Hand braucht, um im Zaum gehalten zu werden. Martin Luther macht diesen Unterschied nicht. Er hält jeden Menschen unterschiedslos für empfänglich, teilhaftig und daher auch potenziell umsatzfähig, was die göttliche Gnade und die Christus-Nachfolge betrifft, und zwar unter anderem, weil dieses alles sich seiner Meinung nach eben gerade nicht in einem Akt intellektueller Erkenntnis vollzieht. So ist es dann auch weitgehend unabhängig von Bildung. Dieser Grundansatz hat durchaus demokratisches Potenzial, wenn Luther auch weit entfernt war, die gesellschaftlichen Rangordnungen aufheben zu wollen, und zwar deshalb schon, weil die weltliche und die geistliche Sphäre, der äußere und der innere Mensch, zweierlei waren. Das einmal aufgehoben, erstreckte sich dieses Gleichheitspostulat als soziale Forderung aber auch auf die (bislang und wahrscheinlich auf ewig ungleichen) Gesellschaftsverhältnisse. Der Humanist hingegen dokumentiert unter anderem die Einseitigkeit der Gewichtungen und die Selbstüberschätzung des menschlichen Geistes, wie es die kommenden Jahrhunderte auch noch sinnfällig machten. So war es dann auch ein humanistischer Denkfehler, das Schöne, Wahre und Gute zusammenzudenken – da es ja, wie wir wissen, zum Beispiel auch möglich ist, menschenverachtende Ideologien mithilfe dieses schöpferischen Geistes zu entwickeln, die oft auch nicht weniger raffiniert oder einfallsreich sind als solche mit menschenfreundlicher Ausrichtung. Luther würde sagen: Da steckt der Teufel dahinter, aber mit dieser Erklärung hat sich die Menschheit irgendwann nicht mehr zufriedengegeben.

Erasmus von Rotterdam postuliert, dass es einen freien Willen des Menschen gibt, und dieser bezeichnet die Kraft, das Vermögen, sich dem zuzuwenden, was zum ewigen Heil führt, beziehungsweise sich davon abzuwenden. Er gibt zahlreiche Beispiele für dieses Postulat aus der Heiligen Schrift, dem Alten wie dem Neuen Testament. Aber auch die Gelehrten, die Kirchenlehrer hätten, bis auf sehr wenige Ausnahmen, einen freien Willen des Menschen über die Jahrhunderte anerkannt, und sei es nur als ein Korrektiv, um den Heilsweg des Menschen in diese oder jene Richtung zu lenken. Schon im Sündenfall werde das klar. Adam, „der Erstling unseres Geschlechtes", sei so erschaffen worden, „daß er eine unverderbte Vernunft besaß, die unterscheiden konnte, was zu erstreben und was zu meiden ist; doch er hat außerdem einen Willen bekommen, der zwar auch unverderbt gewesen ist, jedoch frei, so daß er, wenn er es wollte, sich vom Guten abwenden und zum Bösen ablenken konnte." Und das wollte er offenbar, er beziehungsweise die erste Frau auf der Welt, die ja irgendwie nach gängiger Lesart an allem schuld ist. Die gefallenen Engel hatten aber eben auch mehr Verstand als die übrigen. Erasmus, der einiges hielt auf den weiblichen Intellekt, so wie viele Humanisten der Zeit, was unter anderem in den höheren Schichten, dem Adel und dem aufstrebenden Bürgertum, einen wahren Bildungsboom der Frauen zur Folge hatte, fügt hinzu, dass in Eva offenbar nicht nur der Wille verderbt worden sei, sondern auch die Vernunft oder der Verstand, „der Quellort alles Guten und alles Bösen." So weit dürfte er mit Luther d'accord sein. Es ist ja Gemeingut des christlichen Abendlandes, die Intellektkritik (eigentlich völlig unhumanistisch). Erasmus schlussfolgert: „Im Menschen war der Wille so gut und frei, daß er ohne eine neue Gnade im Stande der Unschuld hätte bleiben können, doch so, daß er ohne die Hilfe einer neuen Gnade nicht die Seligkeit des ewigen Lebens hätte erlangen können, die der Herr Jesus den Seinen verheißen hat." An solchen Stellen wird deutlich, dass die humanistische Geisteshaltung und das tradierte Christentum eigentlich nicht recht zusammenpassen, sogar widersprüchlich sind und oftmals nur sehr konstruiert zwangsvereint wurden. Unser Urteilsvermögen, sagt Erasmus, wurde gewissermaßen durch die Sünde verdunkelt, aber nicht ausgelöscht. Und so hat auch der freie Wille zwar durch die Sünde eine Wunde empfangen, aber er ist doch nicht tot. Gott lasse dem Menschen die Möglichkeit der Wahl, „eben die Freiheit und die Beweglichkeit nach beiden Seiten, die er schon durch die Schöpfung hat." Er habe somit den freien Willen geschaffen und auch wiederhergestellt, nach dem Sündenfall. „Der Glaube also heilt die Vernunft, die durch die Sünde zu Schaden gekommen ist; und die Liebe hilft dem geschwächten Willen voran." Das ist eine permanente und in diese oder jene Richtung fruchtbare Interaktion zwischen göttlichem Gnadenimpuls und menschlicher Willensbekundung. Letztlich, so der Erasmus, könne man ja auch gar nicht von Sünde reden, wenn der Mensch sie nicht wissentlich und willentlich und somit ‚freiwillig', also bewusst begehe. „Wenn dem Menschen der Unterschied von Gut und Böse, wenn ihm der Wille Gottes verborgen geblieben wäre, dann hätte ihm eine verkehrte Wahl nicht zugerechnet werden können. Wenn der Wille nicht frei gewesen wäre, hätte die Sünde nicht zugerechnet werden können, denn sie hört auf, eine Sünde zu sein, wenn sie nicht eine freiwillige gewesen ist, es sei denn, daß ein Irrtum oder eine Gebundenheit des Willens aus einer Sünde entstanden ist."

Der Autor kommt auf die Positionen des Augustinus und seiner Anhänger zu sprechen, und hier verläuft a priori eine Trennlinie zwischen Erasmus und Luther, denn auf Augustinus ließ Luther nichts kommen. Sobald ein anderer da auch nur ein Fragezeichen setzte oder gar noch den Pelagianismus ins Spiel brachte, wie Erasmus an einigen Stellen, hörte bei ihm die Diskussion auf. Luther war der Meinung, Erasmus sei noch in aristotelischen Systemkategorien befangen und habe den Paulus an entscheidenden Stellen überhaupt nicht verstanden. Da mokiert er sich über seinen mangelnden theologischen Tiefgang und hört schlichtweg auf, seinen Argumenten zu folgen. Hier und da erwähnt Erasmus die Pelagianer und den Pelagianismus, um seine These zu stützen, dass der freie Wille des Menschen durch die Erbsünde nicht völlig ausgelöscht sei, sondern noch eine beschränkte Handlungsfähigkeit besitze, um auf dem Wege zu seinem Heil so oder so zu entscheiden. Pelagius war ein Zeitgenosse des Augustinus in Rom, ein britischer Mönch, der sich dem Augustinus in einem entscheidenden Punkt widersetzte. Er leugnete im Grunde die Erbsünde, das heißt, er lehnte es ab, die Sündhaftigkeit und Sterblichkeit aller Menschen auf die Sünde Adams zurückzuführen, wonach es den Menschen grundsätzlich unmöglich sei, ohne Sünde zu leben. Nach Pelagius hat Adam lediglich ein schlechtes Beispiel gegeben, das die Menschen nach ihm aber nicht davon abhalte, ihr Leben an Christus auszurichten und mithilfe ihres freien Willens sündlos zu leben. Mit seiner Auffassung stand Pelagius in der Tradition der bisherigen Kirchenväter, von denen die meisten im Frühchristentum keine ausdrückliche Erbsündenlehre vertraten, gar nicht allein. Augustinus aber, sein Hauptgegner in Nordafrika, wo beide wirkten, nachdem die Goten im Jahre 410 Rom erobert hatten, ließ den Pelagius dreimal wegen Häresie anklagen, und beim dritten Mal mit Erfolg. Pelagius flüchtete wahrscheinlich nach 418 Richtung Ägypten. Eine folgenreiche Entwicklung, setzte sich doch fortan die Erbsündenlehre im Christentum durch. Im Übrigen hatte Pelagius aber auch nie behauptet, dass der freie Wille des Menschen die göttliche Gnade unnötig mache oder gar torpediere. Er war aber seiner Meinung nach ein Bestandteil der Gnadenhandlung, und somit war der freie Wille auch durchaus zum Guten befähigt, in einer Spur, wenn man so will, mit der göttlichen Gnadenhandlung. Erasmus, der der Antike ja näherstand als dem Christentum, sagt es nicht so direkt, aber er scheint doch einige Sympathien für die Einwände des Pelagius zu hegen, für den die Erbsündenlehre einen fatalistischen Grundzug besitzt, der ihm fast schon heidnisch anmutete und nicht für eine Höherentwicklung des Menschengeschlechts in den neuen christlichen Zeitläuften stand. Luther aber folgte dem Augustinus und war demgemäß einem konsequenten Anti-Pelagianismus verschrieben. Demnach gab es keinen freien Willen des Menschen, wie auch immer man diesen gewichtete. Allein durch die göttliche Gnade sei der mit der Erbsünde behaftete und von Gott zum Heil vorherbestimmte Mensch imstande, nach seiner Taufe Sünden zu meiden. Ansonsten war er verdammt und verloren. Was Erasmus an dieser Auffassung störte, war zum Beispiel die Tatsache, dass dem freien Willen hiernach eine rein negative Kraft innewohnte, nämlich die Kraft, zu sündigen, dass es keinerlei Kooperation gab zwischen göttlichem Wirken und menschlich aktiver Teilhabe an seiner eigenen sittlichen Progression und Verwirklichung und dass die Grundannahme auf eine Anthropologie hinauslief, die jede menschliche Eigenverantwortlichkeit leugnete und vielmehr das Gottesgeschöpf gleichsam zu Wachs werden ließ „in der Hand eines Bildhauers". So etwas konnte er nicht unterschreiben. Und da war Erasmus sicher progressiver als Luther, wenn man den Fortgang der europäischen Geistesgeschichte betrachtet. Was er nicht leugnete, der christlich-humanistische Autor, war, dass Gott die *causa principalis* des menschlichen Heils war. Aber das alles geschah seiner Meinung nach mit einer würdigen menschlichen Mitwirkung. Wozu sonst hätte der Mensch wohl auch seine wunderbaren Geisteskräfte vom Schöpfer bekommen, wenn er diese nicht auch selbsttätig anwenden konnte – unter anderem zu seinem Heil?! „Gott zeigt, was gut und was böse ist", schreibt Erasmus. „Er stellt Lohn und Strafe in Aussicht und er läßt dem Menschen die Freiheit der Wahl." Luthers Freiheitsbegriff entsprach das sicherlich nicht.

Luthers erste Reaktion auf die erasmische Schrift war Verärgerung. (Wie konnte es auch anders sein?) Wie gewohnt, ließ er die

Erwiderung liegen, die ihn nach eigener Aussage bereits nach zwei Druckbögen äußerst verdrossen habe, und auch im Folgejahr 1525 machte er zunächst keine Anstalten, darauf zu antworten. Er war ohnehin derzeit anderweitig beschäftigt, und das Jahr 1525 zeigte sich für ihn persönlich und für das Land in einer bislang ungekannten Dramatik. Der Mann, der über die Klärung seines persönlichen Gottesverhältnisses zu theologischen Einsichten gekommen war, die die Lösung von der römischen Kirche zur Folge hatte, musste erleben, dass es Weggefährten und ganze Volksgruppen gab, die seine Freiheitsaufrufe anders verstanden, als sie gemeint waren, und die eine politische Konsequenz daraus ableiteten, die dramatische Folgen hatte und für die er eine kaum abzuwendende Mitverantwortung trug. Er schrieb von Freiheit, und er legte sich mit geistlichen und weltlichen Machthabern an. Er schrieb vom Priestertum aller Gläubigen, und er sah und kommentierte sehr wohl auch die Nöte der untersten Volksgruppen, darunter der Bauern. Aber Luther schrieb von der Freiheit *im* Glauben und *im* Gesetz. Nie hat er Menschen dazu aufgefordert, sich gegen die Obrigkeit zu erheben. Das aber geschah jetzt, und es geschah teilweise in seinem Namen, denn die Anführer der Rotten, die sich im Großen Bauernkrieg von 1524/25 innerhalb weniger Wochen von Süddeutschland aus, von Tirol übers Allgäu und über Württemberg, Schwaben, Lothringen, Franken bis nach Thüringen ausbreiteten, waren Anhänger der Reformation und beriefen sich auf Martin Luther. Thomas Müntzer, sein Mitstreiter, den Luther persönlich als Pfarrer nach Zwickau empfohlen hatte, erklärte sich zum Führer der aufständischen thüringischen Bauern, musste sich aber am 15. Mai nach der Niederlage der Bauern in der Schlacht bei Frankenhausen geschlagen geben. Zwei Wochen später, am 27. Mai, wurde Müntzer in Mühlhausen hingerichtet. Luther hatte zwischenzeitlich auch eine Schrift verfasst, die der Reaktion der Obrigkeit Rechnung trug: „Wider die räuberischen und mörderischen Bauern". Das hat man ihm sehr zum Vorwurf gemacht, nicht nur die Zeitgenossen, die ihre sozialrevolutionären Hoffnungen enttäuscht sahen, sondern auch vielfach die Nachwelt. Er hatte sich ja im Vorfeld durchaus kritisch über die ignorante Haltung der Fürsten gegenüber den sozialen Missständen geäußert, was aber nicht hieß, dass er nun die gewalttätigen Aufstände der Bauern rechtfertigte. Luther war ein rebellischer Glaubenspurist, ein Sozialrevolutionär war er nicht. Dazu war seine Weltanschauung am Ende zu konservativ, ausgerichtet an einer unverbrüchlichen Ordnung, wie im Himmel, so auch auf Erden. Und das Blutbad, das sich hier über Deutschland ausbreitete, das veranlasste ihn zu ähnlich heftigen Äußerungen gegen die, die den Anfang machten zur Zerstörung der Ordnungen, wie er sie zeitlebens gegen die richtete, die seiner Auffassung nach das Wort Gottes missachteten.

Die Ereignisse stürzten Luther in eine weitere seelische Krise, und die Tatsache, dass der Reformator gerade in diesen Wochen, im Frühsommer 1525, als das Blut der hingemetzelten Bauern in Thüringen kaum getrocknet war, auf Freiersfüßen wandelte, was am 13. Juni in einer ziemlich kurz entschlossenen Heirat ohne lange Umwege und Unterredungen, auch ohne eine überflüssige Verlobungszeit, die den Entschluss nur gedroht hätte, ins Wanken zu bringen, war ebenso skandalös für das etablierte Europa, wie es aussagekräftig war für ihn selbst. Seit Jahren ereiferte sich Luther über das Mönchstum, seit Jahren propagierte er die Ehe als einen heiligen Stand. Jetzt, da er Gefahr lief, wie er bekannte, im Zuge der Ereignisse tatsächlich zum Märtyrer der von ihm angestoßenen Bewegung zu werden, wollte er mit dem Entschluss im Angesicht seines nahenden Todes ein letztes Zeichen setzen. Er hatte damit, wie er sagte, auch eine Versöhnung mit seinem Vater im Sinn, der einst seinen Klostereintritt missbilligt hatte und nun im hohen Alter die Genugtuung haben sollte, dass nach dem Tod seiner beiden jüngeren Söhne wenigstens er, Martin, den Familiennamen erhielt und für Nachkommen sorgte. Seine Angetraute war eine sechsundzwanzigjährige Zisterziensernonne aus verarmtem sächsischem Adel. Sie war mit elf weiteren Ordensschwestern mit Luthers Einvernehmen aus ihrem Kloster ‚entführt' worden und harrte daraufhin ihres weiteren Schicksals in Wittenberg. Katharina von Bora erging es demnach nicht anders als anderen, dem Klosterleben im Zuge der Reformation entkommenen Nonnen. Sofern ihre Familien sie nicht zurücknahmen oder ein fortgeschrittenes Alter sie von sol-

Katharina von Bora (1499–1552), Lucas Cranach d. Ä., 1529.

chen Fragen befreite, musste man für sie zwecks Versorgung einen
Ehemann finden. Katharina schien das nicht grundsätzlich auszu-
schließen, aber sie war offenbar wählerisch. Zwei Jahre lang lebte
sie wohl im Hause des mit Luther befreundeten Malers Lucas Cranach und pflegte den einen oder anderen Kontakt zur Wittenberger
Universität – ungewöhnlich damals für eine Frau, aber Katharina
hatte im Kloster auch eine gewisse Bildung erworben, darunter
auch ein wenig Latein. Ein Nürnberger Patriziersohn namens Hieronymus Baumgartner, Studiosus in Wittenberg, der ihr gefiel, setzte
die Heirat bei seiner Familie nicht durch. Einen wohlhabenden älteren Pfarrer aus dem benachbarten Orlamünde, den man ihr antrug
(er hieß Kaspar Glatz und sah auch womöglich so aus), lehnte
Katharina selbstbewusst ab. Als man ihr klarmachte, sie könne
nicht ewig in diesem unentschiedenen Status in Wittenberg leben,
bedeutete sie ihrem Gesprächspartner Nikolaus von Arnsdorff, sie
würde im Zweifelsfall nur ihn heiraten oder den Dr. Luther – also
einen der Hauptakteure der Wittenberger Reformation. Sie nahm
letztlich Luther, den berühmtesten Mann ihrer Zeit. Das heißt, *sie*
entschied sich für *ihn* und machte ihm das auch klar. Luther, der ja
überhaupt lange zögerte, ob er heiraten sollte, obwohl seine Mitstreiter ihm das teilweise schon lange ans Herz legten, gewissermaßen um seine Lehre zu exemplifizieren, ließ sich von der entschlossenen jungen Frau, wie es scheint, überreden, und er hat
diesen Entschluss nie bereut. Auch er hatte anfangs sein Auge auf
eine andere Kandidatin geworfen. Er gestand dann, nicht „Leidenschaft" habe sie beide zusammengeführt, ihn und Käthe, aber mit
der Zeit entstand zwischen beiden eine herzliche Liebe, die er auch
immer wieder bekundete. Es war reichlich ungewohnt für ihn, mor-
gens neben „zwei Zöpfen" aufzuwachen oder seine Frau neben sich
sitzen zu haben, während er las oder schrieb. Doch der Zwei-
undvierzigjährige gewöhnte sich anscheinend schnell an dieses
gemeinsame Leben, dessen praktische Vorzüge für den einstigen
Klostermann, der in praktischen Dingen nicht allzu erfahren war,
gewissermaßen auch existenziell wurden, denn Katharina war eine
versierte Wirtschafterin und kümmerte sich höchst effizient um
alle Belange des Hauses, auch und gerade um die Ökonomie. Luther,

der es ja bislang gewohnt war, vom Orden bescheiden, aber verlässlich versorgt zu werden, wäre ohne Katharina verhungert (er sagt es selbst), da er mit Geld nicht umgehen konnte und noch die Neigung hatte, alles relativ wahllos zu verschenken und zahlreiche Bedürftige mitzuversorgen. Die erste Amtshandlung der frischgebackenen Ehefrau war, dass sie den verfaulten Strohsack wegwarf, auf dem Luther schlief, und auch sonst dürfte sie so einige seiner häuslich-hygienischen Einrichtungen auf einen runderneuerten Stand gebracht haben. Dann richteten sich die beiden im nun leerstehenden „Schwarzen Kloster" notdürftig ein, der ehemalige Mönch und die ehemalige Nonne, nun eben ein Ehepaar mit bald zahlreicher Kinderschar, Urbild des protestantischen Pfarrhauses. Als Luther sich im November 1525 endlich daranmachte, die Schrift des Erasmus über die Willensfreiheit mit einer Gegenschrift zu beantworten, da die Öffentlichkeit das von ihm erwartete, da war Katharina schon mit ihrem ersten Kind schwanger, das im Juni des nächsten Jahres geboren wurde; es war das Söhnchen Johannes. Man könnte ja annehmen, dass Luther durch diese Partnerbeziehung und durch die neuen mildernden Lebensumstände ein wenig besänftigt wurde in seinem Auftreten und seiner Streitkultur, doch weit gefehlt. Erasmus musste übrigens eine üble Verleumdung zurücknehmen, da er verbreitet hatte, Luther habe seine Nonne ja heiraten müssen, da er sie bereits vor der Heirat geschwängert habe. Erasmus besaß auch hier Europa-Format, nämlich als Klatschweib. Zwar äußerte er sich etwa über die reformatorischen Kreise nicht entfernt so unflätig wie Thomas More, aber er kolportierte auch die eine oder andere Mär, um gewisse satirische Kommentare zu würzen.

Luthers Schrift „De servo arbitrio" (frei: „Vom freien Willen" oder aber wörtlich: „Vom geknechteten Wahlvermögen") ist etwas über dreihundert Seiten lang, also mehr als doppelt so lang wie die Schrift des Erasmus. Des ungeachtet macht der Autor dem „ehrwürdigen Manne, Herrn Erasmus von Rotterdam" ohne Umschweife klar, dass er sich an einem Wettbewerb der zierlichen Rede definitiv nicht beteiligen werde. Was er, Luther, zu sagen habe, sei einfach und klar, während die Zierlichkeit des anderen, der geschult sei in antiker Rhetorik, bei aller Macht der Beredsamkeit nicht darüber

hinwegtäuschen könne, dass er inhaltlich unter allen Erwartungen
bleibe. Seine rhetorische Kunst stehe vielmehr in einem frappieren-
den Widerspruch zu den Nichtigkeiten der Aussagen; kurz, es sei
Blendwerk. Wörtlich schreibt Luther, er habe Mitleid mit ihm, dem
Erasmus, „weil du deine sehr schöne und geschickte Art zu reden
mit solchem Schmutze besudelst, und ich unwillig wurde über die
Sache, die ganz unwürdig ist, in so köstlichem Redeschmuck vor-
getragen zu werden, gleichsam, als wenn Unrath oder Mist in gol-
denen oder silbernen Gefäßen getragen würde." So viel zur Anlage
in der gewohnt derben Manier. Luther maßregelt anschließend den
Relativismus des Gegenspielers, denn nur so versteht er es, wenn
Erasmus bekundet, er finde keinen Gefallen an allzu festen Behauptungen. Einem christlichen Herzen, so Luther, komme dergleichen
nicht zu. Vielmehr sei dies Ausdruck einer allen Auffassungen zu-
grunde liegenden Gottlosigkeit. „Feste Behauptungen" – unter diese
Rubrik fällt für Luther anscheinend und namentlich der Glaube
selbst, der doch die Grundlage für alle weiteren Erkenntnisse ist,
und er versteht den anderen so, dass er von dieser festen Grundlage
schlichtweg nicht ausgehen kann und daher auch alles andere in
einem schillernden Zwielicht belässt. Das ist für Luther ganz sträflich. Ebenso sträflich ist ihm aber auch die künstliche und bemühte
Friedfertigkeit seines Gegenspielers, die alles fahren lassen kann an
Überzeugungen, an Gewissensgrundlagen, „wenn nur der Weltfriede bleibt."

Der streitbare Gotteskrieger in Worten lehnt die erasmische Konzilianz ab, die für ihn eigentlich Ausdruck einer Gleichgültigkeit ist,
einer Indifferenz. Der Skeptizismus Erasmus' resultiere zudem aus
einer Überbewertung der rationalen Vernunft. Die aber sei für den
Glauben nicht relevant. Schlimm, urteilt Luther, wenn für den Humanisten die christlichen Lehren nichts anderes sind als die Lehren
der Philosophie. „Kurz, diese deine Worte lauten so, als ob bei dir
nichts daran liege, was von irgend jemand überall geglaubt wird,
wenn nur der Weltfriede bleibt, und als ob es freistehe, wegen der
Gefahr am Leben, an gutem Ruf, an Vermögen und an Gunst, dem
nachzuahmen, der sprach: Sagen sie ja, so sage ich auch ja; sagen sie
nein, so sage ich auch nein. Nach deinen Worten scheinst du die

christlichen Lehren für nichts Besseres zu halten, als die der Philosophen und Menschenmeinungen." Der bequeme Weg (und dazu gehört auch die Konzilianz um ihrer selbst willen) ist diesem Glaubenspuristen der falsche Weg. Er ist verwerflich, er ist suspekt. Kampf, Seelenkampf ist aus seiner Erfahrung die Voraussetzung zum Durchdringen zur wahren Gotteserkenntnis. Wie könnte also eine läppische Konzilianz, weil man sich's mit der Außenwelt nicht verderben will, weil man sich duckt vor der Macht, weil man Angst hat um Leib und Leben oder gar noch um etwas so vollkommen Läppisches wie seinen guten Ruf, seine Stellung in der Welt, sein Vermögen und seinen Namen, eine Ziellinie seiner Wegstrecke sein?! Anders als der friedlich gesinnte Geistesfürst und Humanist ist Luther der Meinung, dass der Aufruhr dazugehört. Ja, sagt er, Gott hat den Aufruhr sogar gewollt und veranlasst, denn bei dem Streit, der nun herrsche, gehe es um nichts Geringeres als um die Heilung von einer schrecklichen Krankheit, und dieses Feuer könne man nicht mit Stroh löschen, sondern man müsse an die Ursachen gehen. Er, Luther, habe sich das gewiss auch nicht ausgesucht. Aber nun sei es die Pflicht aller Christen, die Dinge mit Geistesgegenwart zu erwarten und auch zu tragen. „Ich sehe gar wohl, lieber Erasmus, daß du dich in vielen Büchern über diesen Aufruhr beklagst, daß nun Friede und Eintracht verloren sei; ferner versuchst du vielerlei, um dieses zu heilen, und (wie ich glaube) guter Meinung, aber diese Krankheit (podagra) spottet deiner Versuche zu helfen, denn hier ist es wahr, was du sagst, du fährst wider den Strom, ja, du löschest das Feuer mit Stroh. Höre auf zu klagen, höre auf heilen zu wollen, dieser Aufruhr hat seinen Anfang und Fortgang vom Herrn und wird nicht aufhören, bis daß er alle Widersacher des Wortes mache wie Koth auf der Gasse." Von den göttlichen Angelegenheiten scheine Erasmus, der Belletrist, aber nichts zu verstehen. „Du hast schöne und treffliche Gleichnisse und Sprüche, aber wenn du von heiligen Dingen handelst, so wendest du sie kindisch, ja, verkehrt an, denn du kriechst auf der Erde und bedenkst nichts, was über das menschliche Begreifen hinausgeht." Der Geistesfürst ist in göttlichen Dingen ein Zwerg, lautet die kaum verhüllte Anschuldigung. Indessen ist die humanistisch-philologische Herangehensweise ins-

gesamt, so bekräftigt Luther hiermit ein weiteres Mal, auf Bibel-
Exegese auch nicht eins zu eins übertragbar. Aber jede Methode ist
ungeeignet, wenn dem Exegeten der Geist Gottes letztendlich fremd
bleibt. Woran Luther das im Einzelnen messen will, inwieweit dieser Geist bei dem betreffenden Menschen vorhanden ist oder ankommt, bleibt er uns schuldig. Verlässliche Erhebungsmethoden
gibt es da sicher kaum. Aber für jemanden, der so überzeugt ist wie
Luther, dass er den göttlichen Geist eins zu eins transportiere, ist
nahezu jeder nur ein vergeblicher Nachahmer.

Während Erasmus die festen Behauptungen meidet und sich immer auf einem Terrain weiß, auf dem er auch ausweichen kann,
spricht Luther von „Donnerschlägen" und „Blitzen", und er meint
damit die Wahrheiten, die Gott den Menschen vermittelt, auf dass
sie diese auch weitergeben. Verzagtheit ist Gottlosigkeit, Skeptizismus ist sträfliche Indifferenz. „Der Heilige Geist aber ist nicht ein
Skeptiker und hat in unsere Herzen nicht Zweifelhaftes oder Meinungen geschrieben, sondern feste Behauptungen, die gewisser und
fester sind als selbst das Leben und alle Erfahrung." Unbezweifelbar
ist für Luther Gottes unveränderlicher Wille, und aus diesem folgert
er, dass es einen freien Willen des Menschen nicht geben könne, da
beides sich ausschließe. Eine etwas zweifelhafte Parallele zieht der
Reformator indes zur Beweisführung zwischen dem Gotteswillen,
also der göttlichen Vorsehung, und dem antiken Fatum – womit er
sagen will: Auch die Heiden haben es schon erkannt. Alles ist vorge-
geben von höherer Hand, will sagen: Es gibt keinen freien Willen
des Menschen. Der antike Schicksalsbegriff ist aber ganz und gar
nicht vergleichbar oder gar gleichzusetzen mit der (christlich verstandenen) göttlichen Vorsehung, wirkt hier doch eine mehr oder
weniger blinde Notwendigkeit, die sich zwar ebenfalls dem weltver-
ändernden Willen des Menschen entzieht, die aber nicht mit einem
göttlichen Heilsplan einhergeht. Bei Vergil etwa, dem Römer, geht
es beim Schicksal durchaus um eine sinnvolle Ordnung der Welt-
geschichte. In der griechischen Mythologie hingegen, besonders
sinnfällig in der Ödipus-Sage, steht diese blinde Notwendigkeit
gleichsam für sich. Jeder Versuch des Menschen, seiner schicksal-
haften Bestimmung durch gegenläufiges Handeln entrinnen zu

können, muss scheitern, und es führt im Gegenteil nur dazu, dass dieses Schicksal sich umso verhängnisvoller erfüllt. Das Streben des Menschen nach Selbstbestimmung und Weltveränderung ist illusorisch, so lautet die Endaussage. Es gibt aber keinen Schöpfergott, der einen Heilsplan hat, um die Seele des individuellen Menschen oder die Menschheit im Ganzen zu retten.

Was Luther in dem Zusammenhang aber auch nicht erwähnt, ist die Tatsache, dass die Frage nach der genauen Definition dieser göttlichen Vorsehung im Laufe der Theologiegeschichte durchaus kontrovers diskutiert wurde. Luther selbst, ehemals Augustinermönch, geht auf der augustinischen Spur, und daher ist für ihn klar: Die Erbsünde determiniert uns. Durch sie erfolgte eine Trennung des Menschen von Gott, die vom ersten Menschen auf alle anderen übertragen wurde und die am Ende nur durch die göttliche Gnade überwunden und zu neuem Heil geführt werden kann. Der Kirchenvater demonstriert das an der Geschichte der Brüder Jakob und Esau. Warum erwählt Gott den einen, nämlich Jakob, und verwirft den anderen, Esau? Für Augustinus ist diese Erwählung beziehungsweise Verwerfung, die sogar noch im ungeborenen Zustand der Brüder erfolgt, da beide noch nicht durch Taten Gnade oder Verwerfung verdient haben können, darauf zurückzuführen, dass Gott im Voraus weiß, welcher der beiden Brüder glauben würde und welcher nicht, worauf die Erwählung und die Verwerfung zurückgeht. Da aber auch der Glaube eine göttliche Gnade ist und kein Verdienst, bleibt für den freien Willen des Menschen kein Raum. Davon geht Luther aus, von diesem Glaubenssatz, basierend auf der augustinischen Erbsünde. Immer wieder wird damit indirekt auch der Freiheitsbegriff diskutiert. Freiheit bei Luther ist ein Leben im Einklang mit dem Gesetz und mit Gott. Sie bedeutet, dass der Wille des Menschen konform geht mit Gott und nicht mehr affiziert wird von der gegenläufigen Seite des Teufels. Wenn man die Gnade hat, kann man eigentlich nur Gott wollen. Alles andere ist des Teufels. Wenn aber nicht? Diese Frage hat auch Erasmus gestellt, beziehungsweise er hat die Gefahr aufgezeigt, dass ein solcher Determinismus der Gnadenwahl, der dem freien Willen des Menschen ohnehin keinen Raum gibt, insbesondere für die Schwächeren einem Aufruf zur

Sünde gleichkäme, da man ja gegen die positive oder negative Gna
denwahl gar nichts machen kann. Luther antwortet ihm darauf, ja,
das sei wohl so, also, er gebe es zu, dass die Gefahr besteht, solche
Folgerungen daraus zu ziehen. Sobald das Leistungsdenken im religiösen Zusammenhang wegfällt, ist zwar gewissermaßen dem Er-
wählten ein großer Ballast vom Herzen genommen, und er erlebt
durch die „kostenlose" Gnade Gottes eine Befreiung, durch die Ressourcen frei werden für die Dienste am Nächsten, wenn nicht für
Gott, der sie ja gar nicht will. Der „Verworfene" aber erlebt sein Ver-
worfensein umso schlimmer und sündigt eventuell munter weiter,
da es ja ohnehin keinen Unterschied macht. Dieses Risiko müsse
man, so Luther, eingehen, wenn man auf der anderen Seite mit dieser Lehre eine Tür zur Gerechtigkeit auftue und den Gottseligen
und Auserwählten den Eingang zum Himmel, den Weg zu Gott
öffne. Außerdem sei diese Schlussfolgerung ja auch ein Missverständnis. Jeder Mensch könne durch Demut und Gottesfurcht „endlich zur Gnade und Liebe" kommen – eine etwas widersprüchliche
Stelle in der Diskussion um die Gnade; aber er sagt es so. Zu Erasmus also: „Wenn wir aber nach deinem Rathe uns dieser Lehre
enthielten und den Menschen dieses Wort Gottes verbergen würden, daß jeder, durch eine falsche Vorstellung von der Seligkeit
betrogen, Gott nicht fürchten und sich demüthigen lernte, *daß er
durch die Furcht endlich zur Gnade und Liebe käme,*[*] dann hätten
wir zwar fein die Thüre geschlossen, aber anstatt dessen, für uns
und alle, große Thore geöffnet, ja Schlünde und Abgründe, nicht
nur zur Gottlosigkeit, sondern zu den Tiefen der Hölle. So würden
wir selbst nicht in den Himmel eingehen und auch andere hindern,
daß sie nicht hineingehen könnten." Was die Gottesfurcht und Demut betrifft (die Esau offensichtlich nicht hatte, sonst wäre er wohl
nicht verworfen worden), so würde diese also, wie es hier scheint,
doch noch eine Wende in der göttlichen Gnadenwahl einleiten können, was die göttliche Vorsehung in gewissem Sinne relativierte

---

[*]  Eigene Hervorhebung.

und was dem freien Willen des Menschen doch noch einen gewissen Raum geben würde. Oder wie ist es sonst zu verstehen?

Der vom Teufel fehlgeleitete menschliche Wille tut nach Luthers
Definition „Böses wider seinen Willen", denn der eigentliche ‚freie
Wille', falls man ihn überhaupt so bezeichnen muss, da es bei Gott
ja auch die Widerstreitigkeiten nicht gibt, ist ein göttlicher Wille,
und diesem folgt der begnadete Mensch willig und frei. Wenn Erasmus dem menschlichen Willen so eine Art Mittelfunktion zuweist,
nach der er entweder so oder auch so handeln kann, im Sinne der
göttlichen Gnade oder ihr eben zuwiderlaufend, dann ist das für
Luther nicht nur seiner Gnadenlehre entgegen, sondern in der anth-
ropologischen Ausrichtung auch wieder auf eine sträfliche Weise
lauwarm und lasch. Für Luther aber gibt es nur heiß oder kalt,
heißt: Der göttliche Wille ist frei, der teuflische unfrei, und zwischen beiden changiert der von der Erbsünde gezeichnete Mensch,
der entweder die Gnade hat oder eben auch nicht. „Also steht es fest,
auch nach deinem eigenen Zeugnisse, daß wir alles aus Nothwen-
digkeit thun, nichts durch den freien Willen, da die Kraft des freien
Willens nichts ist, und Gutes weder thut, noch vermag, wenn die
Gnade nicht da ist; es sei denn, du wolltest in einer neuen Bedeutung das Wort Wirksamkeit (efficacia) ein vollkommenes Vollbringen (perfectionem) nennen, gleich als wenn der freie Wille zwar
anfangen und wollen könne, aber nicht vollbringen, was ich nicht
glaube." Hier macht Luther also einen (durchaus philosophischen)
Unterschied zwischen dem Willen als Absichtsbekundung, als Tätigkeit im Sinne eines Vollbringens oder als Initiation, vielleicht
auch als *occasio*; darauf würde sich knapp zwei Jahrhunderte später
eine ganze philosophische Denkrichtung aufbauen – sie gehörte
allerdings zur Gegenreformation. Man solle also nicht annehmen,
dass Luther die Philosophie nicht vertraut war. Er hat sie ja notgedrungen in Erfurt studiert. Entscheidend ist aber immer die theologische Schlussfolgerung, und diese ergibt sich aus den ebenso
theologisch gesetzten Prämissen. „Hieraus folgt nun", so schreibt
Luther, „daß der freie Wille ein ganz göttlicher Name ist, der niemand anders zustehen kann, als allein der göttlichen Majestät, denn
sie kann und thut alles, wie der Psalm singt [115,3], ‚was er will', im

Himmel und auf Erden." Der eigentlich freie Wille ist der befreite Wille im Glauben. Jeder andere, traditionell verstandene, dient der Sünde, da er ohne Gott ist. Das traditionelle Verständnis des freien Willens, also die Auffassung, dass wir durch unser Sinnen und Trachten auch die göttliche Gnade ,beeinflussen' können, impliziert für Luther auch zu sehr das verzweifelte Ringen um ,gute Werke', die doch nichts bringen, und sie steht folglich für eine Wegstrecke, die er auf eine schmerzliche, aber überwundene Weise hinter sich weiß. Auch in der gegen-erasmischen Schrift über den freien beziehungsweise geknechteten Willen lässt er diese Erfahrungen, die ihn zu seiner Theologie brachten, immer wieder anklingen: wie er sich quälte auf der Suche nach einem gnädigen Gott und wie ihn schließlich die *sola fide*- und die *sola gratia*-Erkenntnis zu einem innerlich befreiten Gotteskind machte. Er, Luther, habe es auch am eigenen Leibe erfahren: Dem überaus mächtigen Satan, dem „Fürsten der Welt", könne man aus eigener Kraft nie widerstehen. Das schaffe nur Gott. Das schaffe also der Mensch nur mit Gottes Gnade. Und so sind ihm große Mühen und Nöte und Herzenspein abgenommen, nur durch die göttliche Gnade und ganz ohne Verdienst. Mit der Annahme eines „freien Willens" würde er, Luther, so klingt es durch, wieder in diese endlosen und unseligen Verdienstschleifen zurückfallen und ewig hadern. Wie gut aber, dass er den Durchbruch zur Gnade erreicht hatte und nicht auf sich gestellt war mit einem „freien Willen", der ohne Gott niemals frei sein kann, sondern immer nur hadert und kämpft. Wie gut, dass er, Luther, in Gott, in Gottes kostenloser, verdienstfreier Gnade seine Seligkeit gefunden hatte. Der alttestamentarische Gott, der zornige, rächende, der immer etwas von den Menschen zu fordern scheint, machte da quasi Platz für den neutestamentarischen, für den Vater, der seinen Sohn opfert, aber aus übergroßer Liebe zu allen Menschen, die er dann eben auch in Liebe und ohne Forderung annimmt.

Zwei Reiche also und zwei Repräsentanten: Satan, der Fürst dieser Welt, und Gott, Herrscher des Himmels und der Erde. Bleibt zu hoffen, dass der Mensch, der ja im Einflussbereich beider steht, immer aufs richtige Pferd setzt. Aber auch das ist ein falsches Bild, weil er gar nicht auf etwas ,setzen' kann, sondern gesetzt wird, und auch nicht aufs Pferd, sondern er selbst ist das Pferd beziehungsweise das „Reittier" (es kann auch ein Esel sein), das entweder von Gott oder vom Teufel geritten wird. Wie auch immer. Bleibt der Satz in einer Strophe der Luther'schen „Reformationshymne", in der es ja auch darum geht, dass die feste Burg, die unser Gott ist, dem anderen Repräsentanten keinen Raum lassen kann. Jesus Christus, der rechte Mann, von Gott erkoren, streitet für uns, denn wir vermögen es nicht, wir wären verloren mit unserer eigentlich nicht vorhandenen Macht. „Das Feld soll er behalten."

# Zwei Sendbriefe
# Luthers und Heinrichs VIII.

## 1525/26

Am 1. September 1525 – so datiert er es „im Jahre des Herrn" am Ende des Schreibens – schickte Luther dem König von England einen relativ kurzen Sendbrief mit folgendem Inhalt: Er sei sich bewusst, dass er den König dereinst mit einem Büchlein erzürnt habe, das er wohl etwas töricht und voreilig in Druck gab, ohne indessen vorher zu prüfen, ob das vermeintliche Buch, das der Monarch angeblich gegen ihn, Luther, verfasst hatte, auch tatsächlich von ihm stammte. Aus zuverlässiger Quelle habe er jetzt aber vernommen, dass dieses Machwerk „arglistiger Sophisten", welches unter dem Namen der englischen Majestät erschien, in Wahrheit der Feder des Kardinal von York, Edward Lee, entflossen sei, „dieses Verderben Eures Königreichs". Und so bitte er nun um Entschuldigung, sei auch bereit, gegebenenfalls ein Gegenbuch seines Gegenbuchs zu verfassen und zu veröffentlichen, wenn der König ihm nur eine entsprechende Aufforderung zukommen lasse. Er, Luther, „ein unwerther Mensch, ja, ein Wurm", habe sich äußerst leichtfertig von boshaften Leuten bewegen lassen, sich gegen einen so großen König zu wenden, vor dem er ja eigentlich kaum die Augen erheben dürfe – und jetzt schon gar nicht, vor lauter Scham. Also, er bitte demütigst, unterwürfigst um, wenn wohl auch unwerte Verzeihung. Was ihn aber eigentlich zu dem Schreiben veranlasst habe und was ihm auch Mut mache, dass der König ihm künftig wohlwolle, sei, dass er, Luther, aus ebenso zuverlässiger Quelle erfahren habe (mutmaßlich war es dieselbe Quelle), „daß E. M. angefangen haben soll, dem Evangelio wohl gewogen zu sein" und folglich den losen Leuten der Gegenseite ganz abtrünnig sein müsse. „Diese Nachricht war meinem Herzen ein rechtes Evangelium, das ist, eine frohe Botschaft." Anders gesagt: Luther denkt, will erfahren haben, der König habe die Fronten gewechselt und stehe nun in jeder Hinsicht auf seiner Seite, sei also gewissermaßen offen für Kooperation.

Wie kam er darauf? Das ist etwas rätselhaft, denn zu dieser Zeit, September 1525, gibt es keinerlei Hinweise darauf, dass der König von England mit evangelischem Gedankengut in Berührung kam und da in irgendeiner Weise ein offenes Ohr hatte. Das Gegenteil war nach wie vor mit einiger Sicherheit der Fall, denn die lutherischen Infiltrationen, die längst auch auf der Insel Einzug gehalten hatten, mussten ihn naturgemäß beunruhigen. An der Universität Cambridge hatte sich inzwischen eine Gruppe von Lutheranern gebildet, deren Mitglieder dann zum Teil ins Exil gingen. Auch unter den Kaufleuten zirkulierten die lutherischen Ideen und Schriften. Für Henry bedeutsam wurde aber in den kommenden Jahren eine englische Hofdame, die 1521 von einem mehrjährigen Aufenthalt in Burgund und Frankreich zurückgekehrt war, um dort am weltläufigen Hof der Erzherzogin Margarete von Burgund beziehungsweise im Haushalt der Königin Claude, Gemahlin des französischen Königs François, ihre höfische Ausbildung zu perfektionieren. Nach England zurückgekehrt, war sie ihren gleichaltrigen englischen Standesgenossinnen um einiges an Weltläufigkeit überlegen. Neben Tanz, französischer Konversation, hoher Kultur und einer offenbar ziemlich wirkungsvollen Koketterie hatte die eigenwillige Tochter eines Diplomaten an Henrys Hof, auf die bald Henrys Auge fiel, aber auch unter anderem Reformationsliteratur auf dem Kontinent kennengelernt. Die neue Bewegung begeisterte sie, und sie würde sie demnächst, sobald ihre Rolle am englischen Hof auch eine politische Brisanz bekam, äußerst scharfsinnig mit den Ansätzen zukunftsweisender und gleichzeitig historisch begründeter Verfassungsdebatten über die Rolle und über das Vorrecht des Königs gegenüber der Kirche in Zusammenhang bringen und Henry entsprechend beeinflussen. Dass Henry dies zuließ, lag in der Konsequenz an den unerwarteten Machtvorteilen und an den Handlungs-

Anne Boleyn (1507–1536), unbekannter Künstler, spätes 16. Jahrhundert.

spielräumen, die die neue Sicht der Dinge ihm bot, zum anderen aber – und sicher wesentlich in der Initiation – an den Glutaugen dieser dunkelhaarigen Schönheit, von der er bald völlig besessen war und die am Ende Englands Politik umstürzen würde. Ihr Name war Anne Boleyn. Von diesen Vorgängen war aber augenblicklich noch nichts zu spüren. Anne war seit vier Jahren wieder in England, und ihr Vater, Sir Thomas Boleyn, versuchte seine Tochter diplomatisch gewinnbringend zu verheiraten, und zwar in Kooperation mit niemand Geringerem als Kardinal Wolsey. Dieser machte in diesen Jahren den amourösen Eigeninteressen der Boleyn-Tochter mindestens einmal einen Strich durch die Rechnung, was Anne sich merkte und zu gegebener Zeit, als sie selbst Einfluss besaß, in einen Racheakt gegen den Kardinal wendete. Das aber war alles noch Zukunftsmusik. Nach ihrer von Wolsey gekappten Liebesverbindung mit Henry Percy, dem Sohn und Erben des Grafen von Northumberland, die sogar in einem heimlichen Eheversprechen der beiden Liebenden gemündet war, tändelte sie mit dem Dichter Thomas Wyatt herum und spielte ansonsten ihre berückende Rolle am englischen Hof weiter. Sie besaß intellektuellen Scharfsinn und eine ebenso berückende Schlagfertigkeit. Als der König ihr schließlich Avancen machte, ließ sie ihn offenbar abblitzen – ein ziemlich unerhörter und wohl auch reichlich einmaliger Vorgang. Henry hatte vor einigen Jahren mit Annes Schwester Mary ein Liebesverhältnis gehabt. Auch Mary Boleyn war in Frankreich gewesen und hatte am französischen Hof – anders als Anne, die sich von derartigen männlichen Anwandlungen abgrenzte und die auch sexuell ihre unbedingte Selbstbestimmung beanspruchte – das Bett des französischen Königs geteilt. Diese Tatsache hatte für Henry eventuell einen gewissen Hautgout gehabt, denn François, sein kontinentaler Rivale, den er mit seinen ambitionierten Armeen nicht besiegen konnte, sollte ihm wenigstens hier gewissermaßen das Feld überlassen. Anne hatte aber mittlerweile auch den Fall ihrer Schwester erlebt, denn nach einer gewissen Zeit wurde die königliche Mätresse, wie es üblich war, fallen gelassen und ihrer privilegierten Stellung enthoben. Es war dann gelungen, für Mary einen opportunen Ehemann zu finden, sodass der Fall am Ende kein Sturz wurde,

Katharina von Aragón (1485–1536), unbekannter Künstler, um 1520.

ein Sturz in den völligen Ehrverlust. Aber Anne nahm sich vor, Marys Schicksal nicht zu wiederholen, und so musste der König bis auf Weiteres seine Abweisung akzeptieren. Einstweilen hatte das offenbar keine dramatischen Konsequenzen. Man darf annehmen, dass Henry sich derzeit woanders amourös austobte. Henry war hier nicht notorischer als andere Standesrepräsentanten seiner Epoche. Seinen Nachruf als Wüstling, als hemmungsloser Liebhaber, der quasi nichts ausließ, hat er sich wahrscheinlich zu Unrecht erworben. Die jahrelange emotionale Fixierung auf eine bestimmte, ihm bezeichnenderweise zunächst vorenthaltene Frau, die schließlich das Schicksal seines Landes umstürzte, aber auch sein Verhalten vorher und nachher weisen weit eher darauf hin, dass er tendenziell sogar vergleichsweise monogam war. Er entwickelte zumindest ein anderes Verständnis von Liebe und Ehe, Vergnügen und Pflicht, Leidenschaft und dynastischer Nachfolge als in der konventionellen höfischen Praxis, in der das eine vom anderen traditionell ziemlich problemlos getrennt wurde, und in dem Zusammenhang steht ein relativ komplizierter Bewusstseinsprozess und Gewissenskonflikt Heinrichs VIII., der mit Gott und seinen unergründlichen Wegen, mit dem Erhalt der Dynastie und mit Henrys Bestimmung als König, mit göttlichen Ge- und Verboten sowie den entsprechenden theologischen Fragen und unter anderem auch mit seiner Leidenschaft für Anne Boleyn zu tun hatte, die aber die Dynamik in Gang setzte. Das alles begann ungefähr zwei Jahre später und war für den Augenblick noch weitgehend irrelevant.

Als Luther am 1. September 1525 seinen Sendbrief an Heinrich verfasste, da befand sich der englische König gerade in einer grenzenlosen Enttäuschung darüber, dass es ihm nicht gelungen war, die französische Krone zurückzuerobern, dass sich die glorreichen Tage von Azincourt unter Heinrich V. unter seiner Herrschaft nicht wiederholten. Der Friedensvertrag, den er am Ende der erfolglosen Feldzüge mit Louise d'Angoulême, der französischen Königinmutter, da François noch in Italien im Felde war, im Februar ausgehandelt hatte und der am 30. August 1525 rechtskräftig wurde, sah so aus, dass Henry zwei Millionen Goldkronen Entschädigungsgelder erhielt, dass aber kein Fußbreit französisches Territorium an die englische Krone abgetreten wurde. À la longue blieben dieser als einzige Festlandsbastion nur noch Calais, aber auch das ging unter Henrys Tochter Queen Mary verloren. Englands „splendid isolation" war eine Erfindung späterer Jahrhunderte. Im Sinne der Tudor-Könige und im Sinne Heinrichs VIII. war sie ganz sicher nicht. Da dieser Traum also ausgeträumt war, befasste sich Henry mehr und mehr mit der für ihn immer dringlicher werdenden Nachfolgefrage. Seine spanische Königin Katharina von Aragón hatte nach einer dramatischen Folge von Fehl- und Totgeburten, sogar offensichtlich von Scheinschwangerschaften, in sechzehn Jahren Ehe nur das Töchterchen Mary als einziges überlebendes Kind zur Welt gebracht. Mary war jetzt neun Jahre alt. Einen männlichen Nachfolger gab es nicht, und die Hofärzte vertraten weitgehend geschlossen die Auffassung, dass die gebärfähige Zeit der mittlerweile fünfunddreißigjährigen Königin Katharina vorbei war. Das belastete Henry, zumal er auch innenpolitische Rivalen im Hochadel hatte, die gegen ihn intrigierten. Die Nachfolge musste geklärt werden, sonst hing das Schicksal seines Landes und seiner wunderbaren Tudor-Dynastie an einem seidenen Faden. In der Not legitimierte er zunächst im Sommer 1525 seinen Bastardsohn Henry Fitzroy, der 1519 aus seiner Affäre mit der Hofdame Elizabeth Blount hervorgegangen war und den er nun zum Grafen von Richmond und Somerset erhob. Königin Katharina schäumte vor Wut. Mit der Trennung der Sphären und mit den gelegentlichen Liebschaften ihres Gatten hatte auch sie sich schlecht und recht arrangiert. Dass aber jetzt ihrer Tochter, die Katharina höchst ambitioniert und eigentlich auch potenziell zur Regentin erzog, nach dem Vorbild ihrer Großmutter etwa, Königin Isabella, dass dieser Tochter jetzt ihre Erbrechte aberkannt, dass sie zumindest aber durch die Erhebung des Bastardsohns mit diesem auf eine Stufe gestellt wurde, empörte sie unmäßig. Henry besänftigte sie, indem er Mary zur Prinzessin von Wales machte. Doch wie es weitergehen würde mit seiner Nachfolge, das wusste er momentan auch nicht, und auch er begann, sich, wie einst Martin Luther, so seine Gedanken zu machen, was Gott mit ihm vorhatte, mit ihm, seinem Stamm, seinem Herrscherhaus. Das etwa war seine innere und äußere Situation, als Luther den an ihn gerichteten Sendbrief verfasste. Dringliche theologische Fragen standen derzeit bei Henry nicht auf der Tagesordnung, und er war definitiv nicht ins lutherische Lager übergewechselt. Das musste Luther irgendwie kolportiert worden sein.

Wie auch immer. Luther ließ anklingen, er werde dem König bei Gelegenheit auch gerne Weiteres und Ausführlicheres über das Evangelium mitteilen. Im Augenblick befleißige er sich nur einer freundlichen Erkundigung nach seinem königlichen Ergehen und nach seinen Fortschritten in der evangelischen Erleuchtung, verbunden mit der demütigen Bitte um royale Vergebung für seine früheren Untaten. Aber er, Luther, könne ja auch nichts dafür, wenn schändliche Menschen des Königs Namen für ein ebenso schändliches Buch missbraucht und ihn somit auf falsche Fährten gelockt hätten. Der König solle sich einstweilen nicht einnehmen lassen „von den verderblichen Stimmen der Sirenen, die nichts können, als den Luther für einen Ketzer ausrufen." Was, fragt er weiter, könne er denn auch Böses lehren, als dass wir durch den Glauben an Jesus Christus, der für uns gelitten hat und wieder auferweckt ist, selig werden müssen, wie es die heiligen Evangelien und die Briefe der Apostel bezeugten?! Nichts anderes lehre er, und dennoch werde er nach wie vor diskreditiert und verfolgt – ohne dass indes irgendjemand aus den Reihen der Kritiker seine Lehre widerlegt habe. Luther wörtlich: „Warum werde ich verdammt, da ich weder verhört noch überwunden worden bin?" Desgleichen sei es zutiefst zu bedauern beziehungsweise zu brandmarken, dass die Bischöfe sich immer noch nicht gebessert hätten. Nach wie vor trachteten sie nach Einkünften, Pracht, Fleischeslust und noch mehr, ja am Ende nach Königreichen, Fürstentümern und aller Welt Gütern. Wäre dies anders, dann müsste er, Luther, auch nicht immerfort gegen sie anschreiben. Wie Majestät sicherlich wisse, habe er ja eine ganze Reihe von Herrschaften und anderen hochverständigen Leuten hinter sich. Wollte Gott, dass auch Majestät zu ihnen zählte und sich „von diesen Seelenmördern absonderte". Verwunderlich sei es nicht, dass andere Fürsten, die aber auf der falschen Spur seien, gegen ihn wüteten. Das sei nicht zu ändern – sinngemäß nach dem Motto: Viel Feind', viel Ehr'!, und auch für diesen Umstand gebe es einen biblischen Beleg, der sein Wirken rechtfertige und bestätige, wenn es nämlich im 2. Psalm heiße: „Warum toben die Heiden, und die Leute reden so vergeblich? Die Könige im Lande lehnen sich auf, und die Herren rathschlagen mit einander wider den Herrn und seinen Gesalbten." Übertragen heißt das: Alle Nicht-Lutheraner sind Heiden, mehr oder weniger. Alle, die ihm nicht folgen, sind quasi der Antichrist. Es sei aber sowieso, meint Luther, ein Wunder, „wenn ein einiger Fürst oder König das Evangelium lieb gewinnt." Das komme in diesem Leben quasi nicht vor. Sollte es aber nun bei ihm, König Heinrich, so sein, dann würde er sich über solches Wunderwerk freuen und darob frohlocken. Der Herr wolle seinen Worten jetzt Kraft geben, „daß der König von England in kurzem ein vollkommener Jünger Christi und ein Bekenner des Evangelii, dazu Luthers gnädigster Herr wäre, Amen." In Erwartung einer gnädigen und gütigen Antwort verbleibe er Seiner Königlichen Majestät untertänigster Martin Luther. Den Brief habe er übrigens geschrieben mit eigener Hand (was Luther offensichtlich als eine Ehre gegenüber dem König empfindet).

Es verging fast ein Jahr, bis Henry auf diesen Brief antwortete. Das war nicht aus Nachlässigkeit oder Verärgerung oder aus Ignoranz beziehungsweise der mit oder ohne Absicht geäußerten Botschaft, dass die Sache nicht wichtig war, sondern offensichtlich dem Umstand geschuldet, dass der Luther-Brief erst nach unerklärlichen Umwegen an den König gelangte. Henry erwähnt das selbst, den Brief von „Anno 1525 ... (nicht weiß ich, in welchem Lande er unterwegs so lange hin und wieder gezogen)" erst jetzt, 1526, erhalten zu haben. Da Luther wiederum erst am 1. Februar 1527 auf Heinrichs Antwortbrief antwortete, ist davon auszugehen, dass zwischen der Absendung und dem Erhalt des ersten Luther-Briefes tatsächlich ein ganzes Jahr lag. Aber da scheint es schon vorher mitunter Probleme mit berittenen Boten oder mit englischen Herolden, sprich: mit kontinental-insularischen Kommunikationswegen gegeben zu haben, auch Verstimmungen, die sich im einen oder anderen Fall auch einmal auf die Verlässlichkeit des Brieftransports auswirken mochten. So teilt Spalatin dem sächsischen Kurfürsten am 13. Mai 1523 mit, dass sich der englische Herold darüber beschwert habe, von Herzog

Georg zu lange aufgehalten, dagegen von Kurfürst Friedrich überhaupt nicht empfangen worden zu sein, worauf er, der Herold, seine Herberge nicht mehr verließ und auch niemanden zu Gast haben wollte, nicht einmal zum Essen, bis er schließlich verdrießlich nach Leipzig abreiste. Davor habe der Herold verlautbaren lassen, er komme doch im Auftrage seines Herrn, des englischen Königs, und erfahre von hier, „vom Schloß" (heißt: vom Schloss des Kurfürsten) aber „keine Verehrung". Also, so konnte es laufen auf den unterschiedlichen Ebenen in der diplomatischen Welt. Immerhin, Heinrich antwortete Luther. Er hätte ja auch vornehm und schweigend über den neuen Kontaktversuch hinweggehen können, wie er es nach der groben Erwiderung Luthers auf seine „Assertio" getan hatte. Aber der König fühlte sich tatsächlich veranlasst, zu antworten, und man erkennt an diesem Antwortbrief, der weit über Luthers Anliegen und seltsame Willensbekundung hinausgeht, dass Henry die Fragen der Religion wirklich am Herzen lagen und dass er da als Fürst auch eine Verantwortung fühlte. Für seine Verhältnisse und im Vergleich mit Luthers Anmaßungen ist er an einigen Stellen geradezu bescheiden und unprätentiös. Ein wenig scheint er den polternden Reformator mit dem grenzenlosen Selbstgefühl in seinem Missionseifer auch daran zu erinnern, dass die erste Christenpflicht Demut ist. Seltsam genug aus seinem Munde, also aus seiner Feder, aber doch immerhin. Übrigens ist der Brief mehr als zwanzigmal so lang wie der Brief Martin Luthers. Der König ist – konsterniert; man kann es nicht anders sagen. Er wundert sich über die Maßen, wie es wohl sein könne, dass Luther ihn, den König von England, zu einem seiner Bündnisgenossen erklärt oder es ihm wenigstens nahelegt, dass es so sein könnte. Interessant wäre an dieser Stelle gewesen, zu fragen, wer denn die angeblich so trefflich Eingeweihten waren, die ihm die königlichen Affinitäten zum Luthertum nahelegten, denn es gibt in der Tat zum gegenwärtigen Zeitpunkt keinerlei Anhaltspunkte dafür. Da wenige Monate vor Luthers Brief an den König Kurfürst Friedrich von Sachsen, sein Schutzherr, gestorben ist, ist sein Wunsch zwar verständlich, sich woanders nach einem weltlichen Schutzherrn umzusehen, ohne den er doch auf sehr schwankendem Boden stünde, und

warum nicht auf der Insel?! Aber dass er diese Bereitschaft Henrys
einfach voraussetzte, aufbauend auf offenbar haltlosen Gerüchten,
um dann auch noch in einem Atemzug den Kardinal von York,
einen wichtigen Amtsträger in Henrys Königreich, zu beleidigen
und außerdem die königliche Autorschaft an dem gegen ihn ver-
öffentlichten Buch zu bestreiten, war reichlich undiplomatisch, um
es gelinde zu sagen. Entsprechend reagierte dann auch der englische König. Was, so Henry, er habe die „Assertio" überhaupt nicht
geschrieben?! Das sei eine Unverschämtheit wie auch der ganze
restliche Brief. Den Kardinal von York nenne Luther „einen Greuel
und einen gemeinen Haß Gottes auf der Welt, dazu ein Gift unsers
Reichs"?! Er solle sich schämen, und zwar nicht wegen eines
Missverständnisses, das es ja gar nicht gab, sondern wegen seiner
sämtlichen Umtriebe bis auf den heutigen Tag. Mithilfe der heiligen Kirchenväter und zahlreicher Bibelstellen habe er, Henry, die
Luther'schen Irrtümer einen nach dem anderen aus der Welt ge-
schafft, zumindest aber doch offengelegt, und für diese Widerlegung im Sinne der Tradition finde er mindestens ebenso viele ehrbare Zeugen wie für die Tatsache, dass er sehr wohl höchstselbst, er,
der König, die „Assertio" verfasst habe, und wenn er sich auch nicht
rühme, ein großer Gelehrter zu sein, so sei er doch gottesfürchtig.
Er unterwerfe sich aus ganzem Herzen den Satzungen der christlichen Kirche und den Auslegungen der heiligen Väter – etwas, das
er, Luther, durch seine Lehren entweihe. Luther habe gehört, dass
er, Henry, nun angefangen habe, dem Evangelio günstig zu sein? Er
sei dem Evangelio in der Tat günstig, aber nicht erst seit gestern,
und bestimmt benötige er dafür nicht Luthers dubiose „Secte". Die
Inhalte, die er anführe und für Teile seiner eigenen Lehre erkläre –
Gottesfurcht, Nächstenliebe, die Erlösung durch Jesus Christus und
die Kreuzigung des Leibes der Sünden – habe Luther gewiss nicht
erfunden, dafür aber zahlreiche andere Ketzereien, deretwegen ihn
eben die Welt zur Rechenschaft ziehe. Das tue sie seit Jahren mit
einem Übermaß an Geduld und besten Willens, ihn doch noch be-
kehren zu können, und so sei es auch eine unglaubliche Anmaßung,
wenn Luther behaupte, man erhöre ihn nicht und verdamme ihn in
völliger Unkenntnis. Wo habe nur jemals ein Ketzer so viel Gehör

gefunden und ein solches Maß an Geduld, fragt Henry indirekt. Doch so oft man ihn auch „überwunden" (sprich: widerlegt) habe, er fange doch immer wieder an, ohne Einsicht und Besserung. Was er also mit seinen listigen Zeilen an ihn erreichen wolle, die Henry nur sehr vordergründig, also auf eine heuchlerische Weise für majestätsfürchtig hält? Ihn in die Falle locken, das sei es wohl. Der König wiederholt Luthers Sätze. Er wiederholt sie und dreht sie genüsslich im Munde, etwa: Etliche große Fürsten seien an seine, an Luthers Seite getreten, und da sei es natürlich kein Wunder, dass andere, zum Beispiel der Kaiser, gegen ihn wüteten, da er natürlich eine Gefahr darstelle mit seiner lauteren Wahrheit, sei es doch gleichsam ein natürliches Gesetz, dass die Fürsten und Völker dem Evangelio zuwiderstrebten. Als ein Wunderzeichen würde er es entsprechend ansehen und darob frohlocken, wenn er, Henry, sich ihm anschließen und sein Gönner werden wolle. Henry hält Luther den Spiegel vor und denunziert ihn mit seinen eigenen Worten. Er macht ihn lächerlich, erklärt ihn für einen weltfremden Narren, befangen in seiner Selbstüberhebung, nicht zuletzt, weil er rhetorisch und diplomatisch so unglaublich ungeschickt ist und wie immer mit der Tür, mit der Holzhammermethode ins Haus fällt.

Dass er nichts Gutes im Sinn habe, sondern den offenen Aufruhr, so Henry, das beweise Luther auch mit den jüngsten Vorfällen in deutschen Landen, als er die Bauern zum offenen Aufstand anstachelte. „Fuchswild" seien diese gemacht worden von seiner Ketzerei. Ein schmerzlicher Punkt freilich für den mindestens ebenso von den Vorfällen betroffenen Luther, der aus lauter Verzweiflung über die Bauernunruhen und was daraus folgte, sogar unter anderem in die liebenden Arme einer Ehefrau flüchtete. Henry fährt munter fort mit den Bestandsaufnahmen aller Sünden des Ketzers, und er kann es offenbar auch nicht oft genug wiederholen: Luther habe die Heiligen geschändet, die Apostel Christi verachtet, die heilige Mutter Kirche und zuletzt auch Gott selbst gelästert, indem er mit seiner Lehre zur Sünde aufforderte. Insofern solle er bitte zusehen, dass er nicht noch mehr seinesgleichen auf seine schöne Insel entsende, auf dass sie dort die Ketzerei säten, beziehungsweise als Rückkehrer das in Deutschland empfangene Ketzergift austeilten. Das sei schon geschehen, und es sei schlimm genug. Luthers falsche Informationen über seine, Henrys, angebliche Konvertierung kann er sich überhaupt auch nur so erklären, dass irgendein Abtrünniger, der seine Insel verlassen musste, dergleichen fälschlicherweise in Luthers Reihen verbreitete. Die armen Ungläubigen und von der Lutherei Kranken nehme er, der König, übrigens bei erkennbarer Einsicht in aller Liebe zurück und versuche sie wieder zum rechten Glauben zu führen. Wo aber keine Einsicht sei, da sollten sie bitte gar nicht mehr zu ihm zurückkommen, wo sie nur Ärger machten, sondern bei den Seinigen auf dem Kontinent bleiben. So wie Luther „die groben und widerspenstigen Bauern" angetrieben habe, so treibe er alle an, eben zu Ungehorsam und Sünde. Luther verurteile die Fleischeslust bei den Bischöfen? Das findet der König jetzt aber sehr amüsant, da der Mönch, der Gott unter anderem Keuschheit gelobt, justament eine Nonne um ihre Ehre gebracht habe. Einen so schändlichen Ehebund wie den Luther'schen müsse man in der Tat lange suchen. „Denn wer kann loben eines Klosterbruders Ehe, der doch irgend etwas hält von dem allerheiligsten und gelehrtesten Vater Hieronymus? Denn wie derselbige spricht: So ist denen, die Keuschheit gelobt haben, verdammlich nicht allein, zu freien, sondern auch begehren zu freien." Das also habe es auf sich mit der evangelischen Freiheit? „Freiheit der fleischlichen Wohllust"? Mit dieser habe Luther sich, kaum verwunderlich, „den leichtfertigen Pöbel zum Freunde gemacht". Ohnehin scheine er aber eine besondere Kunstfertigkeit darin entwickelt zu haben, die Tugend zum Laster und die Laster zur Tugend zu erklären, und ebenso rühme er sich gerade da, wo er sich eigentlich schämen sollte, zum Beispiel für seine unbelehrbare Bockigkeit und für seine Respektlosigkeit gegen Heilige oder Höhergestellte. Vom heiligen Leben der heiligen Väter habe Luther jedenfalls offenbar überhaupt keine Ahnung.

Ganz unverkennbar ist Martin Luther für König Heinrich der Antichrist, zumindest aber eine große Gefahr für die Kirche und für den christlichen Glauben. Wenn Luther zum Beispiel die Sakramente ablehne und zahlreiche andere Satzungen der christlichen Kirche, dann versperre er den Menschen einen wichtigen Zugang zum Glauben, so meint er, und diesen Zugang zu versperren, scheint

Heinrichs Auffassung nach offenbar auch Luthers Absicht zu sein. Er gibt ein Beispiel dafür, dass die *sola fide*-Lehre nicht hinreichend sei als einziges Fundament der Gotteseinbindung des christlichen Menschen. „Denn, wie der heilige Jacobus Cap. 2 sagt: ‚Du glaubst, daß ein Gott sei; das glauben auch die Teufel und erzittern vor ihm.‘" Aber sie zittern nicht aus Ehrfurcht, sondern aus Angst vor der göttlichen Übermacht, gegen die sie ja ankämpfen. Glaube allein führe eben auch nicht zur Buße und ganz sicher nicht automatisch zur Sündenvermeidung. Da müsse einfach ein Druck von außen hinzukommen, und vermessen sei, wer da glaube, dessen bedürfe es nicht. „Und wahrlich, Luther, zu glauben deiner Lehre nach, daß einer möge leben ohne Früchte guter Werke, und sich in den Sünden wälzen ohne alle Furcht, und sich allein verlassen auf diese Hoffnung und stolze Vermessenheit, daß der Glaube allein den Unflath so viel verstockter Sünden abwaschen oder verschlingen möge: dies ist ein Glaube, der da sonder Zweifel ärger ist, denn des Teufels Glaube." Darauf folgt das bereits angeführte Zitat des Jakobus 2,19. Henry schlussfolgert: „[Die Teufel] sind in dem nicht so arg, als du bist, denn du dich gar nichts fürchtest. Bedünkt dich aber nicht, Luther, daß der Apostel diese Worte vornehmlich zu dir geredet habe, der du durch diese deine Ketzerei (durch welche du streitest, daß allein der bloße Glaube genug sei zur Seligkeit) alle Gottesfurcht zurückschlägst und verhinderst." Ohne Gottesfurcht, so glaubte der König, gab es keinen Gehorsam und ohne diesen auch keine Sündenvermeidung. Er sagte das vielleicht durchaus in seiner Eigenschaft als Staatsoberhaupt, da er ja auch zusehen musste, dass seine Untertanen Gott und dem König gehorchten. Aber Heinrich wendete dieses Bild vom Menschen wahrscheinlich auch auf sich selbst an, auf alle Menschen. Gerade die Angst vor der Höllenpein, meinte er, sei geeignet, sich den Weg der Tugend nach einem Sündenfall wieder zu eigen zu machen. Somit war die Gottesfurcht ein Erziehungsmittel. Sie trieb die Sünden aus, hielt den Einzelnen wie ein Zaumzeug in Schach. Luther bestritt das nicht, war aber der Meinung, dass die Gesetzesannahme freiwillig und in Liebe geschehen müsse, nicht unter Zwang, vor allem aber nicht mit einer zweckorientierten Gesinnung. Dann waren der Glaube und die Gottesbeziehung ein Tauschgeschäft wie in vielen entarteten Praktiken der römischen Kirche. Heinrich hingegen hielt Luthers selbstgenügsamen Glauben ohne gute Werke und sonstige Pflichten für hoffärtig. Größere als Luther, so lässt er anklingen, seien sich da ihres selbstgenügsamen Glaubens nicht in allen Lebenslagen so sicher gewesen; Beispiel: Hiob. Ein weites Feld ... Heinrich geht dann aber noch einmal auf den Fatalismus in Luthers Lehre von der Unfreiheit des menschlichen Willens ein, und der Vorwurf ist nicht von der Hand zu weisen. In der Lehre von der Providenz nahm diese Problematik innerhalb der verschiedenen protestantischen Lehrmeinungen noch einmal ziemlich bedrückende Formen an, etwa im Calvinismus. Wenn man nichts gegen den göttlichen Willen tun könne und die Gnade Gottes weder zu befördern noch zu behindern sei, meint der König, dann erübrigten sich eigentlich alle Bemühungen, auch die zu einem gottgefälligen Leben. Auch Buße und Reue wären dann überflüssig. Warum aber hätte Gott den Menschen dann überhaupt Gesetze erteilt, wenn ihr Wille von vornherein unfrei wäre und nichts beeinflussen könnte? (Luther sagt ja: Im Einzelnen sei er frei, dieses oder jenes zu tun, nicht aber im Ganzen, gleichsam als Wegbestimmung.) Für Henry trägt gerade Luthers Gott grausame Züge, da er das Bemühen des Einzelnen eventuell überhaupt nicht belohnt und sich vielleicht noch an seiner Verzweiflung ergötzt. Solche Fragen stellte er sich. Es waren immer auch Fragen der Vaterbeziehungen.

Er selbst, Heinrich VIII. von England, war sicherlich nicht von übertriebenem Sündenbewusstsein geplagt. Er hielt es kaum für Sünde, dem Luxus zu frönen und Feste zu feiern. Das war sogar seine monarchische Pflicht, hatte er zu Beginn seiner Regentschaft seinen Räten verkündet (er war damals achtzehn), denn nur wenn der König Spaß hatte, konnte auch das Staatswesen prächtig gedeihen, so Henrys ungewöhnliche Staatstheorie. Er verbreitete eine Atmosphäre der Lebenslust und des Wachstums, die alle anstecken würde, und es war nicht wie unter seinem Vater Heinrich VII. mit seiner Gramseligkeit und seinem Geiz. Da er kein Mönch war, sondern Monarch, war es auch seine Pflicht, eifrig der Liebe zu frönen und die eine oder andere Saat unter seinen Landeskindern aufgehen

zu lassen. Auch das gehörte zum Lebenskreis eines Königs. Henry
empfand es ganz sicherlich nicht als Sünde, dass er Kriege führte,
die Menschenleben kosteten, dass er Dieben die Hand abhacken ließ
oder dass er den glänzenden Herzog von Buckingham wegen Hochverrats köpfte, denn auch das war seine monarchische Pflicht.
Wenn überhaupt eine biblische Todsünde bei ihm von Belang war –
und auch darüber gibt es keine überlieferten Zeugnisse, dass er da
irgendwie reumütig war oder sündenbewusst –, dann war das die
Völlerei, nicht die Unzucht. Heinrich verspeiste unglaubliche Men-
gen, und die Bankette waren ein Teil seines Freizeitprogramms. Das
sah man ihm dann auch ziemlich bald an, zunehmend ab den mittleren Jahren, als er nicht mehr ganz so viel Sport trieb und es
irgendwann auch nicht mehr konnte. Aber Sünde? Er war da im
Großen und Ganzen gelassen. Eine Frage aber, die trieb ihn bald
mehr und mehr um. Seine Dynastie war noch jung; sein Vater hatte
sich den Thron auf dem Schlachtfeld erobert und berückende walisische Mythen um den sagenhaften Aufstieg der Tudors gerankt.
Sie war immer unter Beschuss, scheel beäugt von Alternativpräten-
denten. Erst mit ihm, Heinrich VIII., saßen die Tudors fest auf dem
Thron. Warum aber gewährte ihm Gott keinen männlichen Nachfolger, auf dass er die Dynastie fortführen konnte? Damit haderte
er, und er suchte nach einer Initialsünde für eine solche göttliche
Strafe. Als er sie vermeintlich gefunden hatte, stellte er damit sein
Land auf den Kopf, denn er wollte die Sünde abbüßen, er wollte
sein königliches Gewissen bereinigen und sich aus einem ehelichen
Irrtum befreien, er wollte um quasi jeden Preis einen Sohn, und
zwar von der Frau, die ihm bestimmt, die dazu vorgesehen war, ihn
von ihm zu empfangen; jedenfalls glaubte er das. Mit dem Papst
ging das nicht, denn er machte die Sache nicht mit, also musste er
sich im Sinne seines eigenen Heils und zum Wohl seines Landes
von Rom lösen. Das ist die Geschichte der englischen Reformation.

# „Sie sollen ohne Kinder sein"
## Heinrichs unfreiwillige Reformation

Irgendwann in der ersten Jahreshälfte 1527 entdeckte Heinrich VIII., König von England, im 3. Buch Mose eine aussagekräftige Stelle, die ihm eine Erklärung bot für das Drama seiner ausbleibenden Nachfolge, seiner Kinderlosigkeit; so empfand er es jedenfalls, ungeachtet der gesunden und vielversprechenden elfjährigen Tochter aus seinem Ehebündnis mit Katharina von Aragón. Es ist nicht mehr hundertprozentig zu rekonstruieren, ob Henry die Bibelstelle selbst fand, in vollständig eigener Initiative, oder ob ihn jemand in seinen Reihen darauf aufmerksam machte. Im Frühjahr jedenfalls vertraute er sich Wolsey darüber an. Er lebe in Sünde, so Henry zu seinem Lordkanzler, da er die Witwe seines Bruders geheiratet hatte. Die entsprechenden Bibelstellen, die so etwas ausdrücklich verboten, hatte er sich dann noch von einem Bibelwissenschaftler erläutern und kommentieren lassen. Im 3. Buch Mose 18,16 und 20,21 heißt es: „Du sollst mit der Frau deines Bruders nicht Umgang haben; denn damit schändest du deinen Bruder", beziehungsweise: „Wenn jemand die Frau seines Bruders nimmt, so ist das eine abscheuliche Tat. Sie sollen ohne Kinder sein, denn er hat damit seinen Bruder geschändet." Der Hebräist Robert Wakefield erläuterte dem König, der Passus: „Sie sollen ohne Kinder sein" sei eigentlich so zu lesen: „Sie sollen ohne Söhne sein", womit die Sache für Henry dann endgültig klar war. Henrys älterer Bruder Arthur, der Prince of Wales und Thronfolger Englands, hatte 1501 im Alter von fünfzehn Jahren die noch nicht ganz sechzehnjährige spanische Prinzessin Katharina geheiratet, war aber nur ein halbes Jahr später an Tuberkulose (eine andere Version lautete: an „Schweiß-

fieber") gestorben. Da der jugendliche Bräutigam schon zum Zeitpunkt der Eheschließung kränklich und überhaupt eine eher
zurückhaltende und ernste Natur war, anders als Henry, sein flam-
boyanter jüngerer Bruder, nahm man Katharinas späteres Bekenntnis, die Ehe sei nie vollzogen worden, ohne Weiteres an, und der
damalige Papst Julius II. gab auch problemlos seinen Dispens, um
die Heirat zwischen Henry und Katharina nach dem Tode des alten
Königs möglich zu machen. Man würde im Laufe des langwierigen
Rosenkrieges zwischen Heinrich VIII. und Katharina von Aragón,
der sich über Jahre auf einer hochpolitischen und europäischen
Ebene abspielte, auch zu den entlegensten Mitteln greifen, um in
dem Verfahren die eine oder die andere Seite zu stützen. Da war es
nicht das Entlegenste, uralte spanische Höflinge zu befragen, inwieweit sich diese an die Reaktionen und Aussagen des Prinzen Arthur
oder der Prinzessin erinnerten am Morgen nach dieser Hochzeits-
nacht. Katharina blieb immer dabei: Die Ehe mit Arthur war nicht
vollzogen worden, infolgedessen war ihre Ehe mit Henry legitim,
unauflösbar. Sie kämpfte mit allen Mitteln und mit der ganzen
Kraft ihres stolzen Selbstverständnisses um ihre Rechte als Gattin
und Königin, nicht zuletzt aber auch um die Rechte und um die
Zukunft ihrer Tochter, die nach einem Annullierungsverfahren in
den Status eines Bastards abrutschen würde. Denn genau das wollte
Henry (ohne dabei sicher lange an Mary zu denken): die Annullierung seiner Ehe mit Katharina.

Normalerweise war das keine sehr schwierige Sache. Schon
andere Fürsten waren da in der Vergangenheit mit dem Papst umstandslos ins Einvernehmen gekommen, denn wenn man Anlass
oder Bedürfnis hatte als einflussreiche Person, eine missliebige
Ehe auflösen zu wollen beziehungsweise ein Eheversprechen,
dann fand sich im Kirchenrecht auch ein Vorwand dafür. Einer
war etwa, dass das Eheversprechen von mindestens einer Seite her
nicht freiwillig, sondern gezwungenermaßen gegeben wurde, ein
anderer konnte sein, dass einer der Partner bereits durch ein anderes Eheversprechen gebunden war, ein dritter Bereich war der kirchenrechtlich sehr weit definierte Fall des „Inzests" zwischen den
Ehegatten, auf den sich in diesem Falle auch Henry berief. Da

Papst Julius allerdings vor mittlerweile achtzehn Jahren für diese Eheschließung einen Dispens erteilt hatte, war die Sache auch in dieser Hinsicht prekär, da man hier rückwirkend die unfehlbare päpstliche Entscheidungsbefugnis infrage stellte beziehungsweise davon ausging, der Pontifex habe die Entscheidung unter falschen Voraussetzungen getroffen – womit sich wieder die Frage stellte: Wer hatte damals nicht die Wahrheit gesagt? Abgesehen davon, hätte der Papst beim Nicht-Vollzug einer vorangegangenen Ehe auch eigentlich gar keinen Dispens geben müssen. Im Laufe der Jahre breiteten beide Seiten (König gegen Königin) das volle Arsenal ihrer Rechtsgelehrten und Kirchenvertreter, aber auch das ganze Gewicht ihres politischen Einflusses und ihrer Bündnisverhältnisse aus, und dabei war Katharina dem regierenden König keineswegs unterlegen. Erstens war sie verwandtschaftsbedingt durch Habsburg-Spanien geschützt, zweitens situationsbedingt durch den Heiligen Stuhl, drittens war sie kirchenrechtlich durch ihre Ausbildung auch gut bewandert, und viertens stand bis zum Schluss das englische Volk gleichsam geschlossen hinter ihr, das diese Königin immer verehrt hatte. Vor allem hatte sie aber mit einem handlungsunfähigen Papst, der das Begehr des englischen Königs nicht aufgreifen wollte und wahrscheinlich nicht aufgreifen konnte, schlichtweg das tradierte Recht auf ihrer Seite. Also, so leicht, wie er dachte, wurde Henry diese Ehefrau einfach nicht los. Zu Beginn gab er sich aber auch so, als ob er das gar nicht wollte. Da es ja um nichts Geringeres ging als um sein königliches Gewissen und nicht um die schnöde Eliminierung einer lästigen Ehefrau (mit dem mindestens ebenso schnöden Hintergrund, eine andere, jüngere und von ihm leidenschaftlich begehrte Frau an ihre Stelle setzen zu wollen), stellte Henry die Frage seiner rechtmäßigen oder unrechtmäßigen Eheschließung offiziell der kirchlichen Rechtsprechung anheim – nachdem ihm Zweifel gekommen seien in Bezug auf diese Rechtmäßigkeit, sagte er. Am 17. Mai 1527 ließ er Kardinal Wolsey in seiner Eigenschaft als päpstlicher Legat in seinem Stadtpalast York Place das Scheidungsverfahren einleiten, während er sich selbst als neutraler Beschuldigter gab, der sich einer höheren Rechtsprechung unterwarf. Erst gut vier Wochen später, am 22. Juni, erklärte Henry seiner Ehefrau offen, sie müssten sich trennen, denn sie lebten in Sünde, und er habe in Rom um eine Annullierung ihrer Ehe ersucht. Wolsey lud also den König vor ein Gericht und beschuldigte ihn, in gesetzeswidriger Ehe mit der Frau seines Bruders zu leben. Der frappierten Königin Katharina erklärte Henry daraufhin, er müsse sich nun dieser Rechtsprechung beugen und werde das Urteil am Ende annehmen, wie es auch ausfalle. Dass er bislang nichts davon zu ihr gesagt habe, trotz der Nöte seines Gewissens, liege an seiner großen Liebe zu ihr. Katharina hatte so ihre berechtigten Zweifel an dieser Version, und sie äußerte, es sei seltsam, dass ihm das in den ganzen achtzehn Jahren nicht eingefallen sei, dass es aber nun plötzlich eine derartige Relevanz habe. Außerdem ließ sie von Anfang an keinen Zweifel daran, dass sie um ihre Rechte kämpfen werde. Wenn Henry diese Frau, mit der er seit achtzehn Jahren verheiratet war, kannte, dann hätte er wissen müssen, dass sie es ernst meinte. So sprunghaft und heftig er selbst auch war, so erstaunlich war aber auch seine Fähigkeit zum Selbstbetrug, im selben Maße etwa, in dem er sich auch von anderen manipulieren ließ, wenn diese nur ein wenig geschickt waren. Man kann also wohl davon ausgehen, dass er tatsächlich an die Version der Dinge glaubte, die er hier darlegte. Der König hatte keinen Sohn, Gott strafte ihn offensichtlich für eine begangene Sünde, für ein Handeln gegen seine Gesetze. Beim Versuch, den Grund für diese Gottesstrafe zu finden, war er auf die fragliche Bibelstelle gestoßen, und diese beschaffte ihm nun auch die Mittel, so glaubte er, um einen Ausweg aus der verfahrenen Situation zu finden, die das Gedeihen seiner Dynastie verhinderte und so auch dem Segen des Landes abträglich war. Mit dem Gewissen war es ja so eine Sache. Man konnte ziemlich viel damit legitimieren, aber objektivierbar, verallgemeinerbar, als Regel für andere zu konstituieren war es deswegen noch lange nicht. Das brauchte es aber auch nicht, denn es stand ja für sich. Vielleicht machte ihn das letztlich zum Protestanten, den altgläubigen englischen König, der bis zum Lebensende die Sakramente verteidigte und der wohl auch den römischen Papst weiterhin mit Herzblut, mit der Feder und mit dem Schwert verteidigt hätte,

hätte sich dieser nur nicht auf so empörende Weise seinem Begehren verweigert, das ja das Begehren seines Königreichs war.

Mit dem Papst indes verhielt es sich derzeit folgendermaßen: Clemens VII. war ein Gefangener des Kaisers, nachdem die kaiserlichen Truppen am 7. Mai Rom geplündert hatten. Der „Sacco di Roma" war ein Höhepunkt der kriegerischen Auseinandersetzungen zwischen Habsburg-Spanien, Frankreich und indirekt auch dem Kirchenstaat um die Vorherrschaft in Oberitalien. Durch seine vormalige Unterstützung des Kaisers im Zuge seiner französischen Eroberungspläne, die auch den kaiserlichen Sieg von Pavia möglich gemacht hatte, ohne ihm, Henry, jedoch die ersehnte französische Krone zu bringen, hatte Henry dem Kaiser sogar noch geholfen, seinen Herrschaftsanspruch über Italien zu festigen und ihn in diese dominierende Lage zu bringen. Papst Clemens aber war nun, was Henrys Scheidungsanliegen betraf, bis auf Weiteres in einer äußerst bedrängten diplomatischen Situation, auch, nachdem es ihm im Herbst gelungen war, der kaiserlichen Gefangenschaft zu entkommen. In der augenblicklichen Lage der Dinge war es jedenfalls für ihn nicht ratsam, Kaiser Karl zu verärgern, indem er ein Urteil aussprach, das für Karls Tante Katharina von Aragón im höchsten Maße ungünstig war. Da sich der Kaiser soeben mit seiner ganzen Militärgewalt, seinen spanischen Truppen plus deutschen und italienischen Landsknechten, in Rom präsentiert hatte, wusste Clemens realiter, was auf dem Spiel stand. Und da die Sache sich ja zusätzlich als kirchenrechtlich komplex erwies, mit den immer wieder hin- und hergehenden Gutachten, die in all den Jahren ausgetauscht wurden, war und blieb Clemens ratlos, um nicht zu sagen verzweifelt, was er da tun sollte hinsichtlich des Eheannullierungsgesuchs Heinrichs VIII. Es hieß sogar, dass er in dem immer noch ungeklärten Status der kommenden Jahre regelmäßig in Tränen ausbrach, wann immer man ihn mit diesem Casus behelligte. Anfangs dachten auch einige, unter anderem Wolsey, dass er sich früher oder später von selbst erledigen würde, sobald nämlich die königliche Passion, wie es der Lauf der Dinge war, abgekühlt war. Wolsey erfuhr wohl überhaupt erst relativ spät von dem konkreten amourösen Hintergrund dieser Angelegenheit in der Gestalt Anne

Boleyns, die ja am Ende seinen Sturz mitbeförderte. Die Boleyns waren mütterlicherseits mit dem Herzog von Norfolk verwandt, dem ersten Peer Englands, und die Norfolks nährten seit Jahren einen erbitterten Hass gegen den einflussreichen Aufsteiger Thomas Wolsey in seiner Machtfülle als erster Berater des Königs, der über Jahre mehr oder weniger alleinige Politik in England und groß- räumig auf diplomatischem Terrain in Europa gemacht hatte – Wol- sey, der Metzgerssohn. Entscheidender war aber, dass Anne Boleyn in ihrer höchst persönlichen Interessenverfolgung einen massiven Einfluss auf Henry besaß, und zwar umso mehr, als sie das Bett des Königs *nicht* teilte, es ihm aber in Aussicht stellte, freilich unter einer Bedingung: Königin von England zu werden. Wolsey und seine Leute seien viel zu zögerlich und offenbar unfähig, hielt sie dem König vor, die Angelegenheit zu einem glücklichen Ende zu bringen, und anscheinend sei dieser Ausgang auch gar nicht in Wol- seys Sinn. Das war etwas später, als es zwischen Henry und Anne schon konkrete Absprachen gab und eine gemeinsame Agenda der Zukunft. Wie es aussieht, gab es diese am Anfang noch nicht, denn wenn man die Dinge chronologisch betrachtet, dann war Henry zu dem Zeitpunkt, als er Wolsey mit der Einleitung des Scheidungs- verfahrens beauftragte, noch in einer reinen Werbephase bei Anne, die sich ihm ja gut zu entziehen verstand; so jedenfalls legen es seine Briefe nahe, Liebesbriefe, die ab Anfang Juli 1527 von Henry an Anne überliefert sind. Demnach würde es sogar einigermaßen den Tatsachen entsprechen, dass Henrys Gewissensskrupel wegen seiner sündhaften Ehe primär waren und nicht zeitlich zusammen- fielen mit der erklärten Absicht, Anne nach der Auflösung dieser Ehe zu heiraten. Jedenfalls tätigte Henry dann, von seiner entschlos- senen Halb-Geliebten befeuert, diverse Alleingänge in der leidigen Sache mit Rom, ohne Wolsey, dem er nicht mehr vertraute. Dabei war Wolseys Plan eigentlich vielversprechend und hätte vielleicht à la longue tatsächlich zu einem glücklichen Ende geführt. Mit ge- wohnt diplomatischer Finesse wollte er die bedrängte Situation des Heiligen Vaters ausnutzen, indem er diesem – diesmal im Bündnis mit dem französischen König – Unterstützung gegen Kaiser Karl anbot, um dann, gleichsam als Nebeneffekt, in seiner Eigenschaft als päpstlicher Legat die Scheidungsangelegenheit in Henrys Sinne zu lösen. Dass England damit in den europäischen Mächteverhältnissen erneut die Fronten wechselte, war für Wolsey eine natürliche Folge der Dinge. Er hatte in all den vergangenen Jahren innerhalb dieser Frontenwechsel agiert und es zudem verstanden, sich in der Vertretung Englands und des englischen Königs noch wiederholt als europäischer Friedensstifter zu profilieren. Wenige Wochen nach seiner spektakulären Einleitung des königlichen Scheidungsverfahrens reiste der Kardinal auf den Kontinent, um mit dem französischen König über das weitere Vorgehen gegen Kaiser Karl zu verhandeln. Er wollte dem Kaiser mit einer Kriegshandlung drohen, im Anschluss an das Vorgehen der kaiserlichen Truppen in Rom (Heinrich war Teil der von ihm mitbegründeten „Heiligen Liga"), und den Papst wollte er gleichzeitig davon überzeugen, ihm, Wolsey, während seiner Gefangenschaft all seine päpstliche Autorität zu übertragen, was ihn dann auch ermächtigen würde, das königliche Annullierungsgesuch in Henrys Sinn zu entscheiden. Das wurde am Ende nichts. Im Herbst gelang es dem Papst, aus seiner Festung Sant' Angelo, wo er gefangen war, nach Orvieto zu fliehen. Er gab Wolsey zwar später doch noch eine Dekretal-Vollmacht, wenn auch widerstrebend, da er von Wolseys Plänen und von der Eheannullierung nicht überzeugt war, aber da hatten Henry und Anne bereits eigene Initiativen mit einem eigenen Gesandten getätigt, die die päpstliche Bereitschaft, in dieser Sache überhaupt in irgendeiner Weise tätig zu werden, durch die Parallelaktionen und die damit auch bekundete Ungeduld eher noch minderte und die Sache zu ihrem eigenen Nachteil beeinflusste.

Im Folgejahr machte sich ein päpstlicher Sondergesandter, Kardinal Campeggio, ein alter, gichtkranker Mann, auf den beschwerlichen Weg zum König von England. Aber er war eigentlich mit dem Auftrag losgeschickt worden, die königlichen Eheleute zu einer Versöhnung zu bringen. Am Ende wurde die Angelegenheit, zu Katharinas Triumph, zurück nach Rom überwiesen, und da zog sie sich dann die nächsten Jahre ausgangslos hin. Dem vorangegangen war aber ein aufsehenerregendes „Scheidungsgericht" im Blackfriars Konvent in London, das Wolsey und Campeggio am 31. Mai

1529 eröffneten. Wie in diversen Spielfilmen mehr oder weniger wirkungsvoll dargestellt, weigerte sich Königin Katharina in einem fulminanten Auftritt, Henrys Richter anzuerkennen und sich ihrer Jurisdiktion zu unterwerfen. Die Rückverlegung des Verfahrens nach Rom konnte demnach nur in ihrem Sinne sein, denn entweder die Sache wurde für sie entschieden, oder sie schleppte sich über Jahre unentschieden dahin, was letztlich der Fall war, da sie theologisch nicht wasserdicht war und der Papst kein Interesse haben konnte, sie zugunsten des englischen Königs zu entscheiden, während er aber auch von der englischen Seite einem gewissen politischen Druck ausgesetzt war. Selbst die Theologen in Henrys eigenen Reihen waren sich uneinig in der Auslegung der fraglichen Bibelstellen, jedenfalls im Sinne einer eindeutigen Konsequenz. Bischof Fisher zum Beispiel hatte bereits zu Beginn des Verfahrens auf eine andere Bibelstelle verwiesen, die diejenige aus dem 3. Buch Mose relativierte, da sie gewissermaßen das Gegenteil aussagte. Im 5. Buch Mose, 25,5 heißt es nämlich: „Wenn Brüder beieinander wohnen und einer stirbt ohne Söhne, so soll seine Witwe nicht die Frau eines Mannes aus einer anderen Sippe werden, sondern ihr Schwager soll zu ihr gehen und sie zur Frau nehmen und mit ihr die Schwagerehe schließen." John Fisher führte ins Feld, Julius II. habe damals kraft seines pontifikalen Amtes die Widersprüche zwischen diesen beiden Bibelstellen beseitigt und somit richtig entschieden, indem er der Stelle im 5. Buch Mose den Ausschlag gab und sie für gültig erachtete, sodass Schwager und Schwägerin heiraten konnten. Man kann sich vorstellen, dass Henry nicht gerade begeistert war von der Aussage eines seiner Getreuen. Und er sollte noch mehr Widerstand in seinen eigenen Reihen erleben. Henrys Welt teilte sich immer mehr auf in die beiden Lager: Freund oder Feind. Danach richtete sich auch zunehmend sein eigenes Herrschaftsverständnis.

Der Papst hatte zwischenzeitlich seinen Sondergesandten beauftragt, den englischen König wissen zu lassen, dass er ihm auch einen Dispens geben könne, um zum Beispiel Prinzessin Mary und Henry Fitzroy, den königlichen Bastardsohn, miteinander zu verheiraten. Aus Sicht des Papstes war das eine opportune Lösung der

Thronfolgefrage, konnten doch dann Sohn und Tochter gemeinsam England regieren. Dass er damit einen tatsächlichen (Halb-)Inzest absegnete, schien dem Heiligen Vater keine Skrupel zu bereiten, abgesehen davon, dass er nicht realisierte, dass es dem König eben nicht nur um die Nachfolge ging, sondern auch und im Wesentlichen um die Frau, die er zu seiner Ehefrau machen wollte. Clemens VII. würde schließlich sogar noch mit dem sagenhaften Vorschlag hervortreten, Henry notfalls auch einen Dispens für zwei Ehefrauen zu geben. Das war aber dann zu einer Zeit, als er überhaupt keinen anderen Ausweg mehr sah. Henry, im Banne Annes, griff den Vorschlag nicht auf, und Katharina, die strenggläubige Spanierin, gab ihrer unverhohlenen Verachtung darüber Ausdruck, was sie jedoch offenbar nicht auf die Spur brachte, die katholische Institution insgesamt zu bezweifeln, samt ihrer zweifelhaften Argumente und Praktiken sowie der Verkörperung menschlicher Schwäche und oftmals eben auch Durchschnittlichkeit auf dem sogenannten Heiligen Stuhl. Die Krux war, dass auch der Reformator in Wittenberg, der sich da manchmal in einer seltsamen Rolle als Quasi-Papst wiederfand, dem liebeskranken hessischen Landgrafen, einem wichtigen evangelischen Bündnisgenossen, der ein ziemlich ähnlich gelagertes Problem hatte wie Heinrich VIII., einige Jahre später einen ähnlichen Vorschlag machte wie Papst Clemens dem englischen König, dass er auch keinen anderen Rat wusste und dass er sich damit moralisch in eine zwielichtige Position brachte – zumal ja die Lutheraner und die gesamte protestantische Nachhut die Moralkarte und die Anprangerung der bisherigen praktizierten Doppelmoral immer sehr deutlich ausspielten und eine moralische Überlegenheit für sich beanspruchten. Also, das schadete Luther, dass er Philipp von Hessen in der Not auch eine Doppelehe durchgehen ließ. Aber der Landgraf hatte in einer politisch entscheidenden Zeit unverhohlenerweise durchblicken lassen, dass er sich notfalls auch ohne Weiteres auf die katholische Gegenseite zurückschlagen könne, wenn die Sache dies für ihn vereinfachen würde. Es war kompliziert mit den Dingen der Welt. Luther sehnte sich bestimmt manchmal ins Kloster zurück, wo er sich ja im Gegensatz zu manchen Zeitgenossen, etwa Erasmus, eigentlich ziemlich wohlgefühlt hatte.

Anne Boleyn wurde mit der Zeit äußerst ungeduldig, und sie setzte ihrem König sehr zu, dass sie zu dieser ewigen Wartestellung verdammt sei und dass er währenddessen nicht die richtigen Leute beschäftige, um in der Scheidungsangelegenheit zu reüssieren. Wolsey stürzte Ende 1529 über die „Große Sache" des Königs, auch wenn der Anlass für seine Ungnade und seinen Sturz eine eher beiläufige Angelegenheit war, nämlich eine Äbtissinnenwahl in einem Kloster in Wilton. Der Anklagevorwurf, der gegen Wolsey erhoben wurde, er habe gegen die Praemunire-Gesetze verstoßen – Gesetze gegen die Anmaßungen der römischen Kurie gegen die Vorrechte der englischen Krone – und somit die Autorität des Königs unterminiert, ging aber schon deutlich in die Richtung, die Henrys Politik in den kommenden Jahren nahm, und Anne Boleyn war daran im hohen Maße beteiligt. Irgendwann in diesen Jahren, vermutlich in der Zeit vor dem Sturz des großen Kardinal Wolsey, hat sie dem König ein Buch zu lesen gegeben, das im Oktober 1528 in Antwerpen erschienen war. Sein Titel lautete: „The Obedience of a Christian Man and how Christian Rulers ought to govern", und dieses Buch hatte einen enormen Einfluss auf die kommenden Ereignisse, bot es dem König doch die verbriefte Legitimation, seinen Bruch mit Rom, der eigentlich keinerlei religiösen Hintergrund hatte, mit einer zwingenden politischen Argumentation zu vollziehen. William Tyndale, der Autor des Buches, war ein englischer Priester und Gelehrter, der 1521 während seiner Lehrtätigkeit in Cambridge in die humanistischen Kreise geraten war, die aufgeschlossen waren für die Gedanken der Reformation. Im „White Horse Inn" gab es einen Gesprächszirkel, der eine Art „Little Germany" war, eine germanophile Gemeinschaft und eine evangelische Keimzelle, wo man sich traf und wo die entsprechenden Schriften zirkulierten. Tyndales Gesinnungsgenosse Robert Barnes, der eine ähnliche Bedeutung für die frühe englische Reformation hatte wie William Tyndale, nahm daran teil; von Tyndale ist dies aber nicht sicher bezeugt. Tyndales Auffassung nach war es allein die Heilige Schrift, die die Doktrin und die Praktiken der Kirche bestimmen durfte, und seiner Meinung nach sollte jeder Gläubige in der Lage sein, die Bibel zu lesen. Inspiriert von Luthers Bibelübersetzung, machte auch er sich daran, das Neue Testament in die englische Volkssprache zu übersetzen. Anfangs erhoffte er sich dafür noch die Unterstützung des Bischofs von London, Cuthbert Tunstall, doch es stellte sich bald heraus, dass er wegen seines Unterfangens Schwierigkeiten in England bekam. Heinrich VIII. würde es übrigens bis zum Schluss ablehnen, dem Volk die Möglichkeit der Bibellektüre zu geben, auch wenn seine zeitgenössischen und zukünftigen Propagandisten, die ihn zum Vollbringer der englischen Reformation machten, der dem Volk das Evangelium in Gestalt der englischen Bibel geschenkt hatte, dies anders darstellten. Er hat zwar tatsächlich 1535 eine englische Bibel herausbringen lassen, für die Miles Coverdale, der Herausgeber, auch die Tyndale'sche Übersetzung benutzte. Der deutsche Künstler Hans Holbein erschuf die üppige Bildgestaltung der Titelseite, auf der der König im vollen Ornat prangt, während Apostel Paulus, der erste Bischof von Rom, die Pfingstpredigt hält und Moses die Gesetzestafeln entgegennimmt. In dem acht Jahre später erlassenen „Gesetz zur Förderung der Wahren Religion" wurde die Bibellektüre aber der allgemeinen Bevölkerung unter Strafandrohung verboten. Außer dem König und den Gelehrten durften nur Aristokraten, Gentlemen und Kaufleute die Bibel lesen, und dies auch nicht öffentlich, nicht in Gemeinschaft. Das war zu einer Zeit, als Henry den Straftatbestand des Hochverrats auf ein enormes Maß ausgedehnt hatte, und er zelebrierte zum Schluss auch mit Vorliebe öffentliche Hinrichtungen, bei denen zu gleicher Zeit protestantische Prediger wegen Ketzerei und altgläubige Priester wegen Verweigerung des Suprematseids ihr Leben ließen. Nur die Todesarten waren unterschiedlich – die Häretiker wurden verbrannt, die Papisten gehenkt.

Mit finanzieller Unterstützung durch wohlhabende Londoner Kaufleute ging William Tyndale 1524 nach Wittenberg, also ins Mekka der Reformation, um seine Bibelübersetzung zur Vollendung zu bringen. Er immatrikulierte sich an der Wittenberger Universität und lebte etwa ein Jahr lang in der Lutherstadt. Vielleicht war es diese Quelle, die Luther zu jener Zeit zu der Auffassung brachte, der englische König sei nun offen für die Reformation. Vielleicht deutete Tyndale so etwas an, warum auch immer. Die Sympathie der

Wittenberger hätte er damit ganz sicher gewonnen. Aber das bleibt alles Spekulation. Im Sommer 1525 wurde mit der Drucklegung der Tyndale'schen Bibel begonnen, und zwar in Köln. Da aber der Luther-Gegner Johannes Cochläus davon erfuhr und den kaum begonnenen Druck von Frankfurt aus unterband, floh Tyndale nach Worms. Hier erschien sein Neues Testament dann im Folgejahr in einer Auflage von 6000 Exemplaren, besorgt von dem Buchhändler Peter Schöffer dem Jüngeren. In England stand es von Anfang an auf der Liste häretischer Bücher, und Cochläus hatte Henry und Wolsey auch bereits nach der unterbundenen Drucklegung in Köln dringend aufgefordert, die englischen Häfen gut zu bewachen und geschmuggelte Bücherware rechtzeitig zu konfiszieren. Man versuchte sogar, Tyndale noch in Worms zu verhaften, aber Tyndale fand Zuflucht in Marburg beim Landgrafen Philipp von Hessen. Er blieb weiterhin auf dem Kontinent, übersetzte nun auch das Alte Testament aus dem Hebräischen und öffnete sich später in der Wandlungslehre, bei der sich die Reformatoren so uneinig waren, Zwingli'schen Positionen. Die Ironie war, dass der Mann, der entscheidend dazu beitrug (wenn auch gewissermaßen unbeabsichtigt, und zwar von beiden Seiten), dass England sich schließlich von Rom löste, in England bis zum Schluss als Häretiker galt, unter anderem von Thomas More, der Wolsey als Lordkanzler ablöste, leidenschaftlich verfolgt, und zwar mit der festen Absicht, ihn auf einem Scheiterhaufen brennen zu sehen. Die Freude wurde More allerdings vorenthalten, denn Tyndale kam nicht mehr nach England zurück, auch nicht, als der englische König ihn später über seine kontinentalen Agenten zur Rückkehr bewegen wollte, auf dass er ihm nun in England als Propagandaschriftsteller diente – mit offenem Ausgang, wie der mittlerweile äußerst perfide handelnde König wohl denken mochte, aber da betrieb er auch schon mindestens eine schizophrene Religionspolitik. Nahezu zeitgleich, als seine englische Bibel in England erschien und flächendeckend verbreitet wurde, starb Tyndale indessen am 6. Oktober 1536 auf dem Kontinent einen evangelischen Märtyrertod. Man hatte ihn in Antwerpen gefangen genommen und in Vilvoorde unweit von Brüssel erwürgt und anschließend verbrannt. Heinrich, der vom

Kaiser Tyndales Auslieferung verlangt hatte, da Tyndale ein Auf-
wiegler sei (Vorwurf: Volksverhetzung), konnte es ihm, wie vielen
anderen, nicht verzeihen, dass auch er sich vom Ausland aus schriftlich gegen das Scheidungsgesuch seines Königs ausgesprochen
hatte. Heinrichs Weichen waren da aber längst schon gestellt, und
die Reformation, so sie denn stattfand, war lediglich ein Vehikel
dazu.

„The Obedience of a Christian Man" ist natürlich aufgebaut auf
Tyndales reformatorischem Grundansatz, aber das scheint der
König geflissentlich ignoriert zu haben. Als Anne ihm das Buch vorlegte, hat sie ihn eventuell schon auf die entsprechenden Stellen
hingewiesen, die den *König im Staate* herausstrichen und auf
Henrys Fall so wunderbar passfertig, ja nahezu maßgeschneidert
gemünzt schienen, um einem für ihn unerfreulichen Status mit
Zwangscharakter eine völlig neue staatsrechtliche Diskussionsbasis
und in der Konsequenz eine politische Wendung, aufbauend auf
seinem monarchischen Selbstverständnis, zu geben. Henry soll
jedenfalls ausgerufen haben: „Das ist ein Buch für mich, und alle
Könige sollten es lesen." Tyndale verweist auf das göttliche Recht
der Könige, etwas, das aus seiner Sicht fälschlicherweise der katholischen Kirche zugesprochen wurde, das aber eigentlich dem König
gebühre, das göttliche Recht. Der König sei Oberhaupt des Staates,
den er regiere, so Tyndale, aber zugleich sei er auch Oberhaupt der
*Kirche im Staat*. Der Autor negierte die falsche Macht des Papstes,
die dieser zu Unrecht aus dem Neuen Testament ableite. Dadurch
sei es schließlich über die Institution der römischen Kirche zu der
widerrechtlichen Situation gekommen, dass die Bischöfe sich die
irdische Autorität säkularer Herrscher unter den Nagel rissen, und
dem müsse man Widerstand entgegensetzen, denn Gott habe die
Könige, die Fürsten und alle säkularen Herrscher zu seinen Repräsentanten auf Erden berufen. Jeder, der sich einem König widersetze, sei er ein Laie oder ein Kleriker, widersetze sich Gott. Das war
der Knackpunkt, für Henry wohl eine Art Offenbarung. Ob er auch
die anderen Kapitel in Tyndales Buch gelesen hat und ins Gesamt-
bild einfügte, möge dahingestellt sein. Wenn Tyndale zum Beispiel
argumentiert, die Tatsache, dass die staatlichen Autoritäten bislang

verhindert hätten, die Bibel in der Volkssprache verbreiten zu lassen, liege darin begründet, dass sie befürchteten, die individuelle Bibellektüre mit individuellen Interpretationsspielräumen führe am Ende zu einem breit angelegten Ungehorsam und zu einem aufmüpfigen Geist, dann dürfte das ziemlich genau Henrys eigener Befürchtung entsprochen haben (weshalb er die freie Bibellektüre ja auch nicht befürwortete). Tyndale aber sagt es in anderer Hinsicht noch etwas deutlicher: Die Kirche will nicht, dass jeder die Heilige Schrift selbst lesen kann, denn dann würden die Menschen auch erkennen, wie sie von der Kirche manipuliert werden, und zwar zum Machterhalt des gesamten klerikalen Systems. Man könnte hinzufügen, dass es kaum weniger monopolistisch und willkürlich ist, wenn die Deutungshoheit von nun an nicht mehr der Kirche, sondern dem König gehört, aber solche Folgerungen vollzieht Tyndale nicht. Ihm geht es um das Gewaltmonopol des Königs im Staate, das keine grundsätzliche Aufteilung besitzen soll in einen weltlichen und einen geistlichen Teil. Demnach müsse der König das Gottesgesetz vertreten und durchsetzen, wie es in der Heiligen Schrift geschrieben stehe. Tyndale verurteilt „die falsche Macht des Papstes", deren Korruptheit sich gerade in jüngerer Zeit so häufig gezeigt habe, und er sagt außerdem, es sei „eine Schande", „die größte Schande von allen", dass Könige sich der Autorität der Kirche beugen sollten. Gott allein sei der König verantwortlich, aber niemandem sonst. *Das* hörte Henry heraus, weiter nichts. Seine Getreuen hatten mittlerweile auch bei ihren umfangreichen Recherchen in historischem Schrifttum zutage gefördert, dass es diese Konzeption schon seit Längerem gab, und zwar sowohl die Konzeption einer unabhängigen Staatskirche als auch die Vorstellung eines Königs im Staate. In Chroniken über mittelalterliche Dispute der Kaiser des Heiligen Römischen Reichs und der französischen Könige gab es zum Beispiel im Kontext der Könige Frankreichs die Formulierung: „Rex in regno suo est imperator" („Der König ist Kaiser innerhalb seines Reichs"), was bedeutet, der König besitzt eine vergleichbare Macht in seinem Reich wie der Kaiser nach dem römischen Recht. Auch die *Church of England* war eigentlich nicht Henrys Erfindung. Bereits im Hochmittelalter hieß es: „Ecclesia Anglicana libera sit" („Die Eng

lische Kirche soll frei sein"), was im Spätmittelalter dann weitgehend in die Tat umgesetzt wurde. Alles zusammengenommen,
konnte der englische König mit einigem Recht dokumentieren, dass
er nur eine Kontinuität fortsetzte, wenn er in England seine eigene
Staatskirche gründete. Dass es darauf hinauslaufen würde, das for-
cierten nun nicht nur die evangelisch Erleuchteten in seinen Reihen, die vorläufig noch verdeckt wirkten beziehungsweise auf dem
sicheren Kontinent blieben, sondern auch eine rein politische Natur
mit progressivem Anstrich wie der Shootingstar Thomas Cromwell,
der den juristischen Teil des Unternehmens in seine Hände nahm
und dem König unter anderem durch die Klosterauflösungen zu
wundersamen Geldquellen verhalf. Da kam eins zum anderen.

Im Januar 1531 ließ Henry den Klerus unter Anklage stellen. Be-
gründung war, er habe gegen die Praemunire-Gesetze verstoßen,
indem er Wolseys römische Politik unterstützte, und damit habe er
die königliche Autorität untergraben. Er, der König, könne ihm
freilich Vergebung in Aussicht stellen, wenn er sich zu einer Buß-
geldzahlung bereitfinde. Die Zahlungsforderung an die beiden Kon-
vokationen war astronomisch – 100 000 Pfund (nach heutiger Wäh-
rung etwa um das Dreihundertfache zu multiplizieren) für die
südliche Konvokation, 18 840 für die nördliche. Gleichzeitig forderte
Henry von der Bischofssynode, ihn als „Oberhaupt der Kirche von
England" anzuerkennen – zunächst noch mit dem relativierenden
Beisatz: „soweit das Gesetz Christi dies erlaubt." Die umfangreichen
Recherchen zwecks Findung einer theologischen und formaljuristi-
schen Lösung, gestützt auf Bibel, Fallbeispiele und Tradition, waren
seitens der Gelehrten und praktischen Helfer des Königs derzeit
noch nicht vollständig abgeschlossen. Aber die Skrupel, auch nach
einigen römischen Intermezzi und Maßregelungen, wurden mit der
Zeit immer weniger. Thomas Cromwell veranlasste Anfang 1532
eine weitreichende Untersuchung unrechtmäßiger Ketzerprozesse,
und im Anschluss daran reichte das Unterhaus eine Petition gegen
den Klerus ein, in der auch die nun verbindliche Forderung enthal-
ten war, den König als Oberhaupt der Kirche anzuerkennen, und
zwar samt der höchsten richterlichen Gewalt in Angelegenheiten
des Kirchenrechts. Das war ein Novum – und die Voraussetzung

dafür, die königliche Ehe über einen entsprechend willfährigen und neu ausgerichteten Erzbischof, der noch zu bestellen war, im königlichen Namen auflösen zu können. Henrys Wahl fiel auf Thomas Cranmer, einen Gelehrten aus Cambridge, der zurzeit Botschafter am kaiserlichen Hof auf dem Kontinent war und über seine Argumentsuche für die Scheidung des Königs, wie er meinte, auch evangelisch erleuchtet wurde. Sofern der König das wusste, blendete er es aus, denn er bekannte sich nach wie vor nicht zur Bewegung der Reformation und würde es auch bis zum Ende nicht tun. Gleichwohl machte er Cranmer, den er nach dem Tode von Erzbischof Warham nach England zurückkehren ließ, zum neuen Erzbischof von Canterbury – ebenso ignorierend, was er wohl wusste, dass Cranmer, dem Reformator folgend, in Deutschland geheiratet hatte. Cranmers Ehefrau Margarethe, eine Nichte des Nürnberger Gelehrten Andreas Osiander, lebte in England offiziell als Cranmers Haushälterin, aber das war eigentlich nicht das, was die Protestanten mit ihrer Auflösung des Zölibats angestrebt hatten. Erzbischof Cranmer erklärte am 28. Mai 1533 Henrys Ehe mit Katharina von Aragón kraft seines Amtes für ungültig. Wenige Tage später bestätigte er die zwischenzeitlich heimlich vollzogene Heirat des Königs mit Anne Boleyn, und am 1. Juni krönte er Anne zur Königin. Für alle sichtbar während der Krönung war der unmittelbare Anlass dieser nun hochgradig eiligen Zeremonie: Anne war schwanger, im sechsten Monat. Aber das am 7. September geborene Kind, für das Henry diesen ganzen Umsturz vollzogen hatte, wurde für den König zu einer großen Enttäuschung, denn es war nicht der ersehnte männliche Thronfolger, sondern ein Mädchen. Cranmer taufte es auf den Namen Elizabeth.

Es folgte Drama auf Drama auf diesem Lebensweg eines Königs, der so tiefgründig über sein Verhältnis zu Gott reflektiert hatte und der doch in diesem Sinne seinen Weg hatte finden wollen, den von Gott gesegneten Weg. Wie sich alles entwickelte, hätte er eigentlich schon sehr bald zu dem Schluss kommen müssen, dass die Dinge nicht gut liefen und dass er da vielleicht etwas falsch machte, da so viele Opfer und Fehlentwicklungen seinen Weg pflasterten. Aber falls er solche Skrupel in der Folge noch

Anna von Kleve (1515–1557), Hans Holbein d. J., 1539.

hatte, dann ließ er sie außen vor. Sie nahmen in seinen Herrscherentscheidungen jedenfalls keinen sichtbaren Raum mehr ein. Enttäuscht von seinen unterschiedlichen Vätern und Surrogatvätern, enttäuscht von seinen romantischen Vorstellungen eines ritterlich reaktivierten christlichen Königtums, enttäuscht von seinen unerfüllten kontinentalen Eroberungslüsten, war es in der Mitte seines Lebens nur noch die Nachfolgefrage, der Erhalt seiner Dynastie, was ihn umtrieb, unter Inkaufnahme nahezu aller Kollateralschäden. Auch Anne enttäuschte ihn. Sie brachte keinen männlichen Erben zur Welt. Dafür wurde sie launisch, anmaßend, widerspenstig, und zu guter Letzt machte sie ihn auch noch öffentlich lächerlich, indem sie bekundete, der König besitze weder ausreichend Manneskraft noch Geschicklichkeit, um in den Besitz eines männlichen Erben zu kommen. Als Elizabeth drei Jahre alt war, ließ Henry die Frau, für die er sein Land umgestürzt hatte, wegen angeblichen Ehebruchs und Hochverrats (was faktisch dasselbe war) auf dem Towerhill hinrichten. Die sanfte Jane Seymour, die seiner zweiten Ehefrau folgte, brachte endlich den ersehnten Thronerben zur Welt, starb aber tragischerweise im Wochenbett. Henrys Ehefrau Nummer vier war die Schwester eines Fürsten vom Niederrhein, die ihm sein neuer Mann Thomas Cromwell ins Bett legte, weil er den mittlerweile außenpolitisch bedrängten König mit dem Schmalkaldischen Bund in Beziehung bringen und England endlich zur Reformation führen wollte. Aber die plumpe Deutsche Anna von Kleve gefiel Henry nicht, und er löste diese Ehe ohne Vollzug wieder auf. Die durch diese Heirat eindeutige Verbindung mit Deutschland und mit der lutherischen Reformation war ihm wohl mindestens ebenso unangenehm wie die Braut, und dass Cromwell im Zuge seiner Agitationen geköpft wurde, hatte weniger mit der ungeliebten Braut zu tun als mit Cromwells verwegener Religionspolitik. Anna, die Deutsche, die Henry menschlich eigentlich ganz gern mochte, war immerhin eine der wenigen Frauen, die eine Ehe mit Heinrich VIII. unversehrt überlebte. Sie wurde abgefunden mit einer lebenslangen und durchaus komfortablen Haushaltung in England (damit sie draußen nicht mit den Schmalkaldischen konspirierte und die Schmach ihrer aufgelösten Ehe dafür ins Spiel brachte), und sie kümmerte sich um Henrys Kinder aus seinen unterschiedlichen Ehen. Die fünfte Gattin war eine kokette Achtzehnjährige aus der Howard-Linie der Familie Boleyn, die Anne nicht nur ähnelte, sondern auch ein ähnliches Schicksal erlitt. Immerhin hat sie aber den alternden König höchstwahrscheinlich tatsächlich gehörnt, bevor er sie nach nicht ganz dreijähriger Ehe hinrichten ließ. Blieb die sechste Frau, Catherine Parr, eine dreißigjährige Witwe, eine gebildete Frau und eine bekennende Lutheranerin. Die reformatorische Bewegung gab vielen Frauen, und zwar über Standes- und Ländergrenzen hinweg, einen kurzzeitigen Emanzipationsschub, und nicht nur in England waren damals zahlreiche Fälle bekannt, in denen Frauen, die sich von der neuen Lehre hatten begeistern lassen, eigene Wege gingen oder sogar auch ihre Ehemänner verließen, wenn diese ihren neuen Glauben nicht teilten. Das war auch die Vorgeschichte einer jungen Frau namens Anne Askew, die zahlreiche Beziehungen an den Hof und wahrscheinlich sogar zur Königin hatte.

Das Schicksal Anne Askews, die am 16. Juli 1546 in Smithfield verbrannt wurde, würde Catherine noch einmal gefährlich näherücken, als man sie selbst mit der Ketzerei in Verbindung brachte und ihre Feinde am Hof sie vernichten wollten. Catherine allerdings bekannte ihre Glaubenspräferenz nicht vor dem König, sondern lediglich in ihren diversen neureligiösen Gesprächskreisen, von deren Existenz und Inhalten der König wohl wusste, denen er aber vorerst nicht weiter nachging. Zu lieb war ihm diese kluge und fürsorgliche Frau, die seinem Alter eine schöne Behaglichkeit gab. Er scheint aber überhaupt vieles ignoriert zu haben in seinen letzten Jahren, vielleicht in der resignierenden Haltung, dass er den Lauf der Dinge jetzt ohnehin nicht mehr aufhalten konnte. Sein Söhnchen Edward aus der Ehe mit Jane Seymour, ein blassblonder, hochintelligenter, aber gesundheitlich schwächlicher Junge, der als Neunjähriger Henrys Nachfolge antreten sollte, war von lauter orthodoxen Protestanten umgeben und erhielt eine lupenreine protestantische Erziehung mit sogar puritanischen Zügen. Wäre Edward nicht mit zwölf Jahren gestorben, dann hätte die Anglikanische Staatskirche wohl ein wirkliches puritanisches Antlitz bekommen.

Im Ganzen genommen, bildeten Henrys Kinder aus unterschiedlichen Ehen eine ganze Bandbreite der konfessionellen Vielfalt des Zeitalters ab: Mary, seine älteste Tochter aus der Ehe mit der Spanierin Katharina, war und blieb eine strenggläubige Katholikin, die England nach der kurzen Regierungszeit ihres kleinen Halbbruders sowie diversen Intermezzi und Staatsstreichen protestantischer Aristokraten wieder zum alten Glauben zurückführen wollte. Sie bestieg 1553 den englischen Thron und verdiente sich durch ihre restriktive Religionspolitik den historischen Beinamen „Maria die Blutige". Elizabeth, Marys Halbschwester, war eine gemäßigte Protestantin, die als Königin einen realpolitischen Kurs praktizierte und so auch die Kräfte im Land bündeln konnte, die sie erfolgreich für den wirtschaftlichen und später expansiven Aufschwung des Landes einsetzte und nicht für innerreligiöse Konflikte. Die wurden ihr dann zwar von außen aufgezwungen, aber da war das Land schon gestärkt und vereint, sodass es sogar dem Invasionsversuch Philipps II. von Spanien standhalten konnte. Als Henry starb, ließ er durch seine unentschiedene Religionspolitik diesen ganzen Strauß von Entwicklungen in seinem Land Blüten treiben, sodass England innerhalb weniger Jahre fünfmal die Konfession wechselte. Das Kind aber, für das er sein Land umgestürzt und das ihn so maßlos enttäuscht hatte, weil es ein Mädchen war, wurde Englands erfolgreichste Herrscherin, eine Legende – wenn auch nicht ganz so fleckenlos wie ihr Mythos –, die vierundvierzig Jahre lang England regierte und die die Grundlage für das britische Imperium legte: Elizabeth, Henrys Tochter und die Letzte der Tudors. Henry, der zwei seiner Ehefrauen, Katharina und Catherine Parr, während seiner Abwesenheiten durch Kriegszüge die Regentschaft Englands übertragen hatte, dachte wahrscheinlich nicht, dass Frauen zum Herrschen die Kompetenz abging. Es waren formaljuristische, kirchenrechtliche und durch Tradition und gängige Praxis bedingte Schwierigkeiten, die ihn bei der Frage der Nachfolge lieber den sicheren Weg einschlagen ließen, sodass er unbedingt einen Sohn haben wollte. Er hätte sich und seinem Land sowie seiner Umgebung großen Kummer erspart, hätte er nicht diesen Wahn mit den so nachhaltigen Folgen und einer ganzen Kette von Opfern entwickelt. Die nachhaltige Lösung vom Kontinent, die damit einherging, war ebenso unfreiwillig wie Henrys sonderbare Reformation. Die gleichzeitig-ungleichzeitige Entwicklung der Dinge mit all den zutage tretenden Kräften um ihn herum schuf aber auch hier einen Zeitstrom, der am Ende die Zukunft bestimmte.

# Streit ums Abendmahl, dichtende Schuster, kühne Raubritter, liebeskranke Landgrafen und verhinderte Kriege

## Einige anekdotenhafte Ereignisse im Umfeld von Luthers Reformation

Vom 1. bis zum 4. Oktober 1529 fand auf dem Marburger Schloss ein vom hessischen Landgrafen Philipp initiiertes Religionsgespräch statt – ein Versuch des hessischen Landgrafen, die Positionen der Reformatoren auf eine möglichst gemeinsame Linie zu bringen. Dem Hessen lag das am Herzen, denn ohne Einigung und ohne ein unverbrüchliches Bündnis würde es kaum gelingen, politisch gegen die altgläubige Front zu bestehen, angeführt von der Zentralmacht des katholischen Kaisers. Philipp war da außerordentlich ambitioniert, und er entwickelte sich zu einer politischen Führungsfigur der Reformation. Seine Hinwendung zum Luthertum hatte mit Sicherheit auch eine politische Implikation. Luther stärkte die Fürstenrechte und die Stellung der weltlichen Obrigkeit, nicht zuletzt auch die Stellung der Landesfürsten gegenüber der Zentralmacht des Kaisers, und das passte alles ganz gut zum Ansinnen Philipps, seine landesfürstliche Territorialmacht auf eine neue und starke Basis zu stellen. Der fünfundzwanzigjährige Landgraf verfügte hier über äußerst prägende Jugenderfahrungen, und er wusste, wie wichtig Bündnisse waren, um die eigene fürstliche Macht zu fundieren. Vaterlos aufgewachsen, da Landgraf Wilhelm II. starb, als sein Sohn Philipp fünf Jahre alt war, erwirkte seine die vormundschaftliche Regentschaft ausübende Mutter Anna von Mecklenburg im Kampf mit den hessischen Ständen und besonders der hessischen Ritterschaft 1518 die vorzeitige Mündigkeitserklärung für Philipp, sodass er mit noch nicht vierzehn Jahren zumindest *de nomine* die Regierungsverantwortung trug. Diese Anfänge fielen in eine verheerende Zeit, denn zu dem Kampf mit den Adelsständen kam noch die Tatsache hinzu, dass sich Teile von ihnen mit dem gefürchteten Reichsritter Franz von Sickingen zusammenschlossen, der der Landgrafschaft die Fehde erklärte und diese schließlich mit einem Militärschlag besiegte. 35 000 Gulden musste die Landgrafschaft daraufhin an den Reichsritter zahlen, und die widerständigen hessischen Adeligen wurden nach seinem Diktat in ihre vollen früheren Rechte zurückversetzt. Da stand das Faustrecht des Mittelalters gegen das eigentlich verbindliche römische Recht. Obwohl seit 1515 von Kaiser Maximilian geächtet, gebot dem Raubritter niemand Einhalt, während der Pfalzgraf bei Rhein, der pfälzische Kurfürst Ludwig „der Friedfertige", seine Unternehmungen duldete, wenn nicht begünstigte. Auch der Kaiser zog ihn später wieder auf seine Seite, nachdem Franz von Sickingen im Dienste des französischen Königs zugange war, was ihm dann doch zu gefährlich wurde. Unter anderem hatte er die Reichsstadt Metz mit einem großen Aufgebot an Reitern und Landsknechten für den französischen König erobert. Sickingen war ein Held der anderen Art im Zusammenhang der Reformation. Er hat das Luthertum auf seine eigentümliche Weise in die Tat umgesetzt, denn er verstand die evangelische Freiheit als eine Aufforderung, die alten Freiheiten seines Standes wiederherzustellen, die durch die Fürsten und durch die Territorialstaaten nach seiner Meinung ganz rechtswidrig unterdrückt wurden. Dass es die Fehde nicht mehr als Rechtsmittel gab und die Ritter sich, so wie alle Reichsuntertanen, an eine übergeordnete juristische Instanz wenden mussten, das sogenannte Reichskammergericht, verdross Sickingen. Der junge Rechtslizenziat Johann Wolfgang Goethe, der gut zweihundertfünfzig Jahre später an eben diesem Reichskammergericht ein enervierendes juristisches Praktikum absolvierte, bei dem er feststellte, dass die unerledigten

Philipp Melanchthon (1497–1560), Kupferstich von Albrecht Dürer, 1526.

Rechtsfälle sich über Jahrzehnte dort aufstapelten, sodass die Parteien in den meisten Fällen verstarben, bevor ihre Streitigkeiten bearbeitet wurden, empfand ebenfalls eine große Faszination für diese veraltete Rechtspraxis und für das legendäre Rittertum aus längst vergangenen Zeiten. Sein literarisches Erstlingswerk „Götz von Berlichingen" speiste sich aus dieser Faszination. Jedenfalls führte der kühne Sickingen, ein Zeitgenosse des historischen Götz, einen Kampf gegen die Zeit, der eigentlich nicht zu gewinnen war, mit dem er aber die deutschen Lande in einigen Gegenden eine Zeit lang in gehörigen Schrecken versetzte.

Auf der Ebernburg, seinem Familienstammsitz im Nahetal, südlich von Bingen, versammelte der Raubritter eine illustre Gesellschaft, die durchgehend evangelisch gesinnt war und gegen Pfaffen, die Rom-Tyrannei, aber auch gegen andere politische Bedrückungen ihrer Zeit wetterte. Luthers Schrift „An den christlichen Adel deutscher Nation" in der Zeit seiner reformatorischen Hauptschriften, ein Manifest für den Kampf gegen Rom, und zwar seitens des hohen und niederen Adels, um die Ehre der „ruhmreichen deutschen Nation" wiederherzustellen, die von diversen „romanistischen" Mauern behindert wird, haben Männer wie Sickingen äußerst wörtlich verstanden, und sie haben sich davon auch persönlich angesprochen gefühlt. Darunter war auch Sickingens Freund, der Humanist Ulrich von Hutten. Seine Dichtungen sind ein großes Manifest gegen Rom, aber durch seine Deutung der Varusschlacht, in der seiner Meinung nach erstmals Germanien vom „römischen Joch", von der römischen Fremdherrschaft befreit wurde, wie es ja nun offenbar auch wieder geschah, begründete er außerdem eine gewisse vaterländisch-nationaldeutsche Gesinnung; damals eigentlich ein Anachronismus. Seine Freiheitsappelle haben jedenfalls mit Sicherheit nichts mit dem lutherischen Begriff der Freiheit zu tun. Sickingen bezeichnete seine Ebernburg, in der er deutsche Gottesdienste ausrichten und das Abendmahl in beiderlei Gestalt reichen ließ, als eine „Herberge der Gerechtigkeit". Er hat auch Martin Luther in seiner wirklich gefährdeten Zeit vor und nach dem Reichstag in Worms in seiner gastfreundlichen Burg Asyl angeboten, wovon Luther jedoch keinen Gebrauch machte. Wahrscheinlich war Luther auch nicht daran interessiert, im Bunde mit einem Terroristen zu stehen. Sickingen starb am 7. Mai 1523 auf seiner westpfälzischen Burg Nanstein bei Landstuhl an den Verwundungen als Folgen eines Gegenschlages der Fürstenkoalition, zu der auch Philipp von Hessen gehörte. Sickingens Raubzüge haben jedenfalls dem jungen hessischen Landgrafen offensichtlich durch eine sehr frühe Schockerfahrung die Augen für die politischen Realitäten geöffnet, und indirekt hatten sie vielleicht auch einen Einfluss auf die Öffnung des jungen Philipp für die Gedanken der Reformation. Wie war umzugehen mit der Macht? Wie war sie zu sichern? Auf welche Grundpfeiler wollte er seine Regentschaft stellen? Welche höheren Rückkopplungen sah er dafür? Welcher Art war sein Gottesverhältnis, und in welcher Korrelation stand es zu seinem Regieren? Der so früh in Regierungsverantwortung gekommene junge Mann stellte sich vielleicht all diese Fragen in einer Zeit, als er mit der lutherischen Reformation in Berührung kam, und da hat sich eventuell vieles durchdrungen. Ihn faszinierte Luthers Rechtfertigungslehre aus dem Glauben, die ihm auch ein persönlicher Ansporn war, eine Rückkopplung mit persönlicher Note. Philipp Melanchthon war ihm bei diesen Überlegungen ein wichtiges Bindeglied. Der junge Landgraf, mittlerweile immerhin neunzehnjährig, traf den evangelischen Humanisten im Juni 1524 in Heidelberg auf der Durchreise zu einem Fürstentreffen, und aus der Begegnung ergab sich ein fruchtbarer Briefwechsel über Fragen des Glaubens. Auch später verliefen die Kontakte Philipps nach Wittenberg stärker über Melanchthon, der ihm auch altersmäßig näherstand, als über Luther. Seine Öffnung für die Reformation fiel jedenfalls ziemlich zeitgleich zusammen mit seiner Positionierung in einem Fürstenbündnis gegen die habsburgische Politik. Als Kurpfalz, Kurtrier und Hessen sich zur rheinischen Allianz zusammenschlossen und im Mai 1523 den Raubritter Sickingen unschädlich machten, da war doch eine recht eindrückliche Behauptung der Fürstenmacht gegenüber dem niederen Adel exemplifiziert. Sich nun auch noch gegen die habsburgische Politik zu behaupten, würde gewissermaßen der nächste Schritt sein. Eine beispielhafte Erfahrung war hier vielleicht für Philipp das Schicksal seines

Onkels, des aus seinem Land vertriebenen, geächteten Herzogs Ulrich von Württemberg, dessen Territorium seither von den Habsburgern regiert wurde. Philipp würde ihm 1534 zur Rückkehr in seine Herrschaftswürde verhelfen, und dann führte Herzog Ulrich in Württemberg die Reformation ein.

Doch zuvor initiierte der Landgraf das Religionsgespräch auf dem Marburger Schloss. Er hat seinen Oheim, den vertriebenen Herzog Ulrich, zu dem Gespräch mitgebracht, vielleicht, um den Gesprächspartnern die politische Relevanz des Treffens vor Augen zu führen. Man kann die Szene und die Akteure heute auf einem Gemälde des Historienmalers August Noack am Schauplatz bewundern: Es zeigt den Landgrafen, sitzend und die Beine übereinandergeschlagen, in einer aristokratisch lässigen Haltung, umringt von den namhaften Reformatoren des Zeitalters. Das waren aus Wittenberg Martin Luther und Philipp Melanchthon, Johannes Oekolampad aus Basel, der Züricher Huldrych Zwingli, Martin Bucer aus Straßburg, desgleichen Jakob Sturm sowie Kaspar Hedio, Justus Jonas der Ältere, aus Nürnberg Andreas Osiander, Stephan Agricola aus Augsburg und aus Württemberg Johannes Brenz. Im Grunde lief das Ganze auf eine Konfrontation zwischen Luther und Zwingli in der Frage der Abendmahlslehre hinaus, denn es war allen bewusst, dass es hier die größten Unstimmigkeiten gab und folglich den größten Hinderungsgrund für eine geschlossene gemeinsame Linie. Philipp von Hessen hatte unmittelbar nach den Beschlüssen des 2. Speyrer Reichstages im Frühjahr des selbigen Jahres auf das Treffen gedrungen. Auf dem Reichstag war der kaiserliche Beschluss verkündet worden, dass künftig jede „Verführung zu unrechtem Glauben" mit der Reichsacht belegt werden solle. Damit wurde nicht nur das Wormser Edikt gegen Luther und seine Anhänger aus dem Jahr 1521 bestätigt, sondern es wurde auch die zwischenzeitliche Revidierung dieses Ediktes, wonach seine Ausführung den Reichsständen anheimgestellt werden sollte, wieder vollständig eliminiert. Die „Protestation" der evangelischen Reichsstände gegen den neuen Beschluss, die den Protestanten zu ihrem Namen verhalf, hatte Philipp im April in Speyer mitunterschrieben, doch auf der Schlusssitzung des Reichstages am 24. April 1529 war

Summa/wenn wyr gleych alle zu samen thetten/wyr hetten dennoch
alle gnug an der Bibel zu schaffen/das wyr sie ans liecht brech-
ten/eyner mit verstand/der ander mit der sprach/Denn auch
ich nicht alleyne hyrynnen habe geerbeytet/sondern das
zu gebraucht/wo ich nur yemand habe mocht vberko-
men. Darumb bit ich/yderman lass seyn le-
stern vnd die armen leut vnverwerret/son
dern helffe myr/wo er kan. Wil er
das nicht/so neme er die Bibel selbs fur vnd mach
yhm eyn eygen/
Denn die
yhent
gen/
die nur le-
stern vnd zwa-
cken/sind freylich ni-
cht so frum vnd redlich/das
sie gerne wolten eyn lautter Bibel
haben/syntemal sie wissen/das sie es nicht
vermugen/sondern wolten gerne meyster klug-
ling ynn frembder kunst seyn/die ynn yhrer eygen kunst
noch nie schuler worden sind. Gott wolt seyn werck volfu-
ren das er angefangen hat.       A       M       E       n.

Dis zeichen sey zeuge/das solche bucher durch
meine hand gangen sind/den des falsche druckes
vnd bucher verderbens/vleyssigen sich ytzt viel

## Gedruckt zu Wittemberg.

Lutherrose. Luther verwendete das Motiv ab etwa 1530 als Briefsiegel. Der Siegelring geht auf ein Geschenk des Prinzen Friedrich und späteren Kurfürsten von Sachsen zurück. Heute ist die Lutherrose ein Symbol der evangelisch-lutherischen Kirchen.

sie am Ende überhaupt nicht erwähnt worden. Dem Hessen war klar, dass man nun stärkere Geschütze auffahren musste, um die evangelische Lehre auch politisch zu retten. Den Schweizer Zwingli musste Philipp nicht lange bitten, zum Religionsgespräch nach Marburg zu kommen. Zwingli war ähnlich hochherzig motiviert wie der hessische Landgraf und entsprechend bereit zu politischen Initiativen. Ein Jahr später würden beide von einem Bund „von der Adria bis zum Belt und zum Ozean der Welt" träumen, mit dem Ziel, die Umklammerung der Habsburger abzuschütteln – sozusagen mit dem Evangelium als Banner. Luther war da weniger hochherzig motiviert, dafür aber wie gewohnt starrsinnig in Bezug auf seine eigene Lehre. Er witterte eine unerfreuliche Vereinnahmung und faule Kompromisse, zu denen er garantiert nicht bereit war. Unlustig, wie er war, bat er sogar den sächsischen Kurfürsten Johann Friedrich darum, das Marburger Gespräch zu verbieten, doch dieser dachte überhaupt nicht daran, hatte er doch ebenfalls zu den Unterzeichnern der Protestation von Speyer gehört.

Das Treffen fand also statt, und Luther nahm – unlustig – teil. Die Eröffnungsrede hielt ein Professor der Medizin aus Philipps neu gegründeter evangelischer Reformuniversität, zahlreiche Gäste aus der Universität, aus der Stadt und aus dem Marburger Umland nahmen teil, und der Rahmen dieser feierlichen Eröffnung in einem Festsaal des Marburger Schlosses war höchst feudal. Die Konfrontation der beiden Hauptakteure ließ aber ungeachtet all dessen nicht lange auf sich warten, und Luther, der die erste theologische Ansprache hielt, ging auch gleich *in medias res*. Über alle anderen Punkte des Glaubens, sei es über die Trinität oder über die Erbsünde, über den Glauben als Grund der Rechtfertigung, über die Taufe als Zeichen der Wiedergeburt, über die Kindertaufe oder über den Nutzen der Beichte waren bereits Schlussfassungen formuliert, über die es unter den Diskutanten keine nennenswerte Uneinigkeit gab. Es ging eigentlich nur um die Bedeutung des Abendmahls, und es ging eigentlich nur um den Disput zwischen der Lutherisch-Wittenberger und der Oberdeutsch-Schweizer Fraktion. Obwohl er die Transsubstantiationslehre mit ihrem komplexen philosophischen Überbau ablehnte, bestand

Luther auf der Realpräsenz Christi beim Abendmahl, während die Zürcher Gegenseite das Abendmahl als rein symbolische Handlung verstand. Zwingli und Oekolampad beriefen sich auf die geistige Wirkungsart Gottes, und sie wollten in voller Konsequenz den sakralen Kern der althergebrachten Abendmahlsfeier, der mit der Wandlungstheorie ja nur eine metaphysische Erklärung lieferte, die aber durch das bisherige Verständnis der Handlung selbst zu rechtfertigen war, eliminieren. Für sie war das Abendmahl eine Gedächtnisfeier, für Luther ein Erlebnis der Realpräsenz Christi, und zwar gleichsam auf die traditionelle, katholische Weise. Für Luther hatte das eine heilsgeschichtliche, fundamentale Bedeutung, und gerade in dieser Frage einen Kompromiss zuzulassen, hätte für ihn bedeutet, das Seelenheil aller Christen aufs Spiel zu setzen. Von daher war da von Anfang an keine Bewegung seinerseits zu erwarten, und das erklärt auch seine mangelnde Bereitschaft zur Teilnahme an dem Gespräch. Huldrych Zwingli, der eigentlich ‚Ulrich' hieß und sich für diese etymologische Neuschöpfung seines Namens mit Schweizer Anklang entschied, weil er vielleicht als der huldreichste Streiter im Gedächtnis der Nachwelt nachklingen wollte, war im Schweizer Waffenrock und mit Degen in Marburg erschienen, während Luther noch jahrelang in seiner Mönchskutte herumlief, obgleich er inzwischen verheiratet und mehrfacher Familienvater war. Auch wenn es hier kein Duell gab im wörtlichen Sinne, so wurden doch im durchaus sprichwörtlichen Sinne Tischtücher in dem Landgrafenschloss zerschnitten. Eine Legende des Marburger Treffens lautet nämlich, dass Luther am Ende des Gesprächs, also nach allen Aussprachen mit einem Messer das Tischtuch zwischen sich und Zwingli zerschnitt. Das wäre jedenfalls ein plastisches Bild für den historischen Tatbestand, dass die deutschsprachigen Reformatoren im Beschluss eines gemeinsamen Vorgehens gegen Kaiser und Papst letztlich an theologischen Differenzen in der Frage des Abendmahls scheiterten: ob oder ob nicht der Herr beim Abendmahl tatsächlich anwesend ist. Was den Tisch und das Tischtuch betrifft, so ist zumindest einigermaßen gesichert, dass Luther vor dem Disput mit Zwingli die Worte: „Hoc est corpus meum" („Dies ist mein Leib") mit Kreide auf den Verhandlungstisch schrieb, dann aber erst einmal wieder das Tischtuch darüberdeckte. Quasi als Grundsatzerklärung. Heinrich VIII. hatte in seiner „Assertio" übrigens ebenfalls auf diese biblische Formulierung verwiesen, und er hat eigentlich auch recht gleichlautend für die Realpräsenz des Herrn während der Eucharistiefeier argumentiert. Die Zwingli-Fraktion führte an, Christus habe hier, wie so oft, bildlich gesprochen, und so sei der Satz dann auch zu verstehen. Luther aber wollte von einer solchen Symboldeutung gar nichts wissen. Sie ging ihm vielleicht sogar in die Richtung der verhassten philosophischen Herangehensweise an die Fragen des Glaubens, die seiner Meinung nach von Gott wegführte und von seinem Wort. Also, er war da ganz unversöhnlich. Es hätte nicht viel gefehlt, und er bezeichnete die Zwinglianer als Ketzer. An seine Frau Käthe schrieb Luther am 4. Oktober („Meinem freundlichen lieben herrn katharina Lutherin, doctorin, predigerin zu Wittenberg" – „Lieber herr Käth!"), die Gegenseite habe nicht wollen „eitel Brot" im Abendmahl behalten und „Christum geistlich darinnen gegenwärtig bekennen." „Sage dem herrn Pommer, daß die besten argument seind gewesen des Zwinglii, daß corpus non potest esse sine loco, ergo Christi corpus non est in pane, des Oecolampadii dies: sacramentum est signum corporis Christi. Ich achte, Gott habe sie verblendet, daß sie nichts haben müssen fürbringen." Dass Christi Leib an einem Ort sein müsse, und zwar *localiter*, räumlich, also nach Breite und Länge, und dass daher der Leib nicht an mehreren Orten zugleich sein könne, das waren Dinge, die in einen Grundkurs für formale Logik gehörten, aber nicht in die Theologie. Luther machte sich über seine Mitdiskutanten offenbar lustig.

Landgraf Philipp, der Gastgeber, sah angesichts des Gesprächsverlaufs seine allianzpolitischen Pläne gefährdet, und Jakob Sturm, Bürgermeister von Straßburg, versuchte Luther dafür zu sensibilisieren, was es für ihre gemeinsame evangelische Sache bedeuten mochte, wenn die Katholischen angesichts ihrer Uneinigkeit sie alle wieder pauschal als „Täufer" oder „Sektierer" stigmatisierten, worauf sie sich umso stärker fühlen würden in ihrer eigenen Position. Das aber beeindruckte den Wittenberger nicht im Geringsten, war er doch selbst der Meinung, dass Leute, die so etwas sagten wie Zwingli oder Oekolampad, Sektierer waren, respektive „Sakramentierer", also Verächter des Sakraments. Er selbst hatte ja fünf dieser Sakramente in den Orkus geschickt, aber dieses, das behielt er voll und ganz bei, ohne Abstriche an seinem sakralen Gehalt. Man war des Teufels, hier anders zu denken. Am dritten Verhandlungstag gab Luther Zwingli den wohlmeinenden Rat, er solle Gott bitten, dass er zur Einsicht komme. Zwingli darauf: Ebenso. Es war offenbar nichts zu machen. In einer gemeinsamen Abschlusserklärung bemühte man sich noch, gerade beim Abendmahl die Punkte hervorzuheben, in denen keine Uneinigkeit herrschte, also etwa den Laienkelch, der ja in besonderem Maße Ausdruck des Priestertums aller Gläubigen war, oder die Ablehnung von Messe und Wandlung. Vor allem Melanchthon, der große Vermittler, bemühte sich ohne Unterlass, für alle Beteiligten tragbare Kompromissformeln zu finden. Wie es scheint, war er selbst übrigens von der Realpräsenz des Herrn beim Abendmahl ebenfalls nicht überzeugt, aber das tat nichts zur Sache. Die Differenz der Beteiligten in diesem kardinalen Punkt der Positionen kam bei allen Verschleierungen und versöhnlichen Formeln nur umso deutlicher in der Erklärung zum Vorschein. Die einige Jahre später ausgehandelte Wittenberger Konkordie konnte zwar, was die Formel über die Abendmahlslehre betrifft, Luther und konnten auch die oberdeutschen Reformatoren mittragen und unterschreiben, nicht aber die Schweizer. Der Bruch würde bleiben. Seit dem Augsburger Reichstag 1530 nannte man die oberdeutschen und die Schweizer Reformatoren die „Reformierten", um sie von den Lutherischen zu unterscheiden. Auf diesem Reichstag wurde auch schließlich das manifest, was Leute wie Jakob Sturm oder Martin Bucer befürchtet hatten, weshalb sie auch in Marburg so zur Einigung drängten. Das „Sakramentierertum" wurde verurteilt, und ihre Repräsentanten wurden wie die Wiedertäufer und die anderen „Schwärmer" aus dem Reichsrecht ausgeschlossen. Luther hatte, wenn man so wollte, gewonnen. Die Sakramentierer und Täufer und Schwärmer ärgerten ihn da aber immer noch, und er hat sich sicher ganz häufig gefragt, warum man nicht einfach ausschließlich auf *ihn* hörte, um solche Irrungen zu vermeiden. In seinem 1528 verfassten Sendschreiben „Von der Wiedertaufe an zwei Pfarrherrn" hatte Luther diese ganzen Konfusionen entnervt auf den Punkt gebracht: „Die Wiedertäufer haltens mit den Sakramentsfeinden, daß eitel Brot und Wein im Abendmahl sei. Umgekehrt meinen die Sakramentierer anders von der Taufe als die Wiedertäufer. Ebenso sind auch die Sakramentierer untereinander nicht eins, desgleichen auch die Wiedertäufer untereinander nicht eins (sind). Wenn sie sich jetzt zusammentun, das ist das Gleiche wie das Papsttum, das in so unzählige Rotten der Pfaffe und Mönche zertrennet, sich untereinander bisher selbst fraßen, und nun allzumal über uns eins werden, ebenso wie weltliche Fürsten und Herren auch. Es müssen Pilatus und Herodes über und wider Christus (miteinander) einig werden, die sonst todfeind aneinander sind (Luk. 23,12).‟ Dass allerdings der Kaiser schließlich auf Einigkeit setzte und seine sämtlichen Evangelischen sogar noch mit dem Nürnberger Religionsfrieden belohnte, der eine gegenseitige Rechts- und Friedensgarantie bot und das Wormser Edikt faktisch aufhob, lag nicht an Luthers Beschwerde oder an der vermeintlichen Einigkeit oder Uneinigkeit der Protestanten, ebenso wenig an der Konzilianz Kaiser Karls oder gar an einer höheren Einsicht desselbigen, sondern schlicht daran, dass die Türken bereits einmal vor Wien gestanden hatten, was nicht noch einmal geschehen durfte, und dafür brauchte der Kaiser die Unterstützung der protestantischen Reichsstände. Der Schweizer Zwingli starb übrigens als tapferer Krieger für die evangelische Sache am 11. Oktober 1531 im Zweiten Kappelerkrieg zwischen Zürich und den katholischen Kantonen Luzern, Uri, Schwyz, Unterwalden und Zug. Noch auf dem Schlachtfeld hat man seinen Leichnam in Stücke gehackt und auf einem Scheiterhaufen verbrannt.

Landgraf Philipp von Hessen derweil erwies der evangelischen Sache einige Jahre später selbst einen Bärendienst, und die Reformatoren zog er unvermeidlicherweise in seine Sache hinein. Der Landgraf war ein Liebling der Frauen – und warum auch nicht?! Er war jung, attraktiv, charmant, aufgeschlossen, und er war Aristokrat. Zum Leben eines Landesherrn gehörten Frauenaffären gewissermaßen dazu. Das Problem war, dass er durch seinen Übertritt ins protestantische Lager, wie es scheint, strengere moralische

Maßstäbe hatte, die er nun auch auf sich selbst anwendete, was offensichtlich sein Seelenleben und sein Gewissen belastete. Das Konkubinat war bei den Evangelischen nicht wohlgelitten, und die „Hurerei" (Wortlaut: Graf Philipp) schon einmal gar nicht. Man plädierte da für eine monogame christliche Ehe, und zwar für alle, also auch für die Geistlichen, aber damit hatte es sich. Was die Hurerei anbelangte, so war Philipp wohl ohne Weiteres bereit, diese abzulegen, holte man sich doch da ohnehin nur Geschlechtskrankheiten und anderes Ungemach. Was aber die Ehe betraf, die Ehe einerseits und das Verlangen beziehungsweise die Liebe andererseits, so hatte der Landgraf neuerdings ein Problem, und das war nicht mit dem Konkubinat zu beheben, ganz unabhängig davon, ob es nun der Moral der neuen Lehre entsprach oder nicht, aus dem einfachen Grund, weil Philipps Angebetete, die siebzehnjährige Margarete von der Sale, die er im Sommer 1539 am Kasseler Hof seiner Schwester Elisabeth von Rochlitz, regierende Fürstin seit dem Tod ihres Ehemannes und ebenfalls bekennende Protestantin, kennengelernt hatte, die Sache nicht mitmachen wollte. Es war wie weiland bei Heinrich VIII.: Die begehrte Frau machte ihrem Kavalier klar, dass ohne Eheschließung keine Liebesbeziehung stattfinden würde, und bekräftigt, vielleicht sogar wesentlich initiiert wurde dieser Entschluss von der Mutter der Schönen, Anna von der Sale, die ihre Tochter vor einem unehrenhaften Mätressenleben zu bewahren versuchte. Philipp war aber bereits verheiratet, und zwar seit sechzehn Jahren, obwohl er selbst erst ein Fünfunddreißigjähriger war. Er hatte 1523 die Tochter des sächsischen Herzogs Georg, also Luthers Widersachers, geheiratet – aus Bündnisgründen, wie das eben so war in seinen Kreisen. Außereheliche Liebesaffären von seiner Seite waren für Philipps Gattin Christine offensichtlich bislang im Rahmen des Üblichen und des Erträglichen. Jetzt aber ging es um mehr, da Philipp sich nicht damit abfinden mochte, auf die schöne Margarete verzichten zu müssen. Anna von der Sale handelte kompromisslos die Bedingungen für die Übergabe ihrer Tochter an den Landgrafen aus: Eine förmliche Ehe müsse geschlossen werden, und diese Zweitehe müsse von namhaften Theologen als rechtmäßig anerkannt wer-

den. Es verstand sich für Philipp von selbst, dass eine Scheidung
nicht möglich war. Zu kompliziert wären die erbrechtlichen und
bündnispolitischen Folgen für alle gewesen, zumal diese Fürsten-
ehe keineswegs kinderlos war. Er rang also zunächst Christine
eine Einverständniserklärung für eine zu schließende ‚Zweitehe‘
ab; vermutlich war diese Erklärung nicht so ganz freiwillig. Dann
wandte er sich natürlich an Luther und seine Gesellen. An wen
auch sonst?! Bigamie. Mit einem solchen Fall dürfte der Reformator bislang auch noch nicht zu tun gehabt haben. Philipp war immer ein eifriger Bibelleser, und da hatte er zu seiner Erleichterung
eine Stelle gefunden, im Hebräerbrief 13,4, die ihm bewies, dass
Gott zwar die Hurer und Ehebrecher richtete, nicht aber die, die
gegebenenfalls mehrfach verheiratet waren. So jedenfalls interpretierte er es. Schließlich hätten die alttestamentarischen Patriarchen, so Philipp, also Abraham, Jakob, Daniel und Salomon auch
mit Gottes Billigung mehr als ein Weib gehabt, und warum sollte
man diese Praxis des Alten Bundes nicht einfach reaktivieren? In
der Tat stellten sich auch andere Neugläubige diese Frage, denn die
Reformation stellte ja viele Dinge zur Disposition, ihre radikalen
Flügel auch mit derart unorthodoxen Erwägungen, und warum
sollte man nicht auch die ziemlich langweilige Monogamie einfach abschaffen, wenn sie doch vielleicht die Menschen frust-
rierte? Die Münsteraner Täufer zum Beispiel hatten die Vielehe
propagiert und auch praktiziert – für Luther nicht gerade eine positive Assoziation, aber er konnte mit dieser Fragestellung wahrscheinlich ohnehin nicht viel anfangen. Er für sein Teil war mit
Käthe völlig zufrieden, und sie auch mit ihm, wie er sicherlich
meinte. Seinen Zeitgenossen und vielleicht auch den Nachgebore-
nen gab er sogar Tipps zur Frequenz ehelichen Sexualverkehrs.
Drei- bis viermal pro Woche, das sei, meinte er, für beide Seiten ein
schöner Rhythmus, auf den man sich einstellen könne. Die Vorstellung des Reformators, in absolut jedem Lebensbereich als unge-
fragter Seelsorger tätig werden zu müssen, darf man dann auch
einmal mit einem Fragezeichen versehen. Wozu freilich auch gesagt werden muss, dass Luther schon zweiundvierzig war, als er
heiratete. Was Philipps Problem anbelangt beziehungsweise die

Polygamie-Fantasien einiger radikaler Neugläubiger, so waren diese Optionen, wie es scheint, ohnedies immer nur für Männer gedacht.

Da der Landgraf es am Anfang nicht wagte, sich mit seinem Anliegen direkt an Luther zu wenden, fügte er mehrere Zwischenschritte und Vermittlungspersonen ein, um das theologische Gutachten für seinen Fall auf einen bestmöglichen Wege zu bringen. Einer der Ersten, dem er sich anvertraute, war bezeichnenderweise sein Leibarzt, der Philipp gerade wegen einer Syphilis-Erkrankung behandelte. Von seinen Nöten im Allgemeinen wussten aber noch einige andere: dass er zum Beispiel seit Jahren kaum noch zum Abendmahl ging, weil er einfach „das Buhlen" nicht lassen konnte und dann das Gefühl hatte, nicht würdig zu sein, um beim Abendmahl vor seinen Herrn treten zu können. Die Buhlschaft im Allgemeinen war offensichtlich gerade unterbrochen, wenn nicht beendet, nicht zuletzt wegen akuter Gefechtsunfähigkeit, wird man wohl hinzufügen dürfen. Doch Philipps spezielle Liebesgeschichte hatte gerade erst angefangen und harrte also einer baldigen Lösung. Dem Straßburger Martin Bucer schrieb Philipp, er habe nie fleischliches Verlangen für seine Frau Christine empfunden, denn sie sei hässlich, unfreundlich und zudem übelriechend. Das war nicht nur uncharmant, sondern auch nicht ganz glaubwürdig, denn Philipp von Hessen und Christine von Sachsen hatten am Ende immerhin zehn gemeinsame Kinder. Eins, also das siebte war gerade wieder geboren worden, und drei würden sogar noch folgen, nachdem der Landgraf seine Zweitehe durchgesetzt hatte. Auf welchen Umwegen auch immer die Sache nach Wittenberg drang, weil man sich vorstellen konnte, wie der Reformator sie sah – Luther und die Seinigen sahen sich hier in einer gigantischen Zwickmühle. Natürlich war das Ansinnen unsäglich, vereinbar weder mit kirchlichem noch mit weltlichem Recht. Nach dem erst vor wenigen Jahren in Kraft getretenen Reichsstrafgesetzbuch des römischen Kaisers, das Philipp sogar unterschrieben hatte, stand die Todesstrafe durch Enthauptung auf Bigamie. Und gerade die Reformatoren legten ja immer so viel Wert darauf, zu betonen, dass unter ihrer Führung eine höhere Moralität Einzug hielt als die bisher allgemein praktizierte Doppelmoral, besonders in höheren Kreisen. Luther und die

Seinigen konnten es sich aber andererseits auch nicht leisten, einen so wichtigen Bündnispartner wie den hessischen Landgrafen zu brüskieren und damit schlimmstenfalls zu verlieren – zumal Philipp verlauten ließ, er könne im Falle einer abschlägigen Antwort der Reformatoren auch Papst und Kaiser um Hilfe bitten und sich ihnen dann entsprechend erkenntlich zeigen, also im Klartext: die Fronten wechseln. Das war perfide. Und die Frage bleibt, was wohl passiert wäre, hätte der Landgraf diese Volte tatsächlich vollzogen. Kurz und gut, Luther und die Seinigen realisierten ein entsprechendes Gutachten – händeringend wahrscheinlich –, und sie nannten es den Ertrag eines Beichtrats, was den Vorteil hatte, dass es unter der Bedingung der Beichte als rein seelsorgerische Maßnahme im Einzelfall abgefasst war, in der auch einmal gängige Gesetze außer Kraft gesetzt werden konnten, wenn damit eine noch schlimmere Sündenverstrickung eines Beichtenden erfolgreich vermieden wurde. Da hier das Beichtgeheimnis galt, dachten die Wittenberger wohl auch, dass die Sache geheim bleiben würde. Weit gefehlt aber, und wie hätte das gehen sollen?! Die um die Ehre ihrer Tochter besorgte Hofmeisterin Anna von der Sale hat wohl geplaudert, dann zog das Gerücht durch die Lande, und schließlich waren es natürlich besonders die Altgläubigen, für die die Geschichte ein gefundenes Fressen war. Damit konnte man nämlich nicht nur den hessischen Landgrafen und seine „Metze" diskreditieren, sondern auch und besonders die Wittenberger Reformatoren. Philipp selbst forderte jetzt eine Veröffentlichung des Beichtrats aus Wittenberg, um die Ehre seiner Zweitfrau zu retten, und Luther schäumte vor Wut, während Philipp Melanchthon, ein immer etwas blutarmes, schlaksiges und sensibles Männchen, vor lauter Skrupeln ernsthaft erkrankte. Man sei schmählich getäuscht worden, hieß es aus Wittenberg, aber Tatsache war leider auch, dass Philipp Melanchthon an der Trauungszeremonie am 4. März 1540 in der Schlosskirche zu Rothenburg an der Fulda persönlich teilgenommen hatte, so wie auch Martin Bucer. Da hatten die Reformatoren jetzt definitiv ein gehöriges Glaubwürdigkeitsproblem, und der Schmalkaldische Bund einschließlich der hohen protestantischen Sache, um die gefochten wurde, erlebte dadurch eine beträchtliche Schwächung. Philipp von Hessen würde

aber noch mehr Niederlagen erleben, und die Zerschlagung des
Bundes durch Karl V. war noch nicht einmal die größte davon. Das
aber erlebte Martin Luther nicht mehr.

Eine Stadt der Reformation wurde in Luthers Ära die freie Reichsstadt Nürnberg, eine wohlhabende Handelsstadt, die damals mit
etwa 40 000 Einwohnern neben Augsburg und Köln zu den größten
deutschen Städten gehörte. Hier kreuzten sich alle möglichen Han-
delswege – nach Norden in die Hansestädte und Richtung Süden
nach Venedig, wohin es hervorragende Verbindungen gab. Man
handelte mit Gewürzen, Seide und Baumwolle. International gefragt waren aber besonders auch Nürnberger Handwerksprodukte,
Werkzeuge, Waffen, Metallgegenstände, astronomische Geräte und
vieles mehr. Auch blühte der Buchdruck in Nürnberg – eine ebenfalls exzellente Voraussetzung für die Aufnahme der Gedanken und
Schriften der Reformation. Es gab eine prosperierende Kaufmann-
schaft, eine ausgeprägte Bildungselite, von der der Humanist und
Patrizier Willibald Pirckheimer nur der Berühmteste ist, aber auch
eine wohlhabende und gebildete Handwerkerschicht. Einer von
ihnen ist der Schuster Hans Sachs. Er wurde 1494 als Sohn eines
aus Zwickau eingewanderten Schneiders in Nürnberg geboren, der
selbst schon wohlhabend war, denn der Sohn, der das Schuhmacherhandwerk erlernte, besuchte zuvor acht Jahre lang die Lateinschule, lernte Lateinisch und Griechisch und wurde dann dich-
tenderweise Deutschlands berühmtester Schuster, ein großer Poet,
Meistersinger und Spruchdichter. Ob er das Schuhmacherhandwerk
seit Beginn seiner aktiven Poetenexistenz überhaupt noch ausübte,
mag dahingestellt sein, auch wenn dieses biedermeierliche Bild vom
dichtenden, wackeren Schuster in seiner beschaulichen Werkstatt
im 19. Jahrhundert sehr populär wurde. Jedenfalls hat Hans Sachs,
wovon man aufgrund einer Produktivitätslücke eines ansonsten
jede Tätigkeit dokumentierenden Schriftstellers ausgeht, in den frühen 1520er-Jahren intensiv die Luther'schen Schriften studiert, und
er wurde zu einem lebenslangen Anhänger der lutherischen Lehre,
die, wie er sagte, in seinem Leben Epoche gemacht hatte. Eine ähnliche Aussage finden wir bei Albrecht Dürer, dem berühmten Nürnberger Künstler, der in seiner Malerei die Strömungen seiner Zeit

ins Bild setzte, indem er dem Menschen eine neue Wertigkeit gab. Dürer sagte einmal, Luthers Schriften hätten ihm aus großen Ängsten herausgeholfen. Viele Zeitgenossen empfanden das so. Die Neuentdeckung des Evangeliums und Luthers Rechtfertigungslehre waren für manch einen und manch eine ein Weg ins Licht aus der Dunkelheit diffuser Ängste und bislang verhinderter Heilslehren. Dürer hat immer gehofft, Luther einmal porträtieren zu können – leider vergeblich, wie es sicher auch die Kunstgeschichte bedauert. Die frühe Aufnahme lutherischer Gedanken in Nürnberg hat aber nicht nur mit der besonderen Szene in dieser blühenden Handelsmetropole zu tun beziehungsweise der Tatsache, dass in freien Reichs- und Handelsstädten überhaupt eine hohe Aufnahmebereitschaft für die protestantische Lehre innerhalb ihrer Stadtbürger herrschte. Johannes von Staupitz, Generalvikar der Augustiner und Luthers früherer Beichtvater, predigte hier auf der Kanzel des Augustinerkonvents seit der Vorweihnachtszeit 1516 – keine Papstkritik und auch sonst nichts Aufrührerisches, was die Kirchendoktrin grundsätzlich infrage stellte, aber eben das, was Luther selbst in seinen Jahren der inneren Kämpfe im Augustinerkloster auf die Spur gebracht hatte: die Frage nach der göttlichen Gnade im Rahmen der augustinischen Lehre und das Bild eines gütigen Gottes, der keine Leistungen, keine Ablässe und keine aktiven Beweise der Frömmigkeit forderte, um die sündigen Seelen der Menschen zu erlösen. Die humanistischen Kreise der Stadt sprachen außerordentlich auf Staupitz' Predigten an, und so ging die „Bruderschaft der Staupitzianer" nach Staupitz' Weggang in eine „Bruderschaft der Martinianer" über. 1517 hatte zudem ein Konventsbruder Luthers aus Wittenberg, Wenzeslaus Linck, im Nürnberger Augustinerkloster zu predigen begonnen. Der Rat der Stadt Nürnberg hatte darüber hinaus auch schon länger zurückliegende Ambitionen, sich von seinem geistlichen Oberhaupt, dem Bischof von Bamberg, zu emanzipieren, und so kam es, dass er von seinem Recht Gebrauch machte, vakante kirchliche Stellen direkt zu besetzen. 1522 wurden drei wichtige Predigerstellen in Nürnberg mit jungen Theologen besetzt, die der Luther'schen Lehre nahestanden. Ab 1523 wurde hier dann auch das Abendmahl in beiderlei Gestalt ausgeteilt. Was aber vielleicht noch viel wichtiger war, damit sich das Experiment Reformation in der Reichsstadt, die ja dem Kaiser direkt unterstand, dauerhaft halten konnte, war die Tatsache, dass es in der Ratskanzlei einen Mann gab, der als Stadtschreiber eine einflussreiche Schlüsselstellung innehatte, um zwischen den Ratsleuten, dem Stadtbürgertum, den Eliten, dem Volk und den von Kaiser und Papst ausgesandten Zensoren lavieren zu können und somit auch reformatorisches Gedankengut unbehelligt unter die Leute zu bringen. Der Mann hieß Lazarus Spengler, und Martin Luther in Wittenberg wusste sehr genau, was er an diesem Mann hatte, dem er selbst 1518 auf seiner Hin- und Rückreise zum Augsburger Reichstag in Nürnberg begegnet war. Spengler hat schließlich selbst, ein Jahr nach der Begegnung mit Luther, in einer öffentlichen Schrift Luthers Lehre verteidigt, in der er sich auch über die leeren Glaubensrituale der Katholiken belustigte. Er veröffentlichte das alles als „Schutzrede und christliche Antwort eines ehrbaren Liebhabers der göttlichen Wahrheit", und es gereichte dem Verfasser zur Ehre, nicht zu Schimpf und Schande, und auch, als die Bannandrohungsbulle aus Rom gegen Luther auf die Initiative des Luther-Gegners Johannes Eck, der sich in einer der Persiflagen verulkt fühlte, Spengler und Pirckheimer in die Bannankündigung einschloss, beirrte das den mutigen Stadtschreiber nicht, und Nürnberg wurde dadurch nur noch lutherischer.

Zurück zum schusternden Dichter oder zum dichtenden Schuster Hans Sachs. Er verfasste 1523 eine Eloge auf Luther, ein Spruchgedicht mit dem Titel „Die Wittenbergisch Nachtigall". Diese Nachtigall ruft den erwachenden Tag aus, und während sich die Nacht schon zum Okzident neigt, dringt die Morgenröte durch trübe Wolken, und die Nachtigall singt ihre Weise, sie, „die man yetz höret uberall". Die Nachtigall ist ein Hoffnungsträger und die Künderin einer neuen Zeit, eines Neubeginns. In der orientalischen Literatur symbolisiert sie die Liebe, den Dichter, aber auch das Göttliche und den Gottsucher. Doch die Wittenbergische Nachtigall ist ein gefährdetes und verfolgtes Tier, und so werden in Sachsens Spruchdichtung Luthers Gegner als wilde Tiere dargestellt, die der Nachtigall nachjagen – Papst Leo, der wilde Löwe, oder das ebenfalls die Nach-

tigall jagende Wildschwein (Johannes Eck). Wieder haben wir hier
das Motiv von der Helligkeit, die sich über einen lange bestehenden
Schleier der Dunkelheit breitet. Sachs widmet sein Spruchgedicht,
wie er schreibt, „allen Liebhabern evangelischer Wahrheit", und
Luther bringe sie, so Sachs, an den Tag. Auch fordert der Autor seine
Leser am Ende des Gedichts dazu auf, fortan ihrem Hirten Jesus
Christus zu folgen und nicht dem Papst. Der kommt natürlich wie
in vielen ähnlich gelagerten Satiren und Polemiken der Zeit nicht
gut weg, aber das Schicksal teilt er mit allen Klerikern des altgläubigen Lagers. Das Gedicht hat noch im Erscheinungsjahr sieben
Auflagen in Deutschland erreicht, und Hans Sachs, der Verfasser,
wurde berühmt weit über seine Heimatstadt Nürnberg hinaus. In
einem äußerst kurzweiligen Dialog zitiert Sachs sich im Rahmen
eines anderen Werks später selbst, indem er sein Spruchgedicht
zum Aufhänger eines Gesprächs zwischen einem Schuster und
einem Chorherrn macht: „Disputation zwischen einem Chorherrn
und Schuchmacher, darin das Wort Gottes und ein recht christlich
Wesen verfochten würd." Es versteht sich von selbst, dass nicht der
Chorherr, sondern der Schuhmacher das rechte christliche Wesen
verficht, und zwar mit allen Regeln der Kunst, Bibelgelehrsamkeit,
Eloquenz, Argumentstärke und moralischem Anspruch, vor allem
aber mit einer neuen Sicht auf die christliche Botschaft, die er
natürlich von Luther hat; das wird dann auch dem Chorherrn
schnell klar; nicht ohne Grausen. Der Schuster also hat dem Chorherrn ein paar neue Pantoffeln gemacht, und er bringt sie dem
Chorherrn vorbei, der in seinem Sommerhaus sitzt und sein Stun-
dengebet „abdrischt", also herunterleiert – das übliche Ritual eben.
Über eine singende Nachtigall kommen die beiden im Gespräch auf
das gleichnamige Lied, das der Chorherr als ein entsetzliches Machwerk bezeichnet, in dem der Allerheiligste Vater, der Papst, die heiligen Väter und seinesgleichen, also die würdigen Kirchenmänner,
verulkt werden, während der Schuster das Lied verteidigt und überhaupt einige theologische Fragen aufwirft, was der Chorherr ent-
rüstet von sich weist – mit einem Laien zu disputieren! Im weiteren
Gesprächsverlauf erweist sich indessen der Schuster als äußerst
gelehrt und deutlich bibelfester als der ratlose Kirchenmann, der

schon lange nicht mehr in seine Bibel hineingesehen hat und kaum die entsprechenden Stellen kennt, die der Schuster erwähnt. Es geht um Sünde und Strafe und um den geistlichen Stand, um Gerechtigkeit, um das Reich Gottes, um die Bischöfe und ihre beschränkte Macht, um die Obrigkeit und ihre Gewalt – und so weiter. Es handelt sich also im Grunde um einen Crashkurs der Lutherlehre, die der Schuster dem Chorherrn ganz wider Willen verabreicht. Dessen abwehrende Reaktion ist dann auch einmal: „Pi, puh, pah! Wie seind Ihr Lutherischen so nasweis, ihr hört das Gras wachsen!" Mit ihren Sprüchen aus dem Evangelium seien sie auch permanent damit zugange, ihr Gegenüber in die Irre zu führen. Der Schuster wiederum fragt sich im Verlauf des Dialogs, warum die Geistlichen eigentlich die Geistlichen heißen, wenn sie doch weder den Geist Gottes noch sonst eine andere Form von Geist haben. Als der Schuster gegangen ist, setzt der Chorherr noch schnell seinen Calfactor, sprich: seinen Diener darauf an, ein paar Bibelstellen parat zu halten, damit es beim nächsten Mal nicht so peinlich wird, mit den lutherischen Laien zu reden. Bei dieser Gelegenheit stellt er allerdings fest, dass der Calfactor, der noch erheblich bessere Bibelkenntnisse besitzt als der Geistliche, also sein hoher Herr, ebenfalls ein Lutheraner geworden ist. Diese Brut ließ sich einfach nicht ausräuchern. Zur Köchin gewandt, meint der Chorherr, Gestalten wie diesen falschen Schuster hätte man früher mit dem Bann belegt und vernichtet. Und jetzt frevelten sie gegen „uns Geweihte", die Ketzer … Seine Schuhe will der Chorherr dann künftig lieber von dem einfältigen Schuster Hans Zobel fertigen lassen, der ihn sicherlich nicht in Bibeldispute verstrickt.

Er hat so einiges in Bewegung gesetzt, der Reformator aus Wittenberg, gewollt oder ungewollt und teilweise wohl, ohne ahnen zu können, in welch ‚aufgeklärte' Zeiten seine Anstöße führen würden. Als er am 18. Februar 1546 in Eisleben starb, da war es am Lebensabend, friedlich, im Kreise seiner Lieben und auf natürliche Weise, in seinem Bett. Davon hätte man zwanzig oder dreißig Jahre zuvor nicht unbedingt sicher ausgehen können. Nur einmal ist Luther vielleicht zwischendurch kurzzeitig an seinem Gott verzweifelt. Das war, als Lenchen starb, seine dreizehnjährige Tochter Magdalene, am 20. September 1542. Das hat der liebende Vater nur sehr schwer verkraftet.

Er hat Epoche gemacht, aber das war mit einiger Sicherheit gar nicht das, was er wollte. Den Titel, den der englische König erhielt, „Verteidiger des Glaubens", den hätte sich Martin Luther aber bestimmt gerne und stolz auf die Fahne geschrieben.

# Heinrich und Luther
# zwischen Tradition und Moderne

Noch heute trägt die englische Königin den Titel „Verteidigerin des Glaubens", den ihr Vorfahre Heinrich VIII. vom damaligen römischen Papst verliehen bekam. Was das im Einzelnen heißt und inwieweit die im Wesentlichen nur noch repräsentierende Königin in einer konstitutionellen Monarchie unter heutigen Bedingungen tatsächlich einmal in die Situation kommen könnte, den christlichen Glauben in ihrem Königreich zu verteidigen, ist wohl eine ziemlich theoretische Frage. Thronfolger Charles hat bereits angekündigt, den Titel für sich künftig abwandeln zu wollen, sodass er nicht mehr auf den christlichen respektive den anglikanischen Glauben beschränkt bliebe, sondern im Sinne der Religionsfreiheit in einer multikulturellen Gesellschaft in postkolonialen Zeiten ausgeweitet würde und somit den veränderten Verhältnissen Rechnung trüge.

Henry Tudor dem Jüngeren hätte das wohl kaum eingeleuchtet. Er war ein romantischer Ritter, auch, wenn man so will, ein verhinderter Kreuzritter, und er verteidigte selbstverständlich den genuin *christlichen* Glauben, eigentlich auch den Glauben in seiner althergebrachten Form, denn Henry war kein Protestant, auch zum Schluss nicht, obgleich er eine, wenn auch einigermaßen sonderbare Reformation durchgeführt hatte, und obgleich er, so scheint es, doch einen Abglanz der neuen Lehre wie auch des neuen Denkens reflektierte, wenn er sich zum Beispiel immer wieder dezidiert auf sein Gewissen berief. Der Herausgeber seiner Schriften Francis MacNamara zieht eine interessante Parallele zwischen Henrys Liebesleben und seinem angeblich innewohnenden Protestantismus –

nicht nur, um das tradierte Bild vom König Blaubart in einer diffe-
renzierenderen Betrachtung zu überwinden, sondern auch, um zu
dokumentieren, wie subtil in dieser Zeit des Epochenwandels mitunter die Übergänge waren, die sich in Bezug auf den alten und den
neuen Glauben im Innenleben einer Person abspielen konnten – wonach die Glaubensfragen in jener Zeit eben zugleich auch für etwas
anderes standen. Ein neues Bild vom Menschen leuchtete in ihnen
auf. Henrys Liebesbriefe an Anne Boleyn, verfasst etwa zwischen
Mai 1527 und Oktober 1528, die auf wundersame Weise in die
Vatikanische Bibliothek gelangten und dort Jahrhunderte später
gefunden wurden, zieht MacNamara unter anderem als Beispiel
heran. Dass Henry in diesen inständig werbenden Briefen einen
Minnedienst leistet wie jeder andere, auch deutlich weniger stan-
deserhöhte Ritter in seinem Reich, geht auf einen mittelalterlichen
Ritus zurück, der alles Mögliche abbildete, aber gewiss nicht die
realen Gesellschaftsverhältnisse. Der Herausgeber zieht hier jedoch
zugleich einen Bogen zum gesamten Verlauf dieser Liebesgeschichte
samt ihrer ungewöhnlichen Konsequenz. Seiner Meinung nach
kommt hier bei Henry eine Geisteshaltung zum Ausdruck, die von
neuartiger Qualität ist und die es eben auch ablehnt, den üblichen,
zumindest häufig praktizierten Formalismus in der Trennung zwischen „irdischer" Realität und göttlichem Gesetz zu akzeptieren.
Diesen katholischen Formalismus, der die Dinge gegebenenfalls
relativ harmonisch zu trennen vermochte, überwinde Henry durch
die Idealvorstellung einer völligen Übereinstimmung von äußerem
Gesetz und der Verfasstheit der Seele. Das sei nahezu ein verkappter
Puritanismus, meint der Herausgeber. „Es ist eine Tatsache, dass
Liebe schrecklich moralisch ist, wenn sie sich auf eine einzige Person konzentriert, und die Tatsache, dass Henrys Liebe von dieser
Art war, zeigt, dass er ein Protestant und Puritaner war, ebenso, wie
der König von Frankreich ein Katholik und Formalist war, denn er
liebte den Sex, das schöne Geschlecht im Großen und Ganzen. Fran-
çois der Erste war zufrieden damit, die äußere Form der Ehe einzuhalten, während er sein Vergnügen bei seinen Mätressen suchte.
Also hatte er kein Scheidungsproblem, das ihn in Konflikt mit dem
Papst brachte. Aber Henry liebte nicht in erster Linie und aus-

schließlich zum Vergnügen. Die Leidenschaft, zu dienen, war sehr stark ausgeprägt in diesem Nachkommen eines walisischen Gefolgsmannes. Und solche Art Liebe bezieht sich nicht nur auf die Schönheit einer Frau, ihren äußeren und vergänglichen Charme, sondern sie gilt einer Frau, die sie von nun an werden soll, mit einem Wort: ihrer Produktivität. Henry verpflichtete sich, sie zu lieben und wertzuschätzen, welche Qualitäten seine Frau auch immer entwickelte. Aber als Gegenleistung musste auch sie diese Ehe als einen Dienst ansehen, in dem es ihre spezielle Pflicht war, einen Thronerben für England hervorzubringen." Aber das wurde nichts, wie wir ja wissen, wenigstens nicht wie gewünscht. Das Drama der Unfruchtbarkeit in der Tudor-Dynastie, der vielen Fehlgeburten, Scheinschwangerschaften, Totgeburten und vorzeitigen Kindstode bei mindestens zwei von Henrys Ehefrauen, aber beispielsweise auch bei seiner Tochter Mary in ihrer späten Ehe mit Philipp II. von Spanien, ist wohl auch darauf zurückzuführen, dass da schlichtweg zu viel psychischer Druck am Werke war, wie die Reproduktionsmedizin heute bestätigen würde. Diese Unfruchtbarkeit latent als eine Gottesstrafe zu deuten, beziehungsweise sich die Frage zu stellen, ob der göttliche Segen noch über der Dynastie stand, war so ungewöhnlich sicher nicht für die Zeit. Neuartig ist aber in Henrys vermeintlichen Zwiegesprächen mit Gott respektive seinen dokumentierten Nöten, die seine diversen Entscheidungen auslösten, ein unverkennbarer Zug von Innerlichkeit, der von der klassischen Form der Buße und Läuterungspraxis entschieden abwich – und zwar deshalb schon, weil das Ergebnis von Henrys Gewissensprozessen so gut wie immer den Bedürfnissen seines Egos entsprach, aber auf frappant elastische Weise eine Ausdeutung als göttliche Segnung oder auch Korrektur eines vorherigen Irrweges gegen den göttlichen Willen erfuhr. Henry verfügte über beträchtliche Fähigkeiten zum Selbstbetrug – weshalb er ja auch so gut manipuliert werden konnte. Seine Egomanie war grundsätzlich auch nicht größer als die Martin Luthers. Seine exponierte Demut dagegen war eigentlich zweckorientiert, diente sie doch quasi der nachträglichen Absegnung einer mehr oder weniger bereits beschlossenen Kehrtwende. Das ist Ausdruck eines übersteigerten, ja frevelhaften Individualismus, wie er so kulturell sicher noch nicht konstituiert war. Immerhin baute der König seine absolutistische Herrschaft auf diesem Herrscherwillen auf, den er aber nie verabsäumte, mit dem göttlichen Willen in eine direkte Verbindung zu bringen. Das alles war indessen in dieser Reinform nur möglich nach seinem Bruch mit Rom und nach der Gründung seiner eigenen Staatskirche. Somit haben die diversen europäischen Reformationen durch ihre Stärkung der weltlichen Herrschergewalt als Konsequenz über die Konfessionsspaltung hinaus, also überkonfessionell, auch die Bildung der absolutistischen Staaten begünstigt. Auch der Machiavellismus ist neuzeitlicher Natur. Der Herrscherwille im Sinne der Staatsräson erfährt hier geradezu eine Verabsolutierung, wobei es dem Italiener wesentlich darum ging, das politische Denken endlich von der Theologie und von der Moralphilosophie zu befreien. Wenn Niccolò Machiavelli seinen Zeitgenossen und Henrys Schwiegervater Ferdinand von Aragón als Anschauungsbeispiel für einen solchen starken Fürsten ins Feld führt, der seinen Politikvorstellungen ziemlich nahekam, dann darf nicht vergessen werden, dass Ferdinands Altersgenosse und englischer Herrscherkollege Henry Tudor der Ältere, mit dem er höchst virtuos Politik machte, also Henrys Vater Heinrich VII., mindestens ebenso dafür geeignet ist. Da der Engländer auf seiner zugigen Insel am Rande Europas aber geografisch zu weit von der prächtigen italienischen Renaissancekultur entfernt war, die der italienische Denker vor Augen und auch im Herzen hatte, wurde er vielleicht nicht bedacht.

Zurück zur amourösen Verfassung von Henry Tudor dem Jüngeren. In seinen Liebesbriefen an Anne Boleyn erleben wir einen hinreißenden Diener der Liebe, da Henry als Liebender, aber noch nicht Erhörter noch kniefällig um seine Herzensdame wirbt. Anfang Juli 1527 schreibt Henry: „Indem ich die Inhalte Eures letzten Briefes in meinen Gedanken hin- und herwende, habe ich mich selbst in einen Zustand großer Agonie versetzt, da ich nicht weiß, wie ich sie verstehen soll: ob zu meinem Nachteil, wie ich andere verstehen musste, oder nicht. Ich flehe Euch an, mich wissen zu lassen, wie es um Eure Absichten in Bezug auf die Liebe zwischen uns beiden bestellt ist. Ich muss unbedingt eine Antwort haben, bin ich doch nun schon seit einem vollen Jahr vom Pfeil der Liebe getroffen und immer noch nicht in Gewissheit darüber, ob ich zurückgewiesen werde oder ob es mir gelingen wird, einen Platz in Eurem Herzen zu finden. Diese Ungewissheit hinderte mich neulich, Euch meine Geliebte zu nennen, da Ihr mich nur mit einer ganz durchschnittlichen Zuneigung liebt. Wenn es Euch aber gefallen würde, die Pflicht einer wahren und treuen Geliebten zu erfüllen und Euch mir ganz zu geben, mit Leib und Seele, der ich, was ich schon lange bin, auch weiterhin Euer treuester Diener sein werde (falls Eure Strenge mir das nicht versagt), so verspreche ich, dass Euch nicht nur der Name gegeben werden soll, sondern dass ich Euch als meine einzige Geliebte annehmen werde, indem ich alle anderen fallen lasse, die mit Euch im Wettstreit meiner Gedanken und Gefühle stehen, und nur Euch zu dienen." Das Dienen diente dem Zweck, wechselseitig und ausschließlich, und der Zweck heiligte irgendwann auch die Mittel.

Da wir wissen, wie die Sache am Ende ausging, ist Henrys Grenzüberschreitung bei seinem Bestreben, eine Frau zu gewinnen, um, wie er meinte, damit wieder auf Gottes wohlgefälligen Spuren zu wandeln, wofür er bereit war, sein Land auf den Kopf zu stellen, eine religiöse und politische Spaltung in Kauf zu nehmen sowie zahlreiche offenkundige Opfer und später sogar die außenpolitische Isolation seines Königreichs, nichts Geringeres als das Scheitern einer individualistischen Kaprize im Kopf eines von einer fixen Idee und unmäßigem Selbstgefühl verblendeten Königs. Das setzte sich in den Folgejahren und mit den folgenden Ehen ja auf tragische Weise noch fort. Die Tradition des Minnesangs aus dem Hochmittelalter, die Henrys brieflichen Ergüssen als Grundlage diente, war dagegen ein reines Sublimationsgeschehen, da die in den Liedern angebetete Frau meist von höherem Stand, verheiratet oder sonst wie unerreichbar war, was der Sänger verinnerlicht hatte und grundsätzlich akzeptierte, so wie er eben auch Gottes Gesetz akzeptierte. Der Minnedienst war ein verweltlichter Gottesdienst, und der Sänger machte hier einen persönlichkeitsbildenden Prozess der Läuterung durch, Triebverzicht inbegriffen. Um Grenzüberschreitung oder Erstürmung der Festung ging es da wohlweislich nicht. Wäre Henry in seiner dynastisch fundierten Ehe geblieben, wie es Recht und Gesetz, Theologie und Moral, die Ansichten seiner Zeitgenossen und die Opportunitäten seines Staates geboten, und hätte er sein Liebesproblem irgendwie anders gelöst, dann hätte dies viele Katastrophen verhindert, und selbst die Frage um seine Nachfolge hätte sich wahrscheinlich mit dem Bekenntnis zu Mary als Erbin auf eine deutlich konstruktivere und kontinuitätsorientierte Weise entschieden. Schließlich blieb es erheblich späteren Zeiten vorbehalten, die Frage nach der Ehe als eine rein individuelle und persönlich-emotionale Frage zu behandeln, sei man nun ein Monarch, eine Kaufmannsfrau oder ein Bauersmann. Es blieb aber auch noch späteren Zeiten vorbehalten, dass weibliche Herrschaft (nahezu) eine Selbstverständlichkeit wurde. In dem Zusammenhang ist es immer wieder besonders verblüffend, herauszuheben, dass es Elizabeth war, Henrys Tochter, deren Geburt ihn so maßlos enttäuscht hatte, weil sie ein Mädchen war und nicht der ersehnte männliche Thronerbe, deren Regierungszeit derart legendär wurde, dass viele heute noch urteilen, sie war Englands bedeutendste Königin. Da Henry in dieser Frage in Zeiten hochgebildeter Frauen während der europäischen Renaissance eigentlich eher ein moderner Mann war, da er zum Beispiel zwei seiner Gattinnen während seiner Abwesenheit vollumfänglich die Regentschaft übertrug, ist es schade, dass er da nicht noch ein wenig weiter gedacht hat. Das hängt sicherlich auch damit zusammen, dass er angesichts der ohnehin schon grundsätzlich fragilen Legitimität seiner dynastischen Linie lieber auf der sicheren Seite stehen und keine präzedenzartigen Experimente eingehen wollte. Dass es zur Zeit seines Werbens um Anne keine ersichtliche andere Lösung gab für sein Liebesproblem als die Annullierung seiner Ehe mit Katharina, lag ja im Wesentlichen an dem unerschütterlichen Willen der begehrten Frau, der hier im Grunde die ganze Dynamik entfaltete.

Hoch virulent in dieser Umbruchepoche wurde auf allen Ebenen der Gesellschaft das Individuum, das seine Grenzen auslotete, um sie auf den verschiedensten Ebenen zu überschreiten. Eine Generation, die Kontinente entdeckte, Ozeane durchquerte und den Globus umrundete, tat sich allmählich schwer mit der geforderten christlichen Demut. Das prometheische Lebensgefühl des Zeitalters brauchte ein Gegengewicht, um der menschlichen Hybris, die immer vorhanden war, jetzt aber viel stärker in den Vordergrund rückte, gegenzusteuern. Aber es musste subtiler sein als in der Vergangenheit, den komplexeren Befindlichkeiten des Menschen genügen und seinem neuen Lebensgefühl Rechnung tragen, um ihn überhaupt noch erreichen zu können. Schließlich ging es vor allem den Autoritäten auf allen Ebenen eines Staatswesens ja auch immer darum, dass die Ordnungssysteme erhalten blieben, bei aller Dynamik des Zeitalters. Die neuen religiösen Debatten haben die göttliche und die weltliche Ordnung grundsätzlich nie infrage gestellt, sondern sie nur in den Fragen ihrer Glaubensgrundlagen und ihrer kirchlich-weltlichen Organisation auf eine neue Basis gestellt. Folgt man dem deutschen Philosophen und protestantischen Pfarrerssohn Friedrich Nietzsche, dann hat die Reformation, die unseligerweise von Deutschland ausging, die Chance vereitelt, im von Italien ausgehenden prachtvollen Renaissancehumanismus das bedrückende Christentum mit seinen propagierten Defensivtugenden zu überwinden. Inwieweit diese beiden, wenn man so will, produktiv gegenläufigen und sich gegenseitig korrigierenden Kräfte noch immer unser heutiges Selbstverständnis ausmachen und unseren Wertekanon bedienen, möge vielleicht als Frage im Raum stehen bleiben. Die christlich-humanistische Linie hat schließlich am Ende Europa kreiert.

Die Tudors haben die Modernisierungstendenzen ihrer Epoche aktiv vorangetrieben, indem sie gerade die großen Unternehmungen zur See, im Handel und auf den Weltmärkten, später dann auch in der Wissenschaft und in der Kunst förderten, aber auch die dahinter stehende Geisteshaltung beflügelten. Gerade Elizabeth stand mit ihrem Namen für ein ganzes blühendes Zeitalter. Ihr Vater Heinrich VIII. hat die Marine ausgebaut und es ihr damit ermöglicht, aufbauend auf den vorherigen Leistungen in Schiffsbau und Navigation, sich nicht nur an den Entdecker- und Kaperfahrten in die Neue Welt zu beteiligen, sondern auch den Invasionsversuch Philipps von Spanien und seiner Armada 1588 fulminant abzuwehren – etwas, das Elizabeth in den Rang der Unsterblichkeit brachte. Da die Tudors so wenig Rückhalt im Hochadel hatten, mussten sie mehr als andere Herrscherhäuser auf die aufstrebende Mittelschicht bauen. Da gab es stupende Erfolgsgeschichten unter sämtlichen Tudors, und all diese Aufsteiger, Selfmademen, Staatsmänner, Seefahrer, Glücksritter, Ökonomen, Abenteurer und Unternehmer machten sich nicht nur selbst einen Namen, sondern zierten auch den ihres Königreichs, ihres Regenten. Ab und an kostete es sie freilich den Kopf, wenn sie die Autorität ihres Herrschers zu untergraben drohten oder ihm sonst wie nicht willfährig waren. Solange ihr Tun aber den Majestätsbereich nicht berührte, hatten sie weitgehend freie Hand. Dass unter Heinrich VIII. der Metzgerssohn Thomas Wolsey jahrzehntelang mehr oder weniger England regierte, der aus dem Nichts kommende Thomas Cromwell die englische Reformation realisierte und Elizabeth I. mit kühnen Seefahrern und Freibeutern wie Francis Drake oder dem von ihr zum Ritter geschlagenen Sir Walter Raleigh Geschäfte machte und erste Schritte zur Kolonialisierung Nordamerikas unternahm, dass die aufstrebende Gentry, die ökonomisch erfolgreichen Kaufleute und die zahlreichen Investoren der Seefahrten mit der Königin zusammen auf den großen Gewinn spekulierten – dies alles offenbarte eine neue Durchlässigkeit der Gesellschaft, die unter den Tudors den Wandel von der mittelalterlichen Feudalgesellschaft zur neuzeitlichen Klassengesellschaft mit neuer ökonomischer Dynamik markierte. Es hatte ganz sicher auch damit zu tun, dass die Tudors selbst Aufsteiger waren. Heinrichs Urgroßvater war der walisische Soldat Owen Tudor, der an den Hof des zweiten Lancaster-Königs Heinrichs V. gekommen war und nach dem frühen Tod Heinrichs heimlich die Königswitwe geheiratet hatte. Er zeichnete sich aus, wie es hieß, „durch wundervolle Gaben des Körpers wie auch des Geistes". Der alte englische Adel bezeichnete die Tudors naserümpfend und unter der Hand als Parvenüs. Dessen ungeachtet – oder vielleicht gerade deshalb – praktizierten die Tudors einen entschieden autokratischen Herrschaftsstil, und man musste in der Familienreihe kein unberechenbarer Despot sein wie Heinrich VIII. in seinen letzten Lebensjahren, um diesem autokratischen Grundzug Genüge zu tun. Ein starkes Königtum war der Erfolgsgarant für eine Herrschaft zur Abwendung von Unruhen im eigenen Land, äußeren Angriffen sowie der wirklich gefährlichen Anfechtungen aus den eigenen Reihen, also letzten Endes für Frieden und Einheit. Heinrich VII. brauchte nicht die politische Theorie eines Machiavelli, um das zu wissen und zu beherzigen; es bedurfte nur eines Blicks in die jüngste Vergangenheit. Auf jeden Fall ist das Herrschaftsverständnis der Tudors dem modernen politischen Denken geschuldet. Unter Elizabeth formierte sich schon einer der ersten europäischen Nationalstaaten.

Trotz der realen Durchlässigkeit der Gesellschaft und all der voranschreitenden Entwicklungen in ihrer Ära kultivierten die Tudors ein Weltbild, das einigermaßen rückwärtsgewandt war und im Wesentlichen dazu dienen sollte, ihre segensreiche Friedensherrschaft nach dem Ende der Rosenkriege als festes gottgesegnetes Ordnungsmuster zu konsolidieren. Im *Tudor myth* entwarfen sie mit dem royalen Bösewicht Richard III., dem unmittelbaren Vorgänger des ersten Tudor-Herrschers, eine negative, gleichsam dämonische Gegenfigur zu der vermeintlichen Lichtgestalt Henry Tudors, der ihn auf dem Schlachtfeld besiegt und als Regenten abgelöst hatte. Am Ende lief dies auf eine Heilsgeschichte mit messianischen Zügen hinaus, war damit doch nach dieser Lesart eine frühere Untat in der Kontinuität englischer Könige wiedergutgemacht, ein Mordfall und eine Usurpation nahezu hundert Jahre zuvor, als Richard II., der letzte König aus dem Hause Plantagenet, 1399 von Adelsrebellen entmachtet und abgesetzt wurde. Diese Heilsgeschichte wurde von verschiedenen Geschichtsschreibern auftragsmäßig in Szene gesetzt, und sie zieht sich hin bis in die Shakespeare-Dramen der späteren Zeit, die Königsdramen, die eine dem amtierenden Herrscherhaus äußerst günstige Interpretation der Geschichte vermitteln – wenn sie dem Dichter auch durchaus noch kritische Freiheiten ließen. „Richard III." ist die bis heute bekannteste und populärste Blüte des Tudor-Selbstmarketings aus der Hand eines begnadeten Dichters, der bei aller Loyalität gegen das Herrscherhaus doch seinen eigenen Blick des Dichters verwirklichte. Darüber hinaus wurde aber unter den Tudors eine Weltauffassung vermittelt, die unter Verwendung antiker Kosmogonien ein eigentlich mittelalterliches Bild von der Welt transportierte, welches sogar die kopernikanische Wende rundheraus ignoriert. Die Erde befindet sich demnach im Zentrum des Universums, das selbst die Gestalt einer riesigen, in acht Sphären gegliederten Kugel besitzt. Diesen Himmelssphären, die eine hierarchische Abstufung darstellen, entspricht ein Ordnungsmuster, eine „Kette des Seins", auf der Erde: Vom Mineral- und Pflanzenreich führt die Kette über das Tierreich zum Menschen, der Krone der Schöpfung. Entsprechend ist in diesem Analogiedenken die Gesellschaft gegliedert: Von den Vagabunden und Bettlern ganz unten führte die Kette hinauf über die Tagelöhner, Bauern und Arbeiter, die besitzlosen Kleinbürger, das landbesitzende Großbürgertum, die Gentry, also den niederen Landadel, über den Hochadel bis hin zum Monarchen. Die Spitze der Seinskette in diesem christlichen Modell eines ptolemäischen Weltbildes ist aber nicht nur einfach die Krone der Krone der Schöpfung, sondern geradezu gottgleich, der „body politic". Damit repräsentiert der Monarch zugleich die Gesamtheit des Volkes. Wozu das Bild diente, ist klar. In keiner Zeit vorher und nachher wurden die Hochverratsgesetze so knallhart verschärft wie unter Heinrich VIII. Der König war gottgleich – und er konnte das letztendlich in der Form nur sein, weil der andere Gottesvertreter auf Erden, der Papst, in der englischen Wertskala eliminiert worden war.

Heinrich VIII. hatte viel von der ritterlichen Romantik des Mittelalters wie auch vom magischen Nimbus des Katholizismus verinnerlicht. Er wollte alle diese Dinge nicht aufgeben, da sie sein Selbstverständnis als christlicher Herrscher ausmachten und da sie wohl auch Teil seiner Innenwelt waren, denn Henry war und blieb ein (leider enttäuschter) Romantiker. Diese Enttäuschung machte ihn unter anderem wohl auch zu dem Despoten, der er am Ende war. Keine Vaterfigur hatte ihr Wort gehalten und seinen Weg als König gesegnet. Keine der Liebesschlachten offenbarte die Segnung der Dynastie durch gesunde männliche Nachkommen. Keiner seiner ritterlichen Kämpfe für England und für die Heilige Christliche Kirche führte zu Machtgewinn, territorialem Zuwachs oder zur Stärkung des Königreichs. Die zahlreichen Hindernisse und Katastrophen auf seinem Weg dokumentierten vielmehr eine schreiende Abkehr und Abweichung von einem irgendwie gottgesegneten

Weg – wenn er ehrlich war, aber das war Henry nicht; es hätte ja sein schönes Weltbild zertrümmert.

Dass er eigentlich bis zum Schluss die katholischen Sakramente erhalten wollte, trägt der Magie Rechnung, die ihm so lieb war, und zugleich seinem so verstandenen Königsamt, war die Investitur, die er erfahren hatte bei seiner Krönung, doch auch eine Art Weihe und göttliche Einsegnung. Der lutherische Gedanke vom Priestertum aller Gläubigen war Henry fremd. Was wäre der nächste Schritt, mochte er denken – dass es auch keine herausgehobene Stellung eines gottgleichen Herrschers mehr gab? Das alles kränkte nicht wenig seinen royalen Narzissmus, und im Übrigen wollte er seinen Untertanen auf allen Stufen der Kette des Seins auch gewiss nicht so viel Teilhabe zubilligen, dass sie über eine selbstständige Bibellektüre eigene und möglicherweise aufwieglerische Gedanken entwickelten, sei es in Bezug auf Gott oder in Bezug auf ihren weltlichen Herrscher, der ja neuerdings weltlicher und geistlicher Herrscher in einem war. An das Seelenheil seines Volkes, das für Luther so wichtig war, dachte er dabei wohl weniger. Das ist, kurz zusammengefasst, Henrys Stellung zur Reformation. Dass er wohl meinte, den zukünftigen Lauf der Dinge nicht mehr verhindern zu können, der darin bestand, aus seinen halbherzigen und rein juristisch begründeten Anfängen eine konsequente Einführung der neuen Lehre zu machen, bedingt durch die bereits vollzogene Reformation eines neuen Herrschaftsverständnisses, erkennt man daran, dass er nichts unternahm, um zu verhindern, dass sein Sohn und Thronfolger Edward von überzeugten Protestanten erzogen wurde, die per Testament sogar eine vormundschaftliche Führung des Prinzen bis zur Volljährigkeit erhielten und somit eine indirekte Regentschaft ausüben würden. ‚Nach mir die Sintflut!', dachte der König möglicherweise. Aber nach den neuerlichen Unruhen im Anschluss an Henrys Tod und nach der unglücklichen Regentschaft seiner ältesten Tochter Mary, die England, koste es, was es wolle, wieder in den Schoß der römischen Kirche zurückführen wollte, war es eigentlich auch wieder Elizabeth, die nicht nur konstruktiv, sondern weit vorausschauend in spätere Zeiten etwas praktizierte oder zumindest zu praktizieren versuchte, was im 16. Jahrhundert eigentlich anachro-

nistisch war: Toleranz. Hier hatte sie nur *einen* kongenialen Herrscherkollegen in ihrer Regierungszeit, der aber ebenfalls seine Zeitgenossen nicht zu überzeugen vermochte, dass dies der einzige Weg
für ein friedliches Zusammenleben der Völker und Religionen war:
Henri Quatre, der liebenswürdige König von Navarra und spätere
französische König in den Jahren der erbitterten Religionskämpfe
in Frankreich und insgesamt auf dem Kontinent. Dessen eingedenk,
könnte auch der heutige britische Thronfolger ein dem entsprechendes, (post-)modernes Verständnis von Glaubensverteidigung für
seine eigene, ohnehin weitgehend nur noch symbolhafte Rolle im
Blick haben.

Es gibt zahlreiche Gründe, Martin Luther als einen Anti-Moder-
nisten zu charakterisieren. Dass er die thomistische Unterscheidung
von Glauben und Wissen ablehnte, die für das neuzeitliche Denken
wegweisend war, spricht schon dafür. Dabei war Thomas selbst weit
davon entfernt, den Rationalismus seiner Adepten, den Luther an-
prangert, da er diesen in den scholastischen Auslegungsmethoden
der theologischen Wissenschaft kennenlernte, in seinem System zu
propagieren. Er war im Gegenteil ein großer Synthetiker, der es vermochte, Platon und Aristoteles, antike Philosophie und christliche
Dogmatik, Offenbarung und Vernunft und so eben auch Glauben
und Wissen zu synthetisieren. In seiner natürlichen Theologie legt
Thomas von Aquin dezidiert dar, dass Glaube und Vernunft sich keineswegs widersprechen, sondern in einer harmonischen Interaktion
stehen, wonach die Vernunft gewissermaßen durch Schlussfolgerungen und logische Operationen das nachvollzieht, was der Glaube in
einem Akt der spontanen Annahme über die Offenbarung erfährt.
Beides kann nach Thomas niemals miteinander im Widerspruch
stehen, da Gott sowohl den Glauben als auch das Licht der Vernunft
im Menschen geschaffen hat. Der Mensch hat gewissermaßen eine
doppelte Existenz – einerseits Teil der Schöpfung und andererseits
ein Vernunftwesen zu sein. Nach dem Prinzip der Widerspruchs-
freiheit und anderer Ausschlusskriterien des operativen Denkens
vollzieht er seine Schlüsse in Bezug auf die Weltwirklichkeit und erhält auf diesem Wege gewisse herausgehobene Einblicke in Gottes
Schöpferwerkstatt. Die Sätze der Offenbarung und des Glaubens sind

auf diesem Wege aber nur rudimentär zu erfassen. Das geschieht letztlich über einen anderen Kanal, und es sind besonders die großen Mysterien des Christentums, also etwa die Trinität, Christi Menschwerdung, Christi Auferstehung, die Erbsünde oder das ewige Leben, die die Vernunft nicht vollständig erfassen kann, wohl aber in einem weit höheren Maße der Glaube. Beide, Glaube und Vernunft, sind auf die Erkenntnis Gottes gerichtet, und bis zu einem gewissen Grade vollzieht diese Krone der Schöpfung, der Mensch, mit dem ganzen Arsenal seiner Glaubens- und Geisteskräfte die Gedankenwelt Gottes in Bezug auf die Schöpferwelt nach. Widersprüchliches Denken ist demnach nur der Beweis dafür, dass die Wahrheit noch nicht adäquat erfasst worden ist, und wenn man über dieses Denken, wie es in der Schulphilosophie diskutiert wurde, meinte, den Glauben zu widerlegen, dann hatte man entweder den Glauben nicht richtig erfasst oder einen entscheidenden Denkfehler begangen. Thomas definiert Wahrheit als eine Übereinstimmung von Gegenstand und Erkenntnis. Auf der anderen Seite muss es nach dieser Konkordanzvorstellung ohne Weiteres möglich sein, einen vernunftbasierten Nachvollzug aller göttlichen Wahrheiten zu subsumieren, wenn auch die Offenbarung selbst auf eine andere Weise geschieht. Platonisch und zugleich aristotelisch ist Thomas' Seinslehre. Das Sein im höchsten und eigentlichen Sinne kommt demnach nur Gott zu. Alles andere, und so auch der Mensch, hat lediglich einen Anteil daran. Dieser Seinsanteil des Menschen ist aber so geschaffen, dass er in einer gewissen Autonomie, also ohne göttlichen Antrieb und einen wie auch immer gearteten Wirkmechanismus Erkenntnis gewinnen kann über die Weltwirklichkeit. So wie der Mensch eine Teilhabe am Sein Gottes besitzt, besitzt er über seine Vernunft auch eine Teilhabe an der Wahrheit Gottes selbst, der *prima veritas*. An dieser Stelle wird nicht nur die Würde des Menschen als vernunftbegabtes und bis zu einem gewissen Grad sogar autonomes Wesen ersichtlich, sondern auch die gemeinsame Stoßrichtung von Glauben und Wissen, die nicht nur dasselbe wollen und immer aufeinander bezogen agieren, sondern bei deren Miteinander es sich so verhält, dass die Vollendung der Glaubenserfahrung ihre Vorbedingung hat in den Aktionen der natürlichen Vernunft.

Vielleicht kann man sagen, dass im thomasischen Sinne die Vernunft den Glauben sogar diszipliniert, ihm eine Form verleiht. Den Primat hat der Glaube, das ist bei Thomas ganz unbestritten. Doch die Vernunft, mit der das Geschöpf Gottes, der Mensch, so ausgezeichnet bestückt ist, besitzt die Eigendynamik einer partiellen Erkenntnis der Welt, und diese stellt sogar eine gewisse Voraussetzung dar für die Annahme der Offenbarung, also der vollkommenen göttlichen Wahrheit. Besonders deutlich wird dies nach Thomas im Bereich der praktischen Vernunft, also der Ethik und der Gewissensentscheidung, und es ist sogar möglich, dass Luther hier einige Definitionsansätze der für ihn so wichtigen Gewissensfrage entlehnte; zumindest sind die Parallelen hier ziemlich deutlich. Im Bereich des moralischen Handelns, so Thomas, hat der Mensch Anteil an der *lex aeterna*, am Gesetz Gottes. Das kann aber nur geschehen, indem er vorher alle Vernunftgründe, Urteile und Einsichten abwägt, bevor er zu einer Handlung veranlasst wird, die nach seinem Dafürhalten moralisch richtig und konkordant ist. Hier wird die Wissensanwendung und die Anwendung der Vernunft im Sinne einer Entscheidung besonders bedeutsam, und als Zwischeninstanz beziehungsweise als Vermittlung zwischen menschlicher Einsicht und göttlichem Gesetz kommt das menschliche Gewissen ins Spiel. Es hat bindenden, verpflichtenden Charakter, aber nicht nur im Sinne einer moralischen Einsicht, sondern im Sinne einer klar definierten Handlungsaufforderung. Ob die Instanz des Gewissens, die den Menschen zum (moralisch guten) Handeln bewegt, direkt von Gott kommt, wird so ausdrücklich nicht gesagt, aber der verbindliche Charakter einer Gewissensentscheidung kommt nach der Auffassung des Kirchenlehrers dadurch zustande, dass dieser moralische Imperativ über Vernunftgründe vermittelt wurde und nur auf diesem Wege als Gebot seine Wirksamkeit hat. Das Erfassen der Richtigkeit eines Moralgesetzes erfolgt auf dem Wege einer inneren Einsicht, also letzten Endes durch die Vernunft, und ohne diese hätte es als Gesetz, auch als göttliches, keine Wirksamkeit, da der Mensch es innerlich gar nicht annehmen könnte. Immanuel Kant – ein halbes Jahrtausend später – wird in seiner Ethik ganz ähnlich argumentieren. Der ‚gute Wille' wird hier zum Garanten der ver-

nunftbasierten und zugleich moralisch richtigen Entscheidungs-
und Handlungsmaxime, wonach vernunftgemäß handeln automatisch moralisch handeln bedeutet. Nach Thomas von Aquin hat
das Gewissen auch dann einen verbindlichen Charakter, wenn
es – wie man ja vielleicht manchmal erst am Ende realisiert – sub-
jektiv irrt. Wenn man das liest, dann war eigentlich der hoch-
mittelalterliche Scholastiker protestantischer als Martin Luther, in
verschiedener Hinsicht auf jeden Fall neuzeitlicher. Als Domini-
kaner setzte er den Intellekt klar vor den Willen, und anders als
Luther postulierte er auch eine menschliche Willensfreiheit innerhalb gewisser Grenzen.

Luther hatte, wir sahen es schon, eine Aversion gegen die neuzeitliche Vernunftgläubigkeit, gegen jegliche Form des „Rationalismus".
Das hing wahrscheinlich mit seinen Studienerfahrungen zusammen, all dem Überdruss angesichts der ermüdenden Operationen,
die er da bei den formalen Gottesbeweisen durchführen musste und
die ihm, so empfand er es wohl, den Zugang zum Glauben eher ver-
sperrten, als dass sie ihm Tore öffneten. Es ist dennoch schade, wie
er hier offensichtlich das Kind mit dem Bade ausschüttete und dieser großen Ergänzungsleistung der theologischen Philosophie,
wenn man sie, so wie hier, am Original ablas und nicht an den institutionalisierten Adepten, mit solch pauschaler Ignoranz begegnete. Aber die ganze Stoßrichtung war Luther unbehaglich – es war
aber die Stoßrichtung, die die Moderne abzeichnete. Sie gab dem
Menschen eine Persönlichkeitswürde, nicht in erster Linie, weil er
ein Gottesgeschöpf war, sondern weil er ein vernunftbegabtes Wesen war, und dieses Licht der Vernunft war genauso strahlend und
leuchtend und wegweisend wie das Licht des Glaubens, das im Zuge
dieser Entwicklung in der abendländischen Anthropologie allmählich seine Bedeutung verlor. Vielleicht war es das, was Luther so
skeptisch machte und was er befürchtete. Auch er argumentierte
vor dem Reichstag in Worms mit „Vernunftgründen", durch die er
seine Einsichten widerlegt sehen wollte, sonst war er, wie er sagte,
seinerseits nicht bereit, zu widerrufen. Ein Vernunftskeptiker war
er also gewiss nicht per se. Aber die menschliche Vernunft war seiner Auffassung nach korrumpiert durch den Sündenfall. Sie konnte

des Teufels sein, irreleiten und den Menschen gerade vom göttlichen Gnadenweg wegführen. Luther war schließlich auch fest davon überzeugt, dass die besonders Frommen und auch die geistig
besonders Potenten zugleich in einem herausragenden Maße gefährdet waren, vom Satan versucht zu werden. Dann diente ihre
intellektuelle Potenz nicht der Demut vor Gott, sondern der Hybris,
und dies führte gegebenenfalls in die satanischsten Sphären;
eigentlich war es schon per se etwas Teuflisches, wenn sich der
menschliche Wissensdrang nicht mit dem göttlichen Glauben verband, sondern eine Eigengesetzlichkeit für sich beanspruchte, was
eigentlich die Grundlage jeder modernen Wissenschaft ist. Die Geschichte vom Doktor Faustus und seinem Erkenntnisdrang, der
keine Grenzen annahm und anerkannte und in diesem Durchdrin-
genwollen der Welt zugleich einem pseudogöttlichen Schöpfungs-
wahn anhing (so jedenfalls sah man es), ist eine frühneuzeitliche
Geschichte, und Luther nimmt bei dieser Frage grundsätzlich nicht
die humanistische, menschen- und fortschrittsfreundliche Position
an, die in jedem Voranschreiten des Geistes ein Potenzial der Welt-
und Selbstvervollkommnung sieht, sondern die Haltung der Tradition. Aus derselben Haltung heraus wurden Inquisitionsprozesse
gegen neuzeitliche Astronomen eröffnet, die das kopernikanische
Weltbild verteidigten, und aus derselben Haltung heraus wurde
Giordano Bruno verbrannt. An dieser Stelle ist es vielleicht interessant, zu vermerken, dass Luther mit ziemlich viel Widerstand auf
die kopernikanische Lehre reagierte und ganz und gar nicht bereit
war, sie rundheraus anzunehmen. Unter Berufung auf Jos. 10,12–13
wies er darauf hin, dass der biblische Joshua „die Sonne still stehen"
ließ „und nicht die Erde". Wörtlich heißt es da nach der lutherischen
Bibel-Übersetzung: „Damals redete Josua mit dem Herrn an dem
Tage, da der Herr die Amoriter vor den Kindern Israel dahingab,
und er sprach in Gegenwart Israels: Sonne, steh still zu Gibeon, und
Mond, im Tal Ajalon! Da stand die Sonne still und der Mond blieb
stehen, bis sich das Volk an seinen Feinden gerächt hatte. Ist dies
nicht geschrieben im Buch des Redlichen? So blieb die Sonne stehen
mitten am Himmel und beeilte sich nicht unterzugehen fast einen
ganzen Tag." Weiter heißt es in Jos. 10,14–15: „Und es war kein Tag

diesem gleich, weder vorher noch danach, daß der Herr so auf die Stimme eines Menschen hörte; denn der Herr stritt für Israel. Josua aber kehrte ins Lager nach Gilgal zurück und ganz Israel mit ihm." Im Zweifelsfall war diese Bibelstelle natürlich ausschlaggebender für Martin Luther als die Lehre des Astronomen – Zitat Luther: „Der Narr will mir die ganze Lehre der Astronomia umkehren!" Nach der Bibelstelle ließ Gott die Sonne für einen Tag stillstehen, weshalb Luther schlussfolgerte, dass die Sonne normalerweise in Bewegung sein müsse, sonst könne sie eben nicht plötzlich stillgestellt werden. Galilei hat später gezeigt, dass der Effekt des Joshua-Wunders sogar besser auf ein heliozentrisches Weltbild angewendet werden könne als auf ein geozentrisches, aber das hat Luther natürlich nicht mehr erlebt. Viele Zeitgenossen Luthers, und durchaus nicht nur die Theologen, empfanden die Ansprüche und Aktivitäten der modernen Naturwissenschaft als gefährliche Grenzgängereien, die unbedingt theologisch gedeckt und gedeckelt sein mussten. Luther war auch hier nicht aufseiten der Progressiven in diesem dynamischen Zeitalter und konnte es ja auch nach seinem Menschen- und Weltverständnis nicht sein.

Dass Luther die Willensfreiheit negierte, minutiös nachzuvollziehen in seinen Disputen mit Erasmus von Rotterdam, führt ihn eigentlich zurück in eine de facto mittelalterliche Anthropologie, die dem humanistischen Menschenbild und seinem bahnbrechenden Selbstverständnis elementar zuwiderläuft. Auf die Fragen der Menschheit nach ihren Möglichkeiten, nach ihrem Sollen und Wollen antwortet Luther ausschließlich mit der christlichen Heilslehre, und er ist fest davon überzeugt, dass nichts darüber hinaus zum positiven Geschick der Gottesgeschöpfe beitragen kann, keine vom Göttlichen unabhängige Selbstvervollkommnung, kein Wahlvermögen im Rahmen einer individuellen Handlungsoption, keine Autonomie der Vernunft. An diese glaubt Luther nicht. Selbst die Beweglichkeit nach beiden Seiten, die Erasmus im Kontext der Annahme der göttlichen Gnade ins Spiel bringt und mit der er seine postulierte Willensfreiheit begründet, indem er eine fruchtbare Interaktion annimmt zwischen göttlichem Gnadenimpuls und menschlicher Willensbekundung, wird von Martin Luther negiert.

Solche Handlungsspielräume, meint Luther, seien nur ganz äußerliche Optionsgrade eines innerlich grundsätzlich unfreien Willens, der nichts zu seiner eigenen Seligkeit beitragen kann, denn er ist fehlgeleitet vom Teufel und wird in diesem Sinne ständig versucht. Seit dem Sündenfall ist die Trennung des Menschen von Gott eine unwiderrufliche Situation, die der Mensch aus eigener Kraft nicht korrigieren kann. Er kann auch dem Satan aus eigener Kraft nicht widerstehen. Der Mensch ist, für sich genommen, ein Wurm. Ohne Gott kämpft er quälende, aussichtslose und endlose Kämpfe. Es muss kaum hinzugefügt werden, dass die europäische Moderne kaum diese Quantensprünge vollzogen hätte, die wir verzeichnen, wenn Luthers Menschenbild sich allgemein durchgesetzt hätte. Indessen ist es manchmal, wie wir hier sehen können, erheblich entscheidender, was die Nachwelt aus den Initiationen eines herausragenden Zeitgenossen macht, der auftaucht, agiert und die Uhren neu stellt, und wie sie sie weiterdenkt, als was der Urheber höchstpersönlich damit intendiert hat.

Dass Luther im Rückblick als Heros der Neuzeit gefeiert wird, der eine Zeitenwende in Gang setzte, bedeutende und nachhaltige Entwicklungen anstieß und damit das große Projekt der europäischen Aufklärung gewissermaßen als Türöffner initiierte oder auch aus der Taufe hob, um es ein wenig religiöser zu apostrophieren, hat damit zu tun, dass er tatsächlich Entwicklungen anstieß, die sich mehr oder weniger berechtigt auf ihn berufen konnten und die aber unabhängig von ihm in der Luft lagen, um sich dann durch die Wucht seiner prominenten Geschichte auf eine fundiertere und beziehungsreichere Weise entfalten zu können, da es eben einen vermeintlichen Präzedenzfall gegeben hatte. Wie ich meine, hängt das erheblich weniger mit den Inhalten von Luthers Lehre als mit eben jener Wucht der Geschichte zusammen, mit der revolutionären und mutigen Tat eines Einzelnen, eines machtlosen Individuums in der deutschen Provinz, sich gegen die mächtige römische Kirche zu stellen und diesen Kampf mit einigem guten Glück zu gewinnen.

Luthers Gewissensfreiheit, auf die sich die Nachwelt auch im Kontext von Unrechtsregimen und Gesellschaftszwängen aller Art bis in unsere Tage beruft, heißt lediglich, dass die Instanz des (gottgebundenen) Gewissens Vorrang hat vor allen geistlichen oder auch weltlichen Institutionen. Luther betont damit vor allem die individuelle Gottesbeziehung des gläubigen Menschen, wodurch die Macht der kirchlichen und weltlichen Institutionen über das Seelenleben der Christen gebrochen wird, aber nicht einem autonomen Gewissen oder gar einer Souveränität der Person unabhängig von Gott als Fürsprache dient. Das menschliche Gewissen ist für Luther weder neutral noch autonom, sondern von Gott und Teufel umkämpft und immer im Spannungsfeld dieser beiden gegenläufigen Mächte, wobei es sich idealerweise in seiner Bindung an Gott positiv durchsetzen kann. Von der Autonomie des Subjekts, von der später die Aufklärer sprachen, würde sich Martin Luther rundheraus distanzieren. Diese aber ist die Voraussetzung für alle Entwicklungen in den kommenden Jahrhunderten, die mit dem Begriff der Aufklärung im Zusammenhang stehen, etwa in den Debatten über die individuellen Rechte des Menschen im Rahmen moderner Staatstheorien. Eine Herrschaftslegitimierung, die nicht mehr auf einem göttlichen Auftrag beruht, sondern auf einem wie auch immer gearteten Willen des Volkes im Sinne einer Partizipation und im Rahmen einer Einforderung von natürlich gegebenen Grundrechten, setzt die Urteilsfähigkeit und die personale Würde des einzelnen Menschen voraus, und zwar nicht als Gottesgeschöpf, sondern als vernunftbegabtes Wesen und als Teil einer von Menschen geordneten Lebenswelt in einer partikularen Gesellschaft. Ein Wissenschaftsoptimismus, der getrieben wird von der Auffassung, durch Naturbeherrschung und Welterkenntnis die menschliche Lebenswelt bis zur Perfektion ordnen und steuern zu können in einer mehr oder weniger unendlichen Aufwärtsbewegung, hat dem Menschen nicht nur einen vermeintlichen Schöpferstatus erteilt, sondern dieser hat sich auch weitgehend von dem christlichen Demutsgebot und der Warnung vor menschlicher Hybris emanzipiert. Das ist kein Widerspruch zu den Gegenbewegungen von Rousseau bis Attac, denn auch die Position der Kritik im Verweis auf eine Dialektik der Aufklärung hat als Basis die Autonomie des Subjekts. Entschieden zielgerichteter und auch sichtbarer wird dies alles in der Geistesgeschichte, in der Kunst, in der Literatur, in der

Musik, in der Philosophie, wo die Entwicklungen noch sehr viel schneller voranschritten als im Bereich der politischen Institutionen, weil hier Grenzüberschreitungen und Subtexte möglich sind, die das reale politische Leben nicht bietet, in dem ja auch die etablierten Mächtigen im Sinne ihres Selbsterhalts Widerstand leisten. Aufklärung in einem vollumfassenden Sinne gedeutet und nicht in der eindimensionalen Lesart als eine Art Super-Rationalismus schließt alles ein, auch die irrationalen Kräfte des Menschen, wie sie zum Beispiel die Romantik betont – eigentlich eine Rückbesinnung auf voraufklärerische und vorreformatorische Zeiten, in der die Christenheit noch vermeintlich geeint war und der allgegenwärtige Logos noch nicht die träumende und fühlende Seele des Menschen zerriss; aber auch hier kann der Mensch nicht mehr hinter sein Selbstverständnis als autonomes Wesen zurücktreten. Das verpflichtet zur Selbstverantwortung, auf alle Bereiche des Lebens bezogen, und das hat primär mit Gott nichts zu tun.

Luther hat weder den Säkularismus befürwortet noch Pluralismus und Toleranz, und von moderner Rechtsstaatlichkeit kann in seiner Zeit auch noch gar keine Rede sein. Er hat dennoch alle diese Dinge initiiert, und zwar so unfreiwillig und unbeabsichtigt wie König Heinrich von England seine sonderbare Reformation. „Reformation" heißt ja wörtlich auch „Rückführung". Luther forderte eine Rückbesinnung auf die ursprüngliche evangelische Wahrheit; alles andere war mehr oder weniger eine Zufallsentwicklung beziehungsweise die Konsequenz seines Umgangs mit den gegenwärtigen, der Rückbesinnung im Wege stehenden klerikalen Strukturen. Seit Martin Luther wird aber niemand mehr in der westlichen Welt, der auch nur halbwegs die auf den Reformator folgenden Geistesentwicklungen verinnerlicht hat, etwas für einfach gegeben annehmen, weil es geschrieben steht oder weil irgendjemand die Deutungshoheit darüber besitzt. Er wird es erst selbst überprüfen und es mit seinem Licht der Vernunft oder mit seinem ihm innewohnenden Gewissen, auf jeden Fall mit seinem freien Denken und seiner Urteilskraft in Beziehung setzen und dann entscheiden, ob es für ihn oder sie eine nachvollziehbare Schlüssigkeit hat. Das gilt auch für religiöse Inhalte, und für sie ganz besonders. Im Falle der Handlungsoptionen muss dieser Schluss dann natürlich im Einklang stehen mit Recht und Gesetz, aufbauend auf einer einzigartigen Erkenntnis und Leistung des europäischen Geistes: der Autonomie des Subjekts.

Luthers Freiheitsbegriff ist ein rein religiöser Begriff, und er hat so gut wie nichts mit unserem heutigen Freiheitsverständnis zu tun, welche Differenzierungen wir dafür auch immer anlegen wollen. Er skizziert ein Erlösungsgeschehen und eine freiwillige Dienstbarkeit, eine Freiheit *im* Glauben, aber niemals eine Freiheit in sich selbst, Ausdruck von Autonomie, Selbstverwirklichung, unendlichen Handlungsspielräumen, Bindungslosigkeit oder gar Beliebigkeit, sondern im Sein und Handeln immer gebunden an Gott. Da unser heutiges Freiheitsverständnis sehr stark mit dem Individualismus verbunden ist, der sich als Konsequenz aus den Strömungen und aus dem Menschenbild der Aufklärung entwickelte, können wir Luthers Freiheitsbegriff bestenfalls als ethisches Korrektiv annehmen, wie überhaupt das Thema der Freiheit in der Bindung eine eher gesellschaftsrelevante Debatte ist – ausgehend von der Voraussetzung, das Kollektiv respektive das politisch-gesellschaftliche System lässt dem Einzelnen grundsätzlich genügend Freiraum zu seiner Entfaltung.

Ob er nun den Individualismus in unserer heutigen Form befürworten würde oder nicht (die Antwort ist klar): Es gab sicher wenige Zeitgenossen, die so selbstbewusst wie Luther *Ich* sagten. Größte Folgewirkung dieser Bekundung ist die bereits skizzierte und von Luther auch gewollte Gewissensbefreiung. Die Befreiung des Gewissens von päpstlichen Weisungen und kanonischem Recht hatte aber auch eine ungleich stärkere Selbstbesinnung mit hohem moralischem Anspruch zur Folge, da der protestantische Christ quasi alles mit sich selbst und seiner Innenwelt aushandeln musste und keine Instanz von außen hatte, die ihm da etwas abnahm. Alles Mögliche ging in der Folge aus dieser neuen Selbstgewissheit hervor: die Bekenntnisliteratur, autobiografisches Schrifttum, Pietismus und Puritanismus, überbordende Selbstrechtfertigung und schonungslose Introspektion (teilweise wohl anstelle der Beichte). Man könnte mit einigem Recht sagen, dass selbst die moderne Psychologie und die Psychoanalyse Folgen dieser Entwicklungen sind. Das Ich im Spiegel der Welt. In der Literatur etwa hatte und hat das mitunter durchaus eine narzisstische Note. Was das Ethos betrifft, so hat Immanuel Kant einen schönen Ausdruck dafür gefunden, und dieser vermochte und vermag bis heute auch Nicht-Protestanten außerordentlich zu faszinieren. Kant sprach vom „gestirnten Himmel über mir und dem moralischen Gesetz in mir". Damit verbunden war aber vor allem in späteren, demokratischen Zeiten zunehmend der Anspruch, dass dieses Ethos und eben entsprechend die Kantische Handlungsmaxime an den realen Verhältnissen der Außenwelt gemessen werden muss. Viele bürgerliche Protestbewegungen des 20. Jahrhunderts hatten in Deutschland einen nicht unmaßgeblichen protestantischen Hintergrund. In seiner Studie über die 68er-Bewegung verweist Götz Aly auch auf den überproportionalen Anteil Angehöriger aus protestantischen Milieus in den linksradikalen Studentenverbindungen.* Etwas anmaßend und schulmeisterlich erscheinen manchem Außenstehenden die heutigen vermeintlichen Varianten und Verkörperungen der protestantischen Ethik. So werden die Deutschen im europäischen Ausland, aktuell im Zusammenhang mit den Auseinandersetzungen innerhalb der Europäischen Union, und zwar speziell bei den extrem abweichenden Einstellungen bei Finanz- und Fiskalfragen in einem wahrnehmbaren Gefälle von Norden und Süden, als prinzipieneifernde Protestanten wahrgenommen, was ja schon rein konfessionell gesamtgesellschaftlich so nicht stimmt. Die Wahrnehmung ist aber bezeichnend genug.

Was das Arbeitsethos in der modernen Leistungsgesellschaft betrifft (Stichwort: „innerweltliche Askese" und die Theorien des Soziologen Max Weber), so ist es im Rückblick allerdings nicht klar zu beantworten, inwieweit die in der Tat ökonomisch äußerst er-

---

* Götz Aly: Unser Kampf 1968, S. 82: „Als ich im Spätherbst 1968 nach Berlin zog, sah das Soziogramm linksradikaler Studenten gemäß einer vom Senat in Auftrag gegebenen Studie folgendermaßen aus und traf auf mich in jedem Punkt zu: Sie waren zu 90 Prozent protestantisch oder konfessionslos ..."

folgreiche Entwicklung der westlichen Länder tatsächlich auf den Protestantismus im engeren Sinne zurückgeht. Luther hat die Berufsarbeit aufgewertet, so viel steht fest. Jeder Christ sollte in dem Tätigkeitsfeld, das er nun einmal für sich erwählt oder das sich für ihn ergeben hatte aus seinen persönlichen Lebensumständen, seinen weltlichen Dienst tun, und dieser Dienst war aber um nichts geringer oder weniger achtbar als der Dienst eines Priesters oder eines Bischofs, da ja alle Christen geweihte Priester und Bischöfe sind – wie Luther in der Adelsschrift schreibt: „Ein Schuster, ein Schmied, ein Bauer, ein jeglicher hat seines Handwerks Amt und Würde, und dennoch sind sie alle gleich geweihte Priester und Bischöfe, und ein jeglicher soll mit seinem Amt oder Werk den andern nützlich und dienstlich sein, auf daß so vielerlei Werke alle auf eine Gemeinde gerichtet seien, Leib und Seele zu fördern, gleichwie die Gliedmaße des Körpers alle eins dem andern dienen." Dazu muss aber dann auch gesagt werden, dass Luther die Menschen nicht zu großen Unternehmungen aufrief, um über sich selbst hinauszuwachsen und ihren bescheidenen Kreis zu erweitern, wie es ein voranschreitendes humanistisches Menschenbild mit einer innewohnenden Fortschrittsvision imaginierte. Im Gegenteil. Er bediente das traditionelle demütig-bescheidene, selbstgenügsame und unterwürfige christliche Menschenbild, indem er die Menschen ermahnte, an dem Platz zu bleiben, an den Gott sie gestellt habe und über diesen grundsätzlich nicht hinausstreben zu wollen. Die „innerweltliche Askese" beziehungsweise die spezifisch protestantische Leistungsethik, von der immer gesprochen wird, bezieht der Soziologe Max Weber eigentlich in seinem Erklärungsmuster auf den Genfer Calvinismus, aber der hatte sich ja nun wirklich nicht überall durchgesetzt. Demnach wäre, so Weber, in der weltbezogenen Auslegung der calvinistischen Lehre die göttliche Gnadenwahl unter anderem am finanziellen Erfolg zu erkennen, was die aufstrebenden Bürgerschichten zu ungeahnten Arbeits- und Produktionsschüben mobilisierte, weil sie unbedingt wissen wollten, ob sie erwählt waren. Aber stimmt das auch? Mentalitätsgeschichtlich hat der Protestantismus und das sich mit ihm stark identifizierende Bürgertum definitiv eine kulturelle Wende gebracht. Da wurden

dann auch bürgerliche Tugenden wie Fleiß, Sparsamkeit und Ge-
nügsamkeit – der sprichwörtlichen aristokratischen und, wie man
weiß, auch altgläubig-klerikalen Verschwendungssucht diametral
entgegengesetzt – Teil einer innerhalb gewisser Grenzen durchaus
erfolgversprechenden Arbeitsmoral, die einen bescheidenen Aufstieg verbürgte, wenn man es nur einigermaßen geschickt anpackte.
Vieles am ökonomischen Aufstieg des Westens geht wesentlich auf
den okzidentalen Rationalismus zurück, aber dieser hat sich mit der
protestantischen Ethik überaus wirksam verbunden. Die Republik
Venedig war aber zum Beispiel fast tausend Jahre lang eine bedeutende See- und Wirtschaftsmacht, und hier hat sich der Protestantismus nie ausgebreitet. Um einem Zeitzeugen das Wort zu geben,
und zwar ziemlich genau in der Mitte zwischen der Lutherzeit und
unserer Zeit, so ist es vielleicht ganz erhellend, welche Erfahrungen
der illustre Marquis de Talleyrand, eine der schillerndsten Figuren
im französischen Ancien Régime, aber auch in den diversen Phasen
der Revolutionsära bis zu Napoleon und danach bis zur Restau-
ration der Bourbonen, bei seinem Aufenthalt in Nordamerika
zwischen 1794 und 1796 machte. Er fand alles höchst freudlos im
Lande der Quäker und Methodisten, und er war der Auffassung,
dass die Nachkommen der *pilgrim-fathers* der Mayflower absolut
gar nichts vom üppigen oder auch nur auf einfache Weise genuss-
reichen Leben verstünden. Dagegen veranstalteten sie einen ihm
höchst merkwürdig anmutenden Kult um das Geld – aber nicht, um
dem schönen Leben zu frönen, wie er es kannte aus Frankreich,
sondern um es zu mehren, das Geld. Es schien schlicht ein Selbstzweck zu sein. Dieses puritanische Land, urteilte er, machte sich
nicht die geringste Mühe, den Nutzen verschleiern zu wollen, unter
dem alles stehe. Es war ein kalt berechnender und leidenschafts-
freier Utilitarismus, der Talleyrand höchst befremdlich erschien.
Mit seinen zumindest halb-kriminellen Geldspekulationen hatte
der käufliche Ex-Bischof in Amerika keine Probleme, wohl aber mit
seinem ausschweifenden Liebesleben, das man aufs Äußerste moralisch verwarf. Das war ein säkularer Protestantismus, der den Franzosen förmlich das Fürchten lehrte. Also, in der Neuen Welt wollte
er jedenfalls sicher nicht bleiben.

Dass Luther den Säkularismus befördert habe durch seine Zwei-Reiche-Lehre, wird seit den 1920er-Jahren immer wieder betont. Dazu ist zu sagen, dass der Begriff selbst bei Luther nicht vorkommt. Er wurde entwickelt in der protestantischen Theologie der Zwischenkriegsjahre, um den Dualismus von Kirche und Staat einschließlich seiner unterschiedlichen Herrschaftsbereiche aus Luthers Lehre herauszuarbeiten. Abgesehen davon, dass die Übertragungen hier gewagt sind, wenn man Luthers gelegentliche und meist situationsbezogene Aussagen zu Fragen der kirchlichen und weltlichen Machtkompetenzen innerhalb der Gegebenheiten seiner Epoche auf die moderne Staatenwelt samt verfassungsrechtlich geregelter Gewaltenteilung bezieht, ist das Problem schon komplex genug, wenn man es nur im Rahmen der Diskussionen in der Historie ansieht, als sich die Voraussetzungen für diese Debatten ja eigentlich erst formierten. Luther war Theologe und Seelsorger. Seine gelegentlichen Aussagen zu derartigen politischen Fragestellungen waren häufig den Ereignissen geschuldet (Bauernaufstände, Türkenkriege ...), weil man von ihm entsprechende Stellungnahmen kraft seiner Autorität als Reformator erwartete, und da hat er eben auch häufig einfach improvisiert. Ihm eine ausgearbeitete politische Theorie zu unterstellen, wäre wohl sicher unangemessen. Wichtig ist, dass er sich aber auch hier zunächst auf den Kirchenvater Augustinus berief. Dieser unterscheidet zwischen einer *civitas terrena* und einer *civitas caelestis*, einem Weltstaat und einem Gottesstaat. Der Gottesstaat ist der dereinst noch zu erreichende Endzustand am Ende der Zeiten nach einem Prozess der christlichen Vollendungsbewegung. Der Weltstaat, eine Art Herrschaftsprovisorium vor dem vollendeten Gottesstaat, der aber den anderen einst nicht mehr notwendig macht, ist ein nützlicher Zusammenschluss unter dem Dach von Gesetzen, welcher unter anderem die Funktion hat, den Frieden zu sichern. Der Kirchenvater, dessen Hauptwerk „De Civitate Dei" („Über den Gottesstaat") zwischen 413 und 426/27 nach Christus entstand, bezog sich da natürlich in seiner Epoche beim Weltstaat auf das spätrömische Reich – dekadent genug in seinen Augen, ein Teufelsstaat, geprägt von Vielgötterei, Sündhaftigkeit und Verfall, aber immerhin doch strukturiert, Stabilität und Sicherheit gebend und von der *Pax Romana* getragen. Luther greift das auf, und er bezieht diese beiden Modelle unmittelbar auf seine theologische Rechtfertigungslehre. Demnach ist der einzelne Christ, der durch seinen Glauben schon die göttliche Gerechtigkeit besitzt, dazu angehalten, sich der Obrigkeit durch Schwert- und Predigtamt freiwillig zu unterwerfen – wie er sich ja auch dem göttlichen Gesetz freiwillig unterwirft. Das weltliche Regiment, also der Weltstaat nach Augustinus, so provisorisch und mangelhaft er auch sein mag im eigentlich inkompatiblen Vergleich mit dem vollkommenen Reich Gottes, garantiert aber doch die weltliche Ordnung, und in diesem Sinne hat der christliche Mensch ihm auch Folge zu leisten. Luther bekundete das in seiner Schrift „Von weltlicher Obrigkeit, wie weit man ihr Gehorsam schuldig sei" 1523 sowie zwei Jahre später in seinem Aufruf gegen die „mordischen und reubischen" Bauern. Von einer eindeutigen Trennung der Sphären in einen weltlichen und einen geistlichen Teil oder gar eine Gewaltenteilung kann da keine Rede sein. „Schwert- und Predigtamt" sind zum Beispiel beim Landesfürsten, den Luther ja infolge des Machtvakuums nach der Lösung von Rom deutlich aufgewertet, nur insoweit getrennt, als die seelsorgerische und die theologische Arbeit, indem dieser in erster Linie das Evangelium verkündet, natürlich beim Priester oder gegebenenfalls bei den Bischöfen liegt, während der weltliche Herr in erster Linie die weltliche Ordnung verteidigt. Er hat dennoch im Zuge von Luthers Reformation einen Machtausbau erfahren, der eben auch in den geistlichen und in den kirchlichen Bereich hineinreicht, insofern er den (rechten) Glauben bewahrt und beschützt. Der Titel „Verteidiger des Glaubens" für einen deutschen Landesfürsten, der sich zur Reformation bekennt, ist daher im Luther'schen Sinne in der neuen irdisch-geistlichen Weltordnung so abwegig nicht. Was Luther einfordert, ist keine Gewaltenteilung, sondern das Eingeständnis, dass das geistliche Reich, also das Gottesreich, das sich vielleicht einmal in unbestimmten Zeiten verwirklichen wird, in der gegenwärtigen, unvollendeten Zeit überhaupt keinen irdischen Machtbereich hat, kein „Reich" und kein „Regiment", um diese Differenzierung in einen räumlich gedachten Herrschaftsbereich und in eine tatsächliche Machtausübung an dieser Stelle auch anzuführen. Das ist ausschließlich Gottes Reich und Regiment, und auch die Priester und Bischöfe sind einzig und allein dazu ausersehen, Gottes Wort zu predigen. Ihnen obliegt keinerlei Gewalt, auch und besonders nicht über die Seelen, denn erzwungen werden kann der rechte Glaube ohnehin nicht, und daher darf sich auch keine Gewalt auf Erden vermessen, so Luther, „der Seele Gesetze zu geben". Das eben kritisiert er an der bisherigen Praxis, dass Papst und Bischöfe weltliche Herren geworden seien und sowohl weltliche als auch geistliche Herren, „Junker, Fürsten und Bischöfe", die Menschen mit Gesetzen und Geboten gezwungen hätten, „so oder so zu glauben" – und das muss aufhören. Es ist selbstverständlich eine moderne Setzung, zu sagen: Seele, Gewissen und Glauben sind frei, frei von jeglicher Bevormundung durch Machthaber jeglicher Art. Es heißt aber eben bei Luther nicht: Jeder kann glauben, was er will, und die Außenwelt, auch die Obrigkeit, hat das zu akzeptieren. Luther hatte eine sehr enge Vorstellung vom „rechten Glauben": Im Grunde war es das Luthertum, der christliche Glaube in der durch ihn reformierten, also wieder an seine evangelischen Ursprünge zurückgeführten Form. Diesen zu etablieren, zu fördern und zu schützen war unter anderem auch Aufgabe des (weltlichen) Landesherren, und ebenso war es Aufgabe des weltlichen Landesherrn, die Ketzerei zu bekämpfen – allerdings nicht mit dem Schwert wie auch mit keiner sonstigen Form von Gewalt, sondern durch Unterweisung; wie man sich vorstellen kann, wohl auch, indem er die richtigen Leute mit den entsprechenden Kirchenstellen betraute: mit *seinen*, mit Luthers Leuten. Seiner paulinischen und augustinischen Trennung vom leiblichen und geistlichen Menschen gemäß hat aber das weltliche Regiment nur Macht und Gewalt über den äußeren und nicht über den inneren Menschen. Dieser gehört nur Gott, und für diesen gibt es keinen regierenden Stellvertreter auf Erden. Der weltliche Herrscher, also der Staat, den Luther sich vorstellte und dem der christliche Untertan zu Gehorsam und Treue verpflichtet ist, ist aber alles andere als neutral oder gar laizistisch, sondern er hält seine schützende Hand über die Kirche in Luthers erneuerter Form, auf ähnliche Weise, wie seine sächsisch-kurfürstlichen Landesfürsten dies taten. Fried-

rich der Weise ist, wie wir wissen, nicht zum Luthertum über-
getreten; von daher kam er dieser Vorstellung eines weltlichen
Herrschers, der die religiöse Neutralität des Staates verkörpert, recht
nahe. Aber so war es von Luther eigentlich nicht gedacht, und so
war es in den Ländern der sich etablierenden evangelischen Landes-
kirchen auch nicht die Regel. Da galt fortan der Spruch: „Cujus regio,
ejus religio."

Langfristig gesehen, hat diese Entwicklung den schon bestehenden Föderalismus und auch den Pluralismus späterer Zeiten in
Deutschland gefördert, denn in diesem bunten Flickenteppich des
Heiligen Römischen Reichs Deutscher Nation existierten fortan die
beiden Konfessionen dicht auf dicht nebeneinander, und das wurde
irgendwann auch zur Normalität. Es erleichterte vielleicht sogar
den spätmodernen Multikulturalismus (in seiner funktionierenden
Form). Was verloren ging, war der Traum von der Universalmonar-
chie, den Kaiser Karl selbst zu Grabe tragen musste, als er, alt, amts-
müde und resigniert, abgedankt, sein kaiserliches Amt an seinen
Nachfolger übergeben und sich zur Vorbereitung aufs ewige Leben
in sein Kloster Yuste zurückgezogen hatte. In seiner Abdankungs-
erklärung schrieb er: „Große Hoffnung hatte ich – nur wenige haben
sich erfüllt, und nur wenige bleiben mir: und um den Preis welcher
Mühen!", und die sich weiterhin ausbreitende Lutherei hatte wahrscheinlich nicht den geringsten Anteil an seinen zu Grabe getragenen Träumen. Der Reichsmythos blieb allerdings den Deutschen
erhalten, und er hat noch einmal sehr ungesunde Blüten getrieben.
Auch hat Luther, dessen Träume von einer evangelischen Universalkirche sich ja auch nicht erfüllt haben, denn er müsste heute zum
Beispiel feststellen, dass es die römische Papstkirche immer noch
gibt (wenn auch mit durchaus vertrauenswürdigeren Repräsentanten), indirekt neue Polaritäten und Antagonismen initiiert oder
wiederbelebt, zum Beispiel den zwischen „Germanen und Römern",
eine wiederbelebte Geschichtsschreibung wie unter Tacitus. In seiner Kampfschrift „An den christlichen Adel deutscher Nation" bedient Luther permanent das Bild von den tückischen „Romanisten",
die den aufrechten, wackeren Deutschen das Geld aus der Tasche
ziehen, während sie mit ihrer falschen Macht durch die Papstkirche

ohnehin ihre Seelen korrumpieren. Das hat später den deutschen Nationalisten als Folie gedient; die „Romanisten" waren dann eben nicht mehr die Vertreter der römischen Papstkirche, sondern aktualisiert die Franzosen. Auch hier übrigens, in der Adelsschrift, weist Luther wieder dezidiert darauf hin, dass man sich hüten solle, auf die „eigene Macht und Vernunft" zu vertrauen. „Gott kann und will's nicht dulden." Luthers Frömmigkeit und sein Bild von der Gotteskindschaft ist dem neuzeitlichen Geist, der Europa beflügelt hat, mit seinem Vertrauen auf die ganze Fülle und Vielfalt der menschlichen Kräfte, eigentlich diametral entgegengesetzt. Er kultivierte das Bild vom immer gefährdeten Menschen, der alles auf Gott setzt, aber sehr wenig Zutrauen in die eigenen Seelenkräfte besitzt, die ja für sich genommen nichts wert sind. Etwas von seiner Ängstlichkeit, seiner Beklommenheit, die ihn zum Klostereintritt veranlasste, ist ihm wohl immer geblieben, und da ist der Kraft- und Brachialmensch, als der er oft auftrat, wahrscheinlich auch eine Überkompensation. Aber Luther hat auch viel Fröhlichkeit vermittelt, Fröhlichkeit und Frohsinn im Glauben, zum Beispiel auch durch die Musik, die ja seiner Meinung nach den Teufel vertreibt, also die *melencholia,* und die eine so wichtige Rolle spielt im Gemeindeleben der evangelischen Kirche. Er selbst hat unsterbliche Lieder komponiert, die überall auf der Welt noch heute gespielt und gesungen werden.

Man wird Luther kaum vorwerfen können, dass er kein Feminist war. Das Patriarchat wurde durch die Reformation noch verfestigt, unter anderem durch die bürgerliche Rolle des Hausvaters, die in der Stufenfolge von Gott über den Landesvater eine Art dritte Gewalt im Staate und dessen Abbild *en miniature* wurde, als die bürgerlichen Tugenden zu allgemeinem Ansehen gelangten. Auch wurden durch die Klosterauflösungen die wenigen Möglichkeiten, die es für Frauen gab, um außerhalb der Familien einer eigenständigen Tätigkeit nachgehen und innerhalb der Hierarchie des Klosters auch eine gewisse Karriere machen zu können, eliminiert. Die Gründung von Mädchenschulen im Zuge der flächendeckenden Reformierung des Schulwesens schuf aber dann Bildungsmöglichkeiten für Frauen an anderer Stelle. Luther hatte eine äußerst resolute und persönlichkeitsstarke Ehefrau, die ihm der lebende Beweis dafür war, dass Frauen die ganze Dimension der äußeren und praktischen Lebensgestaltung bis in den ökonomischen und juristischen Bereich hinein erheblich besser bewältigen konnten als Männer. Er überließ quasi alles in Haus und Garten, bei Grundstücks- und Hauskäufen, im Bereich Wirtschaft und Personal, Rechtsfragen, Organisation und Diplomatie seinem „Herrn Käthe", und er ließ keinen Zweifel daran, dass er sehr hilflos gewesen wäre ohne Katharinas tüchtige und durchsetzungsfähige Hausvaterrolle. Luther war ein begeisterter Vater, und er konnte auch Säuglinge wickeln. Seiner Meinung nach gehörten Dinge wie diese zur Vaterschaft dazu, und sie waren geeignet, eine enge Beziehung des Vaters zu seinem Kind herzustellen. Was die Erziehungsmethoden betrifft, war er weniger achtsam und sanftmütig, sondern traditionell autoritär. Die Tatsache, dass um beinahe jeden Preis die Ordnung gewahrt bleiben musste, bezog er nicht nur auf Staatswesen und auf die Handlungsmaximen der weltlichen Obrigkeit. Dass nach ihm eine ganze Epoche der Glaubenskriege ausbrach und dass ein Dreißigjähriger Krieg Europa auf grausamste Weise heimsuchte und dezimierte, gehört zum Schicksal der Menschen, die Dinge verändern und deren Veränderungen die Welt zunächst erschüttern und dann eventuell auch zerreißen. Luther hätte es vermutlich als einen Gegenangriff des Antichristen gedeutet, und wo der Teufel im Spiel war, da ließ sich nicht menschlich agieren und argumentieren.

Angesichts des Reformationsjubiläumsjahres 1817 outete sich Geheimrat Goethe in Weimar als Multikulturalist, indem er eine Gedenkfeier für alle abhalten wollte, nicht nur für Protestanten und sogar nicht einmal nur für alle Christen im Lande. Beschränkte man diese Gedenkfeier auf die lutherische Reformation, so Goethe, der formal Protestant war, wie viele Dichterkollegen zumindest der klassischen Zeit aber weit öfter und offenbar auch weit lieber von den griechischen Göttern sprach als von Gott, und der sich manchmal sogar auch als „alten Heiden" bezeichnete, so riskiere man, weiteren Zwiespalt und Unfrieden im Lande zu schaffen, als es ja ohnehin bereits gab, und die Glaubenskämpfe der Vergangenheit würden zumindest wieder vor Augen gehalten.

Er schlug vor, den Jahrestag der Völkerschlacht bei Leipzig am 18. Oktober 1813, der sich 1818 zum fünften Mal jährte, mit dem Revolutionsjubiläum zusammenzulegen, denn erstens könnten sich damit viel mehr Menschen in Deutschland identifizieren, und zweitens sei er „ein Fest der reinsten Humanität"; so jedenfalls Wolfgang Goethe. „Es wird von allen Glaubensgenossen gefeiert und ist in diesem Sinne noch mehr als Nationalfest: ein Fest der reinsten Humanität. Niemand fragt, von welcher Konfession der Mann des Landsturms sei, alle ziehen vereinigt zur Kirche und werden von demselben Gottesdienste erbaut, alle bilden einen Kreis um's Feuer und werden von einer Flamme erleuchtet. Alle erheben den Geist, an jenen Tag gedenkend, der seine Glorie nicht etwa nur Christen, sondern auch Juden, Mahometanern und Heiden zu danken hat. Man denke sich nun den Geist von diesem großen Weltfeste zurück auf ein speziales Kirchenfest gelenkt, an welchem ein reines Gemüt oft keine vollkommenere Freude haben kann, weil man an Zwiespalt und Unfrieden, ein ungeheures Unglück einiger Jahrhunderte erinnert wird, ja was noch schlimmer ist, daß er sich sagen muß, daß er sich von denjenigen, mit denen er sich vor vierzehn Tagen auf's innigste und kräftigste verbunden gefühlt, trennen und sie durch diese Trennung kränken muß. Und gerade die Freude einer liebevollen Eintracht wird man hier mehr vermissen als die Feuerfackeln und Erleuchtungen aller Art, welche freilich leicht zu wiederholen sind. Kein protestantischer Staat, in welchem nicht bedeutende Katholiken sind, diese werden sich in ihre Häuser verschließen, so wie umgekehrt in katholischen Staaten der geringeren Anzahl von Protestanten nur in aller Stille ihr Fest zu feiern vergönnt sein würde." Dann doch lieber ein großes Weltfest für alle, eingedenk der großen Befreiungsschlacht, bei der die verbündeten Heere der Österreicher, Preußen, Russen und Schweden den von Goethe immerhin verehrten Napoleon Bonaparte besiegten, wonach es mit der napoleonischen Fremdherrschaft in Europa vorbei war. Das „Fest der reinsten Humanität" forderte aber eine nahezu sechsstellige Zahl von Soldatenopfern und galt bis zu den großen Kriegen des 20. Jahrhunderts als die größte Schlacht aller Zeiten.

Damit 2017 alle das Lutherjahr feiern können: Protestanten und Katholiken, Muslime, Buddhisten und Neuapostoliker, Agnostiker, Atheisten und Transgläubige, Esoteriker, Pantheisten und Anthroposophen, Druiden, Veganer und Zoroastristen, sei einfach an die Persönlichkeit Martin Luthers erinnert, an einen Mann, der als Individuum eine große Macht in die Schranken wies, einen Mutigen, der mit seinem Glauben, Gewissen und Denken so vieles anstieß, was am Ende Europa ausmachte und weit nach vorne brachte. Zwar tat er das weitgehend unfreiwillig, da die Folgen nicht das waren, was er gewollt hätte, aber was tut es ... Den Mann des Landsturms hat ja auch niemand nach seinem Sinnen und Trachten gefragt, als er Fakten setzte, zusammen mit Zigtausend anderen. Goethe war übrigens auch dieser Meinung – dass es Luthers Persönlichkeit ist, die gefeiert wird, und nicht der andere „Quark". An Karl Ludwig von Knebel schrieb Goethe am 22. August 1817, also mitten im Reformationsjubiläumsjahr, das *nicht* zusammengelegt wurde mit dem Jahrestag der Befreiungsschlacht von der Herrschaft Napoleons: „Pfaffen und Schulleute quälen unendlich, die Reformation soll durch hunderterlei Schriften verherrlicht werden; Maler und Kupferstecher gewinnen auch was dabei. Ich fürchte nur, durch alle diese Bemühungen kommt die Sache so in's Klare, daß die Figuren ihren poetischen, mythologischen Anstrich verlieren. Denn, unter uns gesagt, ist an der ganzen Sache <der Reformation> nichts interessant als Luthers Charakter und es ist auch das Einzige, was der Menge eigentlich imponiert. Alles übrige ist ein verworrener Quark, wie er uns noch täglich zur Last fällt ..."

# Anhang

# Zeittafel

| | Luther | Heinrich VIII. |
|---|---|---|
| 1483 | *10. Nov.:* Geburt Martin Luthers als Sohn des Bergmanns und Mineneigners Hans Luder und seiner Frau Margarethe, geb. Lindemann, in Eisleben, Grafschaft Mansfeld. Einen Tag nach seiner Geburt, am St. Martinstag, 11. November, wurde er auf den Namen des heiligen Martin in der Eislebener St.-Petri-Pauli-Kirche getauft | |
| 1484 | Übersiedlung der Familie nach Mansfeld | |
| 1488 | Eintritt Martin Luthers in die Lateinschule in Mansfeld | |
| 1492 | | *28. Juni:* Henry als zweiter Sohn und als drittes Kind des englischen Königs Heinrich VII. und der Elizabeth of York in Greenwich bei London geboren |
| 1498 | Eintritt in die Pfarrschule St. Georg in Eisenach | |
| 1501 | *Mai:* Immatrikulation an der Erfurter Universität: Obligatorisches Studium der sieben freien Künste mit Abschluss Magister Artium (1505) | Kronprinz Arthur heiratet in London Katharina von Aragón |
| 1502 | | Der erst 15-jährige Prinz Arthur stirbt am 2. April |

| | Luther | Heinrich VIII. |
|---|---|---|
| 1503 | | Henry wird Prince of Wales |
| 1505 | *Mai:* Beginn des Studiums der Rechte | Erasmus von Rotterdam in England |
| | *2. Juli:* Auf dem Rückweg von Mansfeld nach Erfurt bei Stotternheim „Gewittererlebnis" und aus Todesangst Versprechen, ins Kloster zu gehen | |
| | *17. Juli:* Eintritt ins Augustiner- kloster in Erfurt | |
| 1506 | Mönchsgelübde | Erasmus von Rotterdam wiederum in England |
| | Glaubenskrise und innere Kämpfe | |
| 1507 | *3. April:* Priesterweihe | |
| | Aufnahme des Studiums der Theologiegeschichte | |
| | Väterliche Freundschafts- beziehung zum Generalvikar des Ordens Johannes von Staupitz | |
| 1508 | Berufung an die neu gegründete Wittenberger Universität. Vertretung einer Professur für Moraltheologie | |
| 1509 | Rückkehr nach Erfurt Vorlesungen in Dogmatik | *21. April:* Heinrich VII. stirbt |
| | | *11. Juni:* Der noch nicht 18-jährige Henry heiratet die 24-jährige Katharina von Aragón. Zwei Wochen später wird er mit Katharina feierlich als Hein- rich VIII. in London gekrönt |
| | | Erasmus erneut in England |
| | | „Das Lob der Torheit" entsteht (Publikation 1511 in Paris) |

| | Luther | Heinrich VIII. |
|---|---|---|
| 1510 | *Nov.:* Reise nach Rom in Ordens-angelegenheiten | Henrys Sohn Henry wird am 1. Januar geboren, stirbt aber im März |
| | | *Nov.:* Gründung der „Heiligen Liga" in erweiterter Form: England, Spanien, Venedig und Kaiser Maximilian im Bund mit dem Papst gegen Frankreich und seine Italienpolitik |
| 1511 | Übernahme des Theologie-Lehr-stuhls in Wittenberg, den bisher Staupitz innehatte | |
| | Subprior am Wittenberger Augustinerkloster | |
| 1512 | *19. Okt.:* Promotion in Theologie | Beginn des Aufstiegs von Kardi-nal Wolsey |
| | | *April – Nov.:* Im Bund mit Ferdi-nand von Aragón, Heinrichs Schwiegervater, spanische Feld-züge, die unheilvoll enden |
| | | Beginn von Henrys Vertrauens-verlust gegenüber seinem Schwiegervater und Habsburg-Spanien |
| 1513 | *Frühjahr:* Luthers „Turmerlebnis": Entdeckung einer Stelle im Römerbrief, die den Durchbruch zu Luthers *sola fide*-Lehre brachte | Henry realisiert seine franzö-sischen Invasionspläne |
| | | *21. Aug.:* Einnahme der Stadt Thérouanne durch die Engländer |
| | | *9. Sept.:* Sieg englischer Truppen über die Schotten bei Flodden |
| | | James IV. von Schottland fällt |
| | | Giovanni de Medici besteigt als Papst Leo X. den Heiligen Stuhl |
| 1514 | | *Juli:* Henry unterzeichnet einen Friedensvertrag mit dem fran-zösischen König Louis XII. |

| Luther | Heinrich VIII. |
|---|---|
| 1515 | *Sept.:* Wolsey wird Kardinal und englischer Lordkanzler |
| | Henry unterstützt Kaiser Maximilian I. in seinem Kampf gegen Frankreich um den Besitz der italienischen Halbinsel |
| 1516 | *18. Febr.:* Henrys Tochter Mary wird geboren, sein einziges überlebendes Kind aus seiner Ehe mit Katharina von Aragón |
| | Die „Utopia" des Thomas Morus erscheint |
| | Zeitgleich erscheint das Neue Testament des Erasmus von Rotterdam in griechischer Sprache |
| 1517 | *31. Okt.:* Luthers 95 Thesen in lateinischer Sprache |
| | Briefe an den Erzbischof von Mainz und an den Bischof von Magdeburg gegen die Ablasspraktiken Johannes Tetzels |
| 1518 | Luther von Kardinal Cajetan in Augsburg verhört |
| | Verweigerung des Widerrufs |
| | *Okt.:* Abschluss eines europäischen Friedensabkommens („Vertrag von London") zwischen England, Frankreich, Spanien und dem Kaiser, von Wolsey ausgehandelt |
| | Papst Leo X. ernennt Wolsey zum Päpstlichen Legaten mit sehr weitreichenden Vollmachten und einem Jahresgehalt von 7500 Dukaten |
| 1519 | *Juli:* Disputation zwischen Luther und Johannes Eck in Leipzig |
| | Kaiser Maximilian stirbt |
| | Nachfolger wird der junge Karl, König von Spanien, ein Habsburger, der als Karl V. Kaiser des Heiligen Römischen Reiches und Erbe eines Riesenreiches wird |

| | Luther | Heinrich VIII. |
|---|---|---|
| 1520 | Luthers reformatorische Hauptschriften:<br>„An den christlichen Adel deutscher Nation"<br>„Über die babylonische Gefangenschaft der Kirche"<br>„Von der Freiheit eines Christenmenschen"<br><br>*Dez.:* Luther verbrennt die Bannandrohungsbulle des Papstes in Wittenberg | Mehrere Gipfeltreffen zwischen Henry und Kaiser Karl V.<br><br>Im Juni findet das legendäre Gipfeltreffen zwischen Henry und dem französischen König auf dem „Güldenen Feld" nahe Ardres statt. Ein prächtiges Schauspiel, aber der Frieden hält nicht |
| 1521 | *Jan.:* Päpstlicher Bann<br>*17./18. April:* Luther vor dem Reichstag in Worms<br>Verweigerung des Widerrufs<br>*ab 9. Mai:* Luther als „Junker Jörg" auf der Wartburg bei Eisenach<br>*Dez.:* Beginn der Übersetzung des Neuen Testaments ins Deutsche | Hinrichtung des Herzogs von Buckingham, der sich u. a. unziemlich über die königliche Nachfolgefrage geäußert hat<br><br>Henry verfasst im Frühjahr und Frühsommer seine „Assertio Septem Sacramentorum" gegen Martin Luther. Vom Heiligen Vater erhält er dafür den Ehrentitel „Defensor Fidei" („Verteidiger des Glaubens")<br><br>Zahlreiche Schriften und Gegenschriften auf beiden Seiten |
| 1522 | *März:* Luther zurück in Wittenberg | |
| 1523 | | Englische Invasionsarmeen in Nordfrankreich. Das englische Heer dringt bis 60 Meilen vor Paris vor<br><br>*Nov.:* Clemens VII., wieder ein Medici, wird Papst |
| 1524 | | Erasmus verfasst seine Schrift „Vom freien Willen", die gegen Luther argumentiert<br><br>Louise d'Angoulême, die französische Königinmutter und Regentin, sondiert Friedensgespräche mit Henry |

| | Luther | Heinrich VIII. |
|---|---|---|
| 1525 | Bauernkriege in süd- und mittel-deutschen Gegenden | Englisch-französischer Friedens-vertrag |
| | *Juni:* Niederschlagung der Auf-stände | *Zuvor:* Zerwürfnis mit Heinrichs Bündnispartner, Kaiser Karl V., der ihn, wie er meint, hinter-gangen hat |
| | *13. Juni:* Luthers Eheschließung mit Katharina von Bora | |
| | Beginn der Kirchenneuordnung in Sachsen mithilfe des neuen sächsischen Kurfürsten | Henry legitimiert seinen Bas-tardsohn Henry Fitzroy |
| | *Dez.:* „Über den unfreien Willen" | |
| 1527 | | *6. Mai:* „Sacco di Roma": Plünde-rung Roms durch die kaiserli-chen Truppen |
| | | *17. Mai:* In Wolseys Stadtpalast York Place leitet Henry in gehei-men Verhandlungen sein Schei-dungsverfahren gegen Katharina von Aragón ein |
| | | Henry hat zuvor biblische Beleg-stellen gesammelt, um seine ge-setzeswidrige Ehe mit der Frau seines Bruders zu dokumentie-ren |
| | | Etwa seit 1526 ist er leidenschaft-lich verliebt in Anne Boleyn |
| | | *Aug.:* Bündnisvertrag zwischen Frankreich und England („Frieden von Amiens") |
| 1528 | | Kardinal Campeggio in England, der im Scheidungsverfahren zwi-schen Heinrich und Katharina vermitteln soll |

| | Luther | Heinrich VIII. |
|---|---|---|
| 1529 | *April:* „Protestation" der evangelischen Reichsstände gegen die Aufhebung des Reichstagsbeschlusses von 1526 auf dem 2. Reichstag zu Speyer (daher der Name „Protestanten")<br><br>*1.–4. Okt.:* Marburger Religionsgespräch auf Einladung und Initiative des hessischen Landgrafen Philipp | *31. Mai:* Unter der Leitung Wolseys und Campeggios tritt das „Scheidungsgericht" im Blackfriars Konvent in London zusammen<br><br>Wolsey stürzt über das Scheidungsverfahren. Sein Nachfolger als Lordkanzler wird Thomas More |
| 1530 | Philipp Melanchthons „Confessio Augustana" wird auf dem Reichstag zu Augsburg vorgetragen<br><br>Ablehnung durch Kaiser Karl V. | In England wird eine Manuskriptkompilation zusammengetragen, die die unabhängige englische Staatskirche aus der traditionellen Rechtsprechung und der geschichtlichen Praxis beweisen soll<br><br>*29. Nov.:* Wolsey stirbt auf der Rückreise nach London eines natürlichen Todes |
| 1531 | *27. Febr.:* Gründung des „Schmalkaldischen Bundes", eines Verteidigungsbündnisses protestantischer Fürsten und Städte unter Führung Kursachsens und Hessens gegen die Politik des katholischen Kaisers | *Jan.:* Henry klagt die Geistlichkeit seines Landes des Praemunire an und verlangt hohe Bußgeldzahlungen<br><br>*11. Juli:* Henry trennt sich von Katharina von Aragón |
| 1532 | Nürnberger Religionsfriede | Thomas Cromwell, der ‚neue Mann' des Königs, veranlasst weitangelegte Untersuchungen unrechtmäßiger Ketzerprozesse und stellt die „Supplication against the Ordinaries" zusammen |

| Luther | Heinrich VIII. |
|--------|----------------|
| | Darauf aufbauend, reicht das Unterhaus eine Petition gegen den Klerus ein |
| | Oppositionelle Stimmen im Klerus, die die königliche Suprematie infrage stellen, werden mit königlichen Drohungen beantwortet |
| | *11. Mai:* Unterwerfung des englischen Klerus. Thomas More legt tags darauf sein Amt als Lordkanzler nieder |
| **1533** | Thomas Cranmer, zuletzt Henrys Botschafter, wird Erzbischof von Canterbury nach dem Tod William Warhams |
| | *23. Mai:* Thomas Cranmer erklärt Henrys Ehe mit Katharina von Aragón für ungültig |
| | *28. Mai:* Bestätigung der zwischenzeitlich heimlich geschlossenen Ehe Henrys mit Anne Boleyn |
| | *1. Juni:* Anne Boleyn wird zur Königin von England gekrönt |
| | *7. Sept.:* Henrys Tochter Elizabeth wird geboren |
| **1534** Luthers „ganze Heilige Schrift deutsch" erscheint | *März:* Henry erwirkt eine Sukzessionsakte. Fortan muss auch ein Eid auf die Thronfolge geleistet werden, wie auf den Supremat |
| | Thomas More und John Fisher, Bischof von Rochester, werden wegen Eidverweigerung verhaftet |
| | Verschärfung der Hochverratsgesetze durch Thomas Cromwell |

| Luther | Heinrich VIII. |
|---|---|
| 1535 | *29. April:* Grausame öffentliche Hinrichtungen von vier eidwiderständigen Karthäusermönchen und zwei Priestern |
| | Nahezu gleichzeitig (*Anfang Mai*) Ketzerverbrennungen: 23 niederländische Wiedertäufer werden in London verurteilt und den Flammen übergeben |
| | *22. Juni:* John Fisher wird hingerichtet |
| | *Juli:* Prozess gegen Thomas More |
| | *6. Juli:* Hinrichtung Thomas Mores |
| 1536   Wittenberger Konkordie | *Febr.:* Thomas Cromwell beginnt mit der Auflösung der Klöster |
| | *ab 30. April:* Prozess gegen Königin Anne Boleyn wegen Ehebruchs und Hochverrats |
| | *Mai:* Hinrichtung Anne Boleyns |
| | *20. Mai:* Henry heiratet Jane Seymour |
| | *Herbst:* Herausgabe und Verbreitung der ersten englischen Bibel in England, der Coverdale-Bibel |
| | Die progressiven Kräfte unter Henrys Theologen erstellen die „Zehn Glaubensartikel", die der Augsburgischen Konfession nahekommen. Henry wird diese aber später mit seinen konservativen Kräften nahezu vollständig eliminieren |
| | *Okt.:* „Gnadenwallfahrt" („Pilgrimage of Grace"), eine katholische Rebellion in den nördlichen Grafschaften |

| Luther | Heinrich VIII. |
|--------|----------------|
| 1537 | *Jan. bis Juli:* Niederschlagung der Aufstände und Hinrichtung ihrer Anführer |
| | *12. Okt.:* Henrys Sohn Edward wird geboren |
| | *24. Okt.:* Königin Jane stirbt am Kindbettfieber |
| 1538 | *Juni:* Der König von Frankreich und Kaiser Karl V. schließen Frieden |
| 1539 | *Jan.:* Der französische König und Kaiser Karl V. ziehen ihre diplomatischen Vertreter aus England zurück |
| | *April:* England rüstet auf und bereitet sich auf eine drohende Invasion vor |
| | *Juni:* Die „Sechs Glaubensartikel" erscheinen, eine von reformerischen Elementen fast gänzlich entkleidete Fassung |
| 1540 | *6. Jan.:* Henry heiratet (unwillig) Anna von Kleve |
| | Um der politischen Isolation zu entgehen, hat Henry sich von Thomas Cromwell zu Unionsverhandlungen mit dem Schmalkaldischen Bund überreden lassen, und so auch zu dieser Heirat mit der Schwester eines Fürsten vom Niederrhein |
| | *17. April:* Thomas Cromwell wird zum Grafen von Essex erhoben |
| | *9. Juli:* Annullierung von Henrys Ehe mit Anna von Kleve |

| Luther | Heinrich VIII. |
|---|---|
| | *28. Juli:* Thomas Cromwell wird wegen Ketzerei hingerichtet. Selbigen Tages heiratet Henry die 18-jährige Catherine Howard |
| | *30. Juli:* Drei protestantische Prediger, Robert Barnes, William Jerome und Thomas Garrett, werden hingerichtet, zusammen mit drei Papisten, die den Suprematseid verweigern |
| 1541 | *7. Nov.:* Anklage gegen Catherine Howard wegen Ehebruchs und Hochverrats |
| 1542 | *13. Febr.:* Catherine Howard wird hingerichtet |
| 1543 „Von den Juden und ihren Lügen" | *12. Juli:* Henry heiratet Catherine Parr |
| | „Gesetz zur Förderung der wahren Religion", mit dem die Bibellektüre in England auf bestimmte Kreise beschränkt wird |
| 1544 | *7. und 8. Mai:* Englische Truppen brennen Edinburgh nieder |
| | Henry bereitet im Bündnis mit Kaiser Karl V. einen letzten Invasionsversuch in Frankreich vor |
| | *Juli:* Beginn von Henrys Kriegszug in Frankreich |
| | *Sept.:* Einnahme von Boulogne. Karl V. schließt mittlerweile einen Separatfrieden mit Frankreich |
| | Rückkehr von Henrys Truppen |
| 1545 „Wider das Papsttum zu Rom, vom Teufel gestiftet" | *Sommer:* Drohende Invasion der Franzosen |
| Konzil zu Trient | *19. Juli:* Untergang der „Mary Rose" |
| Beginn der Gegenreformation | |

| Luther | Heinrich VIII. |
|---|---|
| 1546 *Jan.:* Luther beginnt seine letzte Reise von Wittenberg über Halle nach Eisleben zu Schlichtungsgesprächen der Reichsgrafenfamilie<br><br>*18. Febr.:* Luther stirbt in seiner Geburtsstadt Eisleben | *Juni:* England und Frankreich schließen einen Friedensvertrag („Frieden von Camp")<br><br>*16. Juli:* Verbrennung der Ketzerin Anne Askew und nahezu gleichzeitig drohendes Verfahren wegen Ketzerei gegen Königin Catherine<br><br>*12. Dez.:* Der Herzog von Norfolk und sein Sohn, Graf Surrey, werden wegen Hochverrats inhaftiert |
| 1547 | *19. Jan.:* Hinrichtung von Graf Surrey<br><br>*28. Jan.:* Henry stirbt in seinem 56. Lebensjahr |

# Literaturverzeichnis

Die Luther-Bibel zitiere ich nach einer Ausgabe der Württembergischen Bibelanstalt Stuttgart (Die Bibel oder die ganze Heilige Schrift des Alten und Neuen Testaments nach der deutschen Übersetzung von Martin Luther) von 1965.

Werkausgaben und Quellen

Erasmus von Rotterdam: Ausgewählte Schriften, Lateinisch und Deutsch, hrsg. v. Werner Welzig, WBG Darmstadt 1967 f.
Erasmus von Rotterdam: Briefe, hrsg. v. Walther Köhler, Bremen 1956
Erasmus von Rotterdam: Das Lob der Torheit (Encomium Moriae), hrsg. v. Anton J. Gail, Stuttgart 1992

Miscellaneous Writings of Henry the Eighth, King of England, France and Ireland, edited by Francis MacNamara, London 1924

Dr. Martin Luthers Werke, Kritische Gesamtausgabe/Weimarer Ausgabe, Weimar 1907
Dr. Martin Luthers sämtliche Schriften, hrsg. v. Joh. Georg Walch, Groß Oesingen 1986. Nachdruck d. 2., überarb. Aufl., St. Louis, Missouri 1880–1910
Luther deutsch. Die Werke Martin Luthers in neuer Auswahl für die Gegenwart, hrsg. v. Kurt Aland, Bd. 2: Martin Luther: Der Reformator, Göttingen 1981
Luther, Martin: An den christlichen Adel deutscher Nation/Von der Freiheit eines Christenmenschen/Sendbrief vom Dolmetschen, hrsg. v. Ernst Köhler, Stuttgart 2012
Luther, Martin: Briefe von der Wartburg 1521/22. Aus dem Lateinischen übersetzt und eingeleitet von Herbert von Hintzenstern, Eisenach 1991
Luther, Martin: Tischreden, hrsg. v. Kurt Aland, Stuttgart 1996

Philipp Melanchthon. Der Lehrer Deutschlands. Ein biographisches Lesebuch, hrsg. v. Hans-Rüdiger Schwab, München 1997

The Complete Works of St. Thomas More, Yale University Press, New Haven/London 1997

Morus: Utopia, hrsg. v. Horst Günther, Frankfurt a. M. 1992

Murner, Thomas: Wie doctor M. Luther uß falschen Ursachen bewegt das geistliche Recht verbrennet hat. Antwort und Klag mit Entschuldigung Doctor Murners ob der König uß Engelland ein Lügner sei oder der Luther, in: Thomas Murner: Kleine Schriften (Prosaschriften gegen die Reformation), hrsg. v. Wolfgang Pfeiffer-Belli, Leipzig 1928

Sachs, Hans: Disputation zwischen einem Chorherrn und einem Schuchmacher, darin das Wort Gottes und ein recht chrisdlich Wesen verfochten würd, in: http://www.zeno.org/Literatur/M/Sachs,+Hans/Prosa-Dialoge/Prosadialoge/Der+erste+Dialog/Disputation+zwischen+einem+Chorherrn

Tyndale, William: The Obedience of a Christian Man and how Rulers ought to govern, in: http://www.onthewing.org/user/Tyndale%20-%20Obedience%20of%20a%20Christian%20Man%20-%20Modern.pdf

Hilfsmittel

Evangelisches Lexikon für Theologie und Gemeinde, hrsg. v. Helmut Burkhardt und Uwe Swarat, Wuppertal/Zürich 1992

Hermann Kunst (Hrsg.): Martin Luther. Ein Handbuch, Stuttgart/Berlin 1982

Lexikon für Theologie und Kirche, dritte, völlig neu bearbeitete Auflage, Freiburg/Basel/Rom/Wien 1993 ff.

Luther-Handbuch, hrsg. v. Albrecht Beutel, Tübingen 2005

Das Luther-Lexikon, hrsg. v. Volker Leppin und Gury Schneider-Ludorff, Regensburg 2014

Das Marburger Religionsgespräch 1529, hrsg. v. Gerhard May, in: Texte zur Kirchen- und Theologiegeschichte, Heft 13, Gütersloh 1970

Das Reformatorenlexikon, hrsg. v. Irene Dingel und Volker Leppin, Darmstadt 2014

Sekundärliteratur/Kulturgeschichte/Biografien

Aly, Götz: Unser Kampf 1968 – ein irritierter Blick zurück, Frankfurt am Main 2008

Appel, Sabine: Heinrich VIII. Der König und sein Gewissen. Eine Biografie, München 2012

Barber, Malcom: Die Katharer. Ketzer des Mittelalters, Düsseldorf/Zürich 2003

Bornkamm, Heinrich: Luther im Spiegel der deutschen Geistesgeschichte, Heidelberg 1955

Braasch-Schwersmann, Ursula/Schneider, Hans/Winterhager, Wilhelm Ernst (Hrsg.): Landgraf Philipp der Großmütige 1504–1567. Hessen im Zentrum der Reform, Marburg/Neustadt an der Aisch 2004

Brennecke, Hanns Christof: Wach auf! Hans Sachs und die Reformation in Wittenberg, in: http://www.luther2017-bayern.de/artikel/wach-auf-hans-sachs-und-die-reformation-in-nurnberg.

Clebsch, William A: England's Earliest Protestants 1520–1525, Yale University Press, New Haven and London 1964

Cohn, Norman: Das neue irdische Paradies. Revolutionärer Millenarismus und mystischer Anarchismus im mittelalterlichen Europa, Reinbek bei Hamburg 1988

Cullmann, Oscar: Heilsgeschichtliche Existenz im Neuen Testament, Tübingen 1964

Evangelisches Predigerseminar Lutherstadt Wittenberg/Peter Freybe (Hrsg.): Mönchshure und Morgenstern. „Katharina von Bora, die Lutherin" – im Urteil der Zeit, Wittenberg 1999

Fox, Alistair: Thomas More. History & Providence, Oxford 1982

Friedenthal, Richard: Luther. Sein Leben und seine Zeit, München 1967

Gail, Anton J.: Erasmus von Rotterdam, Reinbek bei Hamburg 1974

Hahn, Udo/Mügge, Marlies: Katharina von Bora. Die Frau an Luthers Seite, Stuttgart 1999

Heinzmann, Richard: Thomas von Aquin und die Autonomie der Vernunft, in: Norbert Kutschki (Hrsg.): Der Streit um den rechten Glauben, Zürich 1991, S. 169–183

Hutchinson, Robert: The Last Days of Henry VIII. Conspiracy, Treason and Heresy at the Court of the Dying Tyrant, London 2005

Joestel, Volkmar: Das Tagebuch Europas. 1517. Luthers 95 Thesen. Der Beginn der Reformation, Berlin 1995

Kühnel, Klaus: Friedrich der Weise, Kurfürst von Sachsen, Wittenberg 2004

Leppin, Volker: Martin Luther, Darmstadt 2006

Leppin, Volker: Das Zeitalter der Reformation. Eine Welt im Übergang, Darmstadt 2009

Leppin, Volker: Martin Luther. Vom Mönch zum Feind des Papstes, Darmstadt 2013

Lilje, Hans: Luther, Reinbek bei Hamburg 1965

Marshall, Peter: Die Reformation in Europa, Stuttgart 2014

Meisner, Michael: Martin Luther. Heiliger oder Rebell, Lübeck 1983

Moltmann, Jürgen: Das Kommen Gottes: christliche Eschatologie, Gütersloh 1995

Nagel, Wolfram: Sterbebühne für den Reformator, Deutschlandfunk, Tag für Tag, 21. 03. 2014

Oberman, Heiko: Luther. Mensch zwischen Gott und Teufel, München 1986

Rex, Richard: Die Tudors. Englands Aufbruch in die Neuzeit 1485–1603, dt.: Essen 2006

Ridley, Jasper: Statesman and Saint. Cardinal Wolsey, Sir Thomas More and the politics of Henry VIII., New York 1983

Scarisbrick, J. J.: Henry VIII., London 1968

Schilling, Heinz: Luther. Rebell in seiner Zeit des Umbruchs. Eine Biographie, München 2015 (Jubiläumsedition)

Schmitz, Alfred: Meistersinger Hans Sachs. Ein Poet der Reformation, in: Deutschlandfunk, Kultur heute, 22. 09. 2014

Starkey, David: Henry. Virtuous Prince, London 2008

Strauchenbruch, Elke: Luthers Wittenberg, Leipzig 2013

Uhlig, Claus: Dichtung und Prosa in England, bes. die Kapitel: Epochenstruktur und Epochenwandel, Weltbild und Gesellschaftsaufbau sowie Humanistisches Schrifttum, in: Geschichte der Literatur, Propyläen Bd. III, Renaissance und Barock, S. 258 f., Berlin 1988

Weir, Alison: Henry VIII. King and Court, London 2008

Online-Publikationen und -Archive

www.evangelische-stadtakademie-nuernberg.de

www.heiligenlexikon.de (Ökumenisches Heiligenlexikon)

www.luminarium.org

www.luther2017.de

www.luther.de

www.lutherhaus-eisenach.com

www.lutherstadt-wittenberg.de

www.martinluther.de

www.reformation-wuerttemberg.de

www.tudorhistory.org

www.worms.de (Stätten der Reformation in Rheinland-Pfalz)

# Personenregister

# Abbildungsnachweis